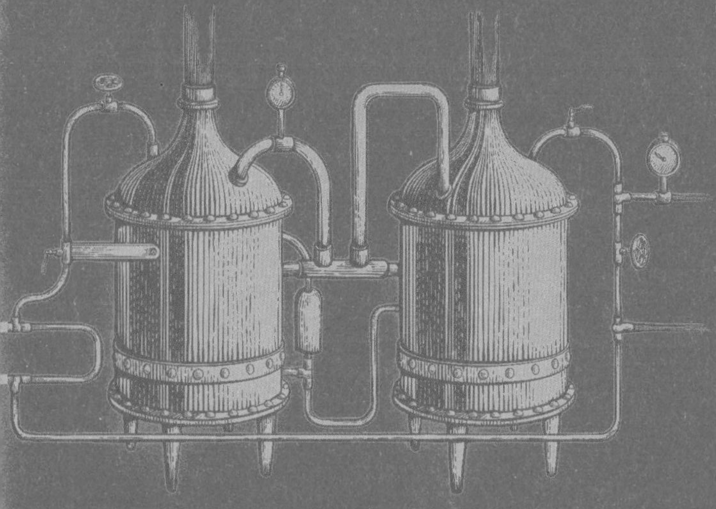

세계사를
바꾼
맥주
이야기

출판은 사람과 나무 사이에서 이루어지는 가치 있는 일입니다.
도서출판 사람과나무사이는 의미 있고 울림 있는 책으로 독자의 삶을
좀 더 풍요롭게 만들기 위해 최선을 다하겠습니다.

세계사를 바꾼 맥주 이야기

무라카미 미쓰루 지음
김수경 옮김

Beer

사람과 나무사이

옮긴이 김수경

중앙대학교 일어일문학과를 졸업하고, 출판 관련 전문 에이전트로 근무하다 지금은 번역가로 활동 중이다. 공저로 『잘나가는 회사는 왜 나를 선택했나』가 있고, 옮긴 책에 『세계사를 바꾼 커피 이야기』『세상에서 가장 재미있는 사랑과 욕망 세계사』『기획서는 한 줄』『청춘이란』『마두금 이야기』『조금 다를 뿐이야』『여자 나이 50』『듣기: 직원의 능력을 배가시키는 소통의 기술』『준비된 습관』 등이 있다.

세계사를 바꾼 맥주 이야기

1판 1쇄 발행 2024년 4월 15일
1판 2쇄 발행 2024년 4월 22일

지은이 무라카미 미쓰루
옮긴이 김수경
펴낸이 이재두
펴낸곳 사람과나무사이
등록번호 제2024-000012호
주소 경기도 파주시 회동길 508(문발동), 스크린 405호
전화 (031)815-7176 팩스 (031) 601-6181
이메일 saram_namu@naver.com
영업 용상철
디자인 박대성
인쇄·제작 도담프린팅
종이 아이피피(IPP)

ISBN 979-11-88635-93-1 03900

"잔을 받아 든 루터는 단숨에 벌컥벌컥
맥주를 마신 뒤 의장을 향해 천천히 걸어 나갔다.
그의 두 뺨에는 홍조가 번져 있었다.
이후 마르틴 루터의 격정적인 연설과 뚝심 있는 행동은
유럽 종교사와 세계사를 송두리째 바꿔 놓았다."

— 본문 중에서

서문

마르틴 루터를 도와 종교개혁의 물줄기를 바꾼
'선한 지킬 박사'와 나치스 정치 폭동의 도화선이 되어
세계사를 뒤흔든 '악한 하이드 씨'의 두 얼굴을 가진
맥주 이야기

맥주는 로버트 루이스 스티븐슨의 소설 『지킬 박사와 하이드 씨』의 주인공 지킬 박사처럼 두 얼굴을 가졌다. 이렇게 첫 문장을 시작하고 나면 독자들은 '이게 대체 무슨 소리지?' 하며 의아해할지 모르겠다. '맥주는 두 얼굴을 가진 음료다'라는 말이 과연 무슨 의미일까? 여기에는 누구라도 고개가 끄덕여질 만한 역사적 배경과 맥락이 있다. 자, 이제 타임머신을 타고 1521년 독일, 즉 신성로마제국으로 가서 원인을 파헤쳐 보자.

로마 가톨릭 수도회 아우구스티노회 소속 수도사제 마르틴 루터는 유럽 종교사와 세계사의 물줄기를 바꾸고 전 유럽을 한바탕 소용돌이로 몰아간 종교개혁의 도화선에 불을 붙인 인물이다. 그런 만큼 그는 누구보다 담력이 세고 배짱이 두둑한 사내였다. 그런 그도 이때만은 긴장을 감추지 못했다. 손바닥에 자꾸 땀이 배고 입술이 바짝바짝 말랐다. 그도 그럴 것이 그는 제국회의에 소환되어 로마제국 이후 가장 넓은 유럽 영토를 다스리는 신성로마제국 황제 카를 5세와 각지의 막강한 제후들 앞에서 〈95개 논제〉를 제기하여 독일과 전 유럽을 격동시킨 자신의 행위가 정당했음을 스스로 변론해야 하는 절체절명의 상황에 놓여 있었기 때문이다.

신교도인 루터의 비서가 아인베크 맥주가 가득 들어 있는 1리터들이 도기 맥주잔을 들고 그의 앞에 나타난 것은 바로 그때였다. 두 손으로 조심스럽게 잔을 받아 든 루터는 한 방울도 남기지 않고 벌컥벌컥 마신 뒤 자신을 무섭게 노려보고 있는 황제와 제후들 앞으로 천천히 걸어 나갔다. 그의 두 뺨에는 취기로 인한 홍조가 번져 있었다. 이후 술기운을 빌려 담대함을 되찾은 마르틴 루터의 격정적인 연설과 뚝심 있는 행동은 유럽 종교사, 그리고 세계사를 송두리째 바꿔 놓았다.

마르틴 루터의 종교개혁이라는 중요한 역사의 한 페이지에 카메오로 출현한 그 맥주는 비유법을 써서 표현하자면 『지킬 박사와 하이드 씨』의 '선한 주인공 지킬 박사'인 셈이다. 그렇다면 『지킬 박사와 하이드 씨』의 악한 주인공 하이드 씨는? 다시 타임머신을 타고 루터의 시대로부터 400여 년이 지난 19세기 초반

독일로 떠나 보자.

독일 남부 바이에른주의 도시 뮌헨은 오늘날 '맥주의 도시'로 인기와 명성이 높다. 그런 명성과 인기를 증명이라도 하겠다는 듯 이 도시에는 세계에서 가장 크고 유명한 맥줏집 '호프브로이하우스'가 있다. 그리고 이 맥줏집을 전 세계적으로 유명하게 만든 인물이 둘 있다. 그중 한 명은 아인베크 맥주를 너무도 사랑한 나머지 호프브로이하우스를 세우고 직접 맥주를 양조한 바이에른공국의 군주 빌헬름 5세이고, 다른 한 명은 역사적으로 가장 악명 높은 인물로 꼽히는 아돌프 히틀러다.

아돌프 히틀러는 뮌헨의 맥줏집 호프브로이하우스에서 대규모 나치스 정치 집회를 열고 폭동을 일으켰다. 이 일을 계기로 그렇지 않아도 명성이 자자하던 호프브로이하우스는 더욱 유명세를 치르게 되었으며, 이 사건은 나치스의 시발점이자 기폭제가 된 집회로 역사에 남았다. 이후 히틀러는 연이어 뮌헨 폭동을 일으켰는데, 묘하게도 이 사건 역시 또 다른 비어홀 뷔르거브로이켈러에서 벌어졌다. 세계사의 물줄기를 크게 바꾼 두 번의 대규모 정치 폭동이 모두 비어홀, 즉 맥줏집에서 일어난 셈이다. 이게 과연 우연일까?

여기에는 듣고 보면 충분히 이해가 될 만한 역사적 배경과 이유가 있는데, 그 맥락을 제대로 이해하려면 신성로마제국의 마지막 황제이자 오스트리아제국의 3대 황제인 프란츠 요제프 1세 시대로 잠시 거슬러 올라가야 한다. 그는 오스만튀르크군과의 치열한 접전 끝에 무용지물이 된 성벽을 모두 부수고 수도 빈 시내 전체를 전면 재개발하는 대규모 프로젝트에 착수했다. 그리고 그 프로젝트를 성공적으로 완수했으며, 이를 제국 내의 다른 도시로 신속하게 확대 시행했다. 아무튼, 그 과정에 새롭게 세워진 시청사의 지하에 거대한 양조장이 딸린 비어홀·레스토랑이 들어서게 되는데, 이렇게 도시마다 탄생한 초대형 비어홀은 그 지역의 대중 집회 장소로 자주 활용되었다. 그리고 그 비어홀들은 자연스럽게 히틀러와 나치스의 정치 집회 및 폭동의 장소로 전락할 수밖에 없었다.

아돌프 히틀러와 독일의 파시즘 정당 나치스의 교활한 정치 폭동의 도구이자 무대로 적극적으로 이용되며 전 유럽과 세상을 뒤흔들고 세계사의 물줄기를 암울한 방향으로 바꿔 놓은 맥주와 뮌헨 비어홀들의 민낯, 이것이 바로 『지킬 박사와 하이드 씨』의 '악한 주인공 하이드 씨'와 비슷하다고 하면 고개가 끄덕여질 만하지 않은가?

세계사를 바꾼 흥미로운 맥주 이야기를 하나 더 해 보자. 오늘날 독일 남부 바이에른의 주도 뮌헨은 세계 3대 축제 '옥토버페스트'가 열릴 정도로 맥주의 이미지가 강한 도시다. 이렇게 말하고 나면 이 책을 읽는 독자들은 뮌헨이 역사적으로 아주 오랫동안 맥주 도시로서 높은 위상과 명성을 떨쳐 왔을 것으로 생각하기 쉬울 것이다.

그러나 사실은 그렇지 않다. 지금으로부터 불과 400여 년 전만 해도 바이에른주와 뮌헨은 맥주에 관한 한 불모지나 다름없는 곳이었다. 그도 그럴 것이 이 지역 사람들은 프랑크 왕국의 위대한 정복 군주 카롤루스 1세 시대 이래로 800여 년의 긴 시간 동안 맥주보다는 와인을 주로 마셔 왔기 때문이다. 이는 뮌헨과 바이에른주가 카롤루스 1세 시대에 이미 그의 열정적인 와인 산업 부흥 정책에 힘입어 유럽의 와인 명산지 중 하나로 자리매김한 덕이었다.

여기서 불현듯 이는 궁금증 하나. '전통적인 와인 명산지 뮌헨과 바이에른주는 왜 17세기 이후 갑자기 와인 명산지에서 맥주 명산지로 탈바꿈했을까?' 그 유명한 30년 전쟁 때문이다. 1618년부터 1648년까지 정확히 30년간 벌어진 이 대규모 전쟁은 독일 전역을 초토화했는데, 남부의 아름다운 포도밭도 여기서 예외일 수는 없었다. 당시 드넓은 포도밭이 대부분 회복하기 어려울 정도로 치명적인 타격을 입었고, 그 탓에 이 지역에서는 와인 양조가 불가능해졌다. 남부 독일의 양조 산업이 와인에서 맥주로 바뀌고 세계사의 물줄기마저 돌려놓은 데에는 '30년 전쟁'이라는 돌발변수가 있었던 셈이다.

이런 굵직한 역사적 사건 외에도 이 책에는 '신도 포기한 땅' 남부 메소포타미아가 문명 발상지이자 맥주의 발상지가 된 원인, '기원전 3500년~기원전 3000년 무렵 수메르인이 맥주를 발명했다'라고 명쾌하게 결론을 내리기 어려운 이유, 바빌로니아 왕 함무라비가 맥주 생산 및 판매와 관련하여 부정한 일을 저지른 사람을 반역죄와 맞먹는 형벌로 다스린 이유, 로마 역사가 타키투스가 맥주를 '수준 낮은 술'로 깎아내린 이유, 19세기에 아메리카로 수출된 독일 아인베크 맥주병 라벨에 종교개혁을 일으킨 마르틴 루터의 초상화가 그려져 있는 이유에서부터 맥주에 물을 타서 양을 속이다가 들켜 화형에 처해진 에일 와이프 이야기, 맥주 양조에 유독 열을 올린 파울라너 수도원 수도사들 이야기, 영원할 것 같던 영국 에일의 위상을 추락시킨 파스퇴르의 미생물 연구 이야기, 맥주잔이 도기에서 유리로 바뀌면서 '맥주색'이 가장 중요한 경쟁력의 요소가 되며 맥주 산업의 패러다임을 송두리째 바꾼 이야기에 이르기까지 달콤하고 쌉싸름한 알코올음료 맥주를 둘러싼 기상천외하고 흥미진진한 이야기가 빼곡하다.

차례

World History
of
BEER

①

마르틴 루터의 종교개혁을 성공으로 이끈 맥주 이야기

마르틴 루터

19세기에 아메리카로 수출된 독일 아인베크 맥주병 라벨에 종교개혁을 일으킨 마르틴 루터의 초상화가 그려져 있는 까닭

뤼베크(Lübeck), 브레멘(Bremen), 함부르크(Hamburg), 쾰른(Köln), 도르트문트(Dortmund) 등의 북독일 도시들은 한자동맹에 가입하며 왕성한 해외 무역 활동을 펼쳤다. 12세기부터 15세기에 이르는 수백 년간의 상황이다. 수공업자들의 조합 길드는 온갖 종류의 상품 생산을 담당했다. 그중에서도 맥주는 가장 중요한 수출 품목 중 하나였다. 당대에 유럽 맥주 애호가들의 마음을 온통 사로잡은 맥주가 있었다. 아인베크(Einbeck)의 길드가 생산하는 맥주였다. 아인베크는 북독일의 작은 마을이었다. 아인베크 맥주에 매료된 사람 중 바이에른 공작 빌헬름 5세(Wilhelm V, 재위 1579~1597)도 있었다. 그는 젊은 남자가 아름다운 여인에게 빠지듯 맥주에 푹 빠졌다. 급기야 그는 궁정의 부속 양조장에서 아인베크 맥주를 양조하기 시작했다. 오늘날 전 세계에서 가장 큰 맥줏집 '호프브로이하우스(Hofbräuhaus)'는 이렇게 설립되었다. 1591년의 일이다. 훗날 뮌헨(München)의 아인베크 맥주는 '보크 비어(Bock bier)'라는 이름으로 바뀌었다.

아인베크 맥주는 아메리카 신대륙으로 수출되기 시작했다. 1800년대의 상황이다. 한데 흥미롭게도 맥주병 라벨에 유럽에서 종교개혁의 불씨를 지핀 마르틴 루터(Martin Luther, 1483~1546)의 초상화가 그려져 있었다. 이게 어떻게 된 일일까? 보크 비어와 마르틴 루터의 기묘한 조합이 이루어진 배경 속으로 들어가 보자.

권력은 필연적으로 독선을 낳고 부패와 타락을 불러온다. 단언하건대, 역사를 통틀어 여기에서 자유로운 나라도 시대도 없었다고 해도 지나치지 않다. 심지어 중세 기독교의 정점에 있던 로마 교황도 예외는 아니었다. 중세는 '신앙의 시대'라고 불리던 시대였다. 상황이 그렇다 보니 교황 다음으로 직위가 높은 가톨릭 대주교도, 말단 교회를 운영하는 성직자들도, 그 행태는 별반 다르지 않았다..

중세 시대의 교회는 일일이 헤아릴 수 없을 만큼 많은 부패를 저질렀다. 그중에서도 최악의 부패를 꼽으라면 단연 '면벌부(免罰符)' 판매였다. 글자 그대로 면벌부란 사람들이 신 앞에 지은 죄를 로마교회가 사해 준다는 증명서다. 사제이자 신학자였던 마르틴 루터는 돈을 받고 면벌부를 판매하는 당대 교회의 부도덕한 행위에 깊은 분노를 느꼈다.

로마 가톨릭교회는 성 베드로 대성당 재건 명목을 내세워 면벌부를 팔았다. 이 사실을 알게 된 마르틴 루터는 본격적으로 교회 세력에 맞서기 시작했다. 이는 여담이지만 당대의 독일에서 가톨릭교회가 면벌부를 판 진짜 목적은 따로 있었다. 그것은 바로 마인츠(Mainz)의 대주교가 아우크스부르크(Augsburg)의 부호 푸거(Fugger) 가문에게 빌린 막대한 금액의 부채를 상환하기 위한 것이었다.

마르틴 루터는 그 유명한 〈95개 논제〉를 썼다. 이후 그 '논제'는 습자지에 먹물 번지듯 독일 전역으로 빠르게 퍼져 나갔다. 절묘하게도 그즈음 이미 실용화 단계에 접어들어 있던 구텐베르크 인쇄기 덕분이었다. 효과는 놀라웠다. 마치 철저히 준비하고 있던 것처럼 독일 전역에서 면벌부 판매를 반대하는 물결이 거세게 소용돌이쳤다. 사태의 심각성을 간파한 신성로마제국 황제 카를 5세(Karl V, 재위 1519~1556)는 마르틴 루터를 제국회의에 소환했다. 그가 내건 〈95개 논제〉 철회를 요구하기 위해서였다. 이것이 그 유명한 보름스 제국회의(Diet of Worms, Reichstag zu Worms)의 '마르틴 루터 심문 사건'이다. 이는 1521년 4월 17일의 일이다.

제국회의가 열렸다. 신성로마제국 황제 카를 5세와 각지에서 모여든 제후들이 차례로 자리를 잡고 앉기 시작했다. 대쪽 같은 성정에 담이 큰 루터도 이때만은 긴장을 감추지 못했다. 손바닥에 자꾸 땀이 배고 입술이 바짝바짝 말랐다. 루터의 비서이며 신교도이던 여성이 도기로 만들어진 1리터들이 맥주잔을 들고 그의 앞에 나타난 것은 바로 그때였다. 잔을 받아 든 루터는 단숨에 벌컥벌컥 맥주를 마신 뒤 의장을 향해 천천히 걸어 나갔다. 그의 두 뺨에는 홍조가 번져 있었다. 이후 마르틴 루터의 격정적인 연설과 뚝심 있는 행동은 유럽 종교사, 그리고 세계 역사를 송두리째 바꿔 놓았다.

영국 작가 마이클 잭슨의 『맥주라는 신세계 안내서(New World Guide to Beer)』(1988)에는 당시의 정경이 다음과 같이 묘사된다. 현장의 분위기를 좀 더 정확하고도 생생하게 전달하기 위해 그의 글 일부를 이 책에 인용한다.

> 마르틴 루터는 아인베크 맥주를 마시고 용기를 내어
> 보름스 제국회의장으로 나아갔다.(At the Diet of Worms, Martin Luther was fortified with Einbeck beer…….)

오늘날 사람들은 맥주를 마신 직후의 기분이나 느낌을 어떻게 표현할까? 아마도 '상쾌하다', '갈증을 해소해 준다', '긴장을 풀어 준다' 등으로 표현하는 것이 가장 일반적이지 않을까. 예컨대, '맥주를 마시니 힘이 난다'라거나 '기운이 불끈 솟는다'라고 표현하는 사람은 매우 드물 것이다. 탄생 초기부터 맥주는 '청량음료'로 여겨졌다. 그러나 여기에도 예외는 있다. 마르틴 루터 시대의 맥주, 특히 보크 비어가 그렇다. 이 맥주만은 마시고 난 후 '힘이 났다'라고 말해도 지나치지 않다. 왜일까? 이에 관해서는 좀 더 자세한 설명이 필요하다.

미국인은 맥주를 '갈증을 해소해 주는 음료(thirst quencher)'로 간명하게 정의한다. 그러나 독일인은 다르다. 특히 바이에른 지방의 독일인들은 맥주를 '영원한 영양의 원천'으로 여기는 경향이 있다.

중세의 맥주는 장기 보관이 가능해야 했다. 흔들리는 마차에 실어 머나먼 이국까지 보내야 하는 일이 빈번했기 때문이다. 당시의 양조업자들은 잡균에 오염되지 않게 하고 맥주 맛을 안정적으로 유지하는 방법을 잘 알고 있었다. 원맥 즙 진액 농도가 높아 알코올 농도가 높고 다량의 홉을 첨가하여 진한 빛깔을 띠는 맥주가 그런 맥주였다. 수출용 맥주는 거의 예외 없이 이런 방식으로 만들어졌다. '임페리얼 러시안 스타우트(Imperial Russian Stout)'는 전형적인 수출용 맥주였다. 이는 영국 맥주 회사 바클레이퍼킨스(Barclay, Perkins & Co.,)가 러시아의 여제 예카테리나 2세(Ekaterina II, 재위 1762~1796)를 위해 양조했던 맥주이기도 하다. 1780년대의 일이다. 이 맥주의 경우 원맥 즙 진액 농도가 25퍼센트, 알코올 함유량이 11퍼센트나 되었다.

당대인들은 이런 유의 수출용 맥주를 '강한 맥주(strong beer)', '디럭스 맥주' 등으로 불렀다. 오늘날에도 보크 비어는 강한 맥주의 전통을 이어 가고 있다. 즉, 원맥 즙 농도가 16퍼센트 이상, 알코올 농도가 7퍼센트 정도로 홉의 쓴맛까지 강한 맥주의 범주에 속한다.

다시 종교개혁의 선구자 마르틴 루터로 돌아가자. 그는 아인베크에서 양조된 수출용 '강한 맥주'로 체력을 강화하고 용기를 얻은 다음 무소불위의 권력을 가진 카를 5세에게 맞서기 위해 보무도 당당하게 보름스 제국회의장으로 들어간 것이었다.

로마 제국 멸망 이후 유럽 역사상 가장 넓은 영토를 다스린 황제 카를 5세, 가톨릭 사제였던 루터와의 대결에서 패배하다

신성로마제국 황제 카를 5세가 루터를 문책했다. 카를 5세는 직접 대제국을 이룬 시기의 로마 황제를 제외하면 유럽 역사상 가장 넓은 영토를 다스리는, 무소불위의 권력을 가진 군주였다.

"그대의 의견을 끝까지 주장할 것인가?"

루터가 대답했다.

"저는 절대로 제 양심을 속이는 행위를 하지 않을 것입니다. 성경의 가르침이나 정연한 논리가 제 잘못을 입증해 내지 못하는 한 말입니다. 제 양심은 하나님의 말씀 안에 있다고 저는 확신합니다."

그런 다음 루터는 "저는 지금 여기에 서 있습니다. 그 이상 제가 할 수 있는 일은 아무것도 없습니다(Hier stehe ich; ich kann nicht anders)"라는 말로 자기 변론을 끝맺었다.

보름스 제국회의에서 마르틴 루터가 하나님과 모든 사람에게 보여 준 양심을 저버리지 않은 용기 있는 태도와 흠잡을 데 없는 자기 변론은 전 유럽을 움직였다. 그렇기는 해도 루터가 가톨릭 교회에 의해 범죄자로 낙인찍히는 사태를 피해 갈 수는 없었다. 이후 그는 작센 선제후의 비호를 받으며 지하 운동을 계속해 나갔다. 그런 흐름 속에서 루터를 적극적으로 지지하고 응원하는 보름스 제국회의에서 마르틴 루터가 하나님과 모든 사람에게 보여 준 양심을 저버리지 않은 용기 있는 태도와 흠잡을 데 없는 자기 변론은 전 유럽을 움직였다.

마르틴 루터는 신성로마제국 황제 카를 5세와 신학자 요한 에크 앞에서 당당함을 잃지 않았다.

제후의 숫자가 빠른 속도로 늘어났다.

신성로마제국 황제 카를 5세는 루터를 풀어 주었다. 카를 5세의 입장에서 이는 명백한 실수였다. 사실 그는 루터를 이단자로 몰아 처형할 수도 있었다. 그렇게까지는 아니더라도 최소한 루터를 감옥에 가두기라도 해야 했다. 그러나 이는 카를 5세의 신념에 반하는 일이었다. 그는 그 사태를 어떻게든 평화적으로 해결하고 싶어 했다. 그로부터 9년 뒤 아우크스부르크 제국회의장에서 그가 가능한 모든 수단을 동원해 루터파와 타협점을 찾아 신·구교의 통일을 모색한 것도 그런 연유에서였다.

카를 5세는 대화를 통해 복잡한 종교 문제를 원만히 해결하고자 무던히 애를 썼다. 그러나 상황은 그의 의도대로 전개되지 않았다. 프로테스탄트들은 더욱 완강한 태도에 과격한 행동으로 존재감을 드러내고 자신들이 원하는 것을 얻어 내고자 했다. 급기야 카를 5세는 무력을 동원할 수밖에 없다고 판단했다. 그 결과 그는 반가톨릭 단체인 '슈말칼덴 동맹(Schmalkaldischer Bund)'과 정면으로 충돌한다. 황제 군은 반가톨릭 연합군을 손쉽게 격파하고 값진 승리를 거두었다. 1547년의 일이다. 그러나 그게 끝이 아니었다. 카를 5세는 자신이 신뢰하던 측근 작센공 모리츠(Moritz von Sachsen, 재위 1541~1547)의 배신으로 쓰라린 패배를 겪는다. 결국 그는 '아우크스부르크 화의(Peace of Augsburg)'에서 종교의 자유를 인정하는 역사적 선언을 하게 된다. 카를 5세가 마르틴 루터에게 완벽하게 패배하는 순간이었다.

카를 5세에게는 그 일의 충격이 생각보다 컸던 것으로 보인다.

그도 그럴 것이 그 일이 있고 난 뒤 그는 당시 스페인의 수도였던 톨레도 부근의 '유스테 수도원(Monasterio de Yuste)'에 속세를 버리기라도 한 듯 은거해 버렸기 때문이다. 얼마 후 그곳에서 그는 잠자듯 조용히 숨을 거두었다. 이는 1558년 9월 21일의 일이다. 카를 5세가 루터파와 벌인 전쟁에서 당한 패배는 '해가 지지 않는 대제국' 합스부르크 제국의 쇠락을 알리는 전주곡인 셈이었다.

한편 브라운슈바이크(Braunschweig)의 영주가 마르틴 루터에게 맥주 한 통을 선물했다는 기록이 남아 있다. 루터가 보름스 제국회의에 소환된다는 소식을 듣고 평온한 마음과 강인한 체력을 기르라는 취지에서였다. 어쩌면 제국회의장에서 그가 마신 아인베크 맥주가 바로 이 맥주일 가능성이 크다.

비슷한 일화가 또 있다. 아인베크 길드가 루터의 용기에 찬사를 보내며 그의 결혼식 선물로 맥주를 보낸 일이 그것이다. 보름스 제국회의 소식이 독일 전역에 전해진 후인 1525년의 일이다. 루터의 신부는 스물여섯 살의 젊은 수녀 카타리나 폰 보라(Katharina von Bora)였다. 그는 정식으로 맥주 양조학을 배우고 양조 기술자 자격증을 딴 여성 브라우마이스터(Braumeister)였다. 보라는 어디에서 양조 기술을 배우고 연마했을까? 그가 수녀였다는 점으로 짐작되듯 수도원에서였다. 이로써 알 수 있는 바대로, 당대의 기독교 수도원은 훌륭한 맥주 학교이자 실험실이자 공장이었던 셈이다.

아인베크의 길드는 카를 5세의 소환에 응하여 보름스 제국회의에 출석하는 마르틴 루터에게 맥주를 보내 용기를 북돋아 준 자신들의 행위를 오랫동안 자랑스러워했다고 한다. 타고난 장사꾼이자 상당한 수완가인 그들이 단지 그 일을 자랑스러워하고 뿌듯해하는 선에서 그쳤을 리가 없다. 그들은 그 역사적인 사건을 자신들의 아인베크 맥주 홍보 및 판촉을 위해 적극적으로 활용했다. 루터에게 용기를 북돋아 준 그 '힘이 나게 하는 맥주'가 바로 자기 마을, 아인베크 맥주라는 사실을 널리 알리고자 애쓴 것이다. 미국 수출용 맥주 라벨에 종교개혁가 마르틴 루터의 초상화가 새겨진 것은 이런 맥락에서였다.

가정주부가 된 카타리나 폰 보라는 남편을 위해 맥주를 양조하기 시작했다. 루터는 짬짬이 맥주 전문가인 아내에게 맥주에 대해 배웠다. 그는 차츰 아내가 만들어 주는 맥주에 빠져들었다. 루터는 이따금 프로테스탄트들의 지지를 받는 제후들이 선물로 보내 주는 맥주를 즐겨 마시기도 했다. 그러나 뭐니뭐니해도 그가 가장 좋아하는 맥주는 사랑하는 아내 카타리나가 양조한 맥주였다.

아인베크 맥주가 뮌헨에서 '보크 비어'라고 불리게 된 것은 왜일까? 이에 관해서는 몇 가지 설이 있다. 그중에서 정설로 인정받는 것은 '아인베크 비어'를 뮌헨 사람들이 사투리를 사용하여 '보크 비어'라고 부르게 되었다는 주장이다.

흥미롭게도 당시 호프브로이하우스의 종업원이 'Einbeck Bier'를 뮌헨 사투리로 잘못 적은 청구서 사본이 오늘날까지 남아 있다. 그는 아인베크 맥주를 어떻게 표기했을까? 'Ainpocksches Bier(아인포크셰스 비어)', 'EinBock Bier(아인보크 비어)', 'Oanbock

Bier(오안보크 비어)' 등이다.

독일어 'Bock'는 '숫염소'라는 의미를 지닌다. 언젠가 미국의 한 맥주 회사가 보크 비어를 '숫염소처럼 강인한 맥주'라고 착각한 것도 바로 그런 연유에서였다. 그래서 그 미국 맥주 회사는 보크 비어 광고에 염소 뿔을 사용하기도 했다. 곰곰이 생각해 보면 보크 비어의 특징을 염두에 둘 때 숫염소처럼 체력 향상에 도움이 되고 왠지 힘이 나게 한다는 점에서 아주 틀린 표현도 아니라는 생각이 든다.

파울라너 수도원의 수도사들은 왜 그토록 맥주 양조에 열을 올렸을까

다음의 인용문은 《뮌헨 신문》에 실린 기사의 발췌문이다. 이는 1919년 어느 봄날의 글이다.

> 3월이면 뮌헨 시민들은 2주간 슈타르크 비어(강한 맥주)를 마신다. 이 시기를 뮌헨 사람들은 '봄·여름·가을·겨울에 이어지는 다섯 번째 계절'이라고 부른다. 뮌헨의 맥주는 원맥 즙 진액 농도 약 19퍼센트, 알코올 함량 약 8퍼센트의 '도펠보크 비어(Doppelbock bier)'다. 올해 이 맥주의 가격은 1리터당 7.8마르크다. 그중 가장 유명한 맥주 상표를 하나 꼽으라면 파울라너 살바토르(Paulaner Salvator)다.

이 글에 나오는 '다섯 번째 계절'이란 과연 무슨 의미일까? 이는 기독교의 부활주일 전 40일간의 금식 기간인 '사순절'을 의미한다.

바이에른 출신 막시밀리안 1세(Maximilian I, Kurfürst von Bayern, 바이에른 공국의 공작 재위 1597~1623, 바이에른 선제후국의 선제후 재위 1623~1651)는 30년 전쟁에서 가톨릭교도들을 이끌며 크게 활약한 인물이다. 참고로, 이 전쟁은 1618년에 발발해 30여 년간 지속되었다. 아무튼 그는 이 전쟁에서 세운 혁혁한 무공을 밑천 삼아 선제후의 지위를 차지할 정도로 용맹한 인물이었다.

막시밀리안 1세는 이탈리아 성 파올라(Francesco da Paola)의 제자인 수도사들을 정식으로 초빙했다. 이는 그가 바이에른을 강력한 가톨릭의 본산(本山)으로 만들기 위해 취한 조치였다.

이후 파올라의 제자인 수도사들은 뮌헨에 수도원을 세웠는데, '파울라너 수도원'이 그것이다. 파올라의 제자인 수도사들은 당대의 많은 타락한 성직자들과 달리 기독교 계율을 엄격히 지켰으며 괴롭고 고단한 금식 수행도 마다하지 않았다.

독일의 대문호 요한 볼프강 폰 괴테(Johann Wolfgang von Goethe)는 자신의 소설 『빌헬름 마이스터의 수업시대(Wilhelm Meisters Lehrjahre)』(1795~96)에서 소녀 미뇽(Mignon)의 입을 빌려 이렇게 노래했다.

> 당신은 아시나요? 레몬꽃이 흐드러지게 피고 풀과 나무 그늘 속에서 황금색으로 빛나는…….

이는 괴테가 밝고 따뜻하고 눈부신 이탈리아의 풍광을 묘사한 글이다. 그런 이탈리아라면 다르겠지만, 북유럽의 이른 봄은 겨울 못지않게 추웠다. 게다가 엎친 데 덮친 격으로 돌로 지어진 당대의 수도원은 여름에도 한기가 느껴질 만큼 차가워서 온기를 느낄 수 없었다. 금식은 그야말로 '고행' 그 자체였다. 그러나 이런 수도원에도 희망이 없는 것은 아니었다. 교회의 고문서에 적힌 다음과 같은 문장을 통해 그런 약간의 희망을 발견할 수 있다.

> 액체 섭취는 금식에 반하지 않는다.

수도사들이 그리스도의 가르침을 실천하기 위해 수행에 정진하는 동안 파울라너 수도원 양조장에서 맥주를 만들던 수도사들은 자신이 양조하는 맥주를 '액체'로 해석했다. 당시 로마 교황청이 있는 로마에서는 맥주가 대중적으로 거의 알려지지 않았다. 그도 그럴 것이 로마인들은 맥주가 아닌 와인을 일상적으로 마셨기 때문이다. 앞에서 이미 말한 대로, 당대의 맥주는 원맥즙 진액 농도가 높고 알코올 함량이 많았다. 맛이 변하지 않고 오래가고 영양가가 높은 맥주를 만들려면 어떻게 해야 할까? 홉을 많이 첨가하면 된다. 그리고 이런 맥주를 마시면 당연히 '기운이 난다!'

원맥 즙 진액 농도 16~18퍼센트였던 기존의 보크 비어 농도를 18~20퍼센트까지 올리고, 거의 8퍼센트까지 알코올 함량을 끌어 올린 새로운 보크 비어 '도펠보크 비어'를 개발한 것도 이런 맥락에서였다. 짐작하겠지만, 독일어의 '도펠'이란 영어의 '더블'과 같은 의미다. 그러니 수도원의 수도사들에게 이 강력한 도펠보크 비어가 금식 기간에 영양 보충제이자 생명수이며 활력의 원천으로 여겨진 것은 어쩌면 당연한 일이었다. 당시 사람들이 맥주를 '액체 빵'이라는 이름으로 부르게 된 것도 이와 같은 맥락에서였다. 아무튼 그 덕분에 수도사들에게 금식은 더는 괴로운 수행이 아니게 된 셈이었다. 그렇기는 해도 그 시대의 도펠보크 비어의 품질은 그리 훌륭한 편이 못 되었다. 아니, 한마디로 말해 맛이 없었다고 해야 할까.

그 후 수많은 실험과 노력 끝에 도펠보크 비어는 맛 좋고 매력적인 맥주로 거듭난다. 18세기 후반 무렵의 일이다. 파울라너 수도원 양조장은 도펠보크 비어 판매 허가를 받고 뮌헨의 봄 축제에서 본격적으로 판매하기 시작했다. 이는 1780년의 일이다. 당시 뮌헨 시민들은 파울라너 수도원 양조장에서 만든 도펠보크 비어에 압도적인 지지를 보냈으며, 수도사들은 이 맥주에 '살바토르'라는 이름을 붙였다.

이런 상황이 되면 같은 이름을 붙인 유사 상품이 비 온 뒤 죽순 돋아나듯 쏟아져 나오는 것이 자연스러운 시장 원리다. 뮌헨 재판소는 제품의 상표명을 둘러싼 분쟁에서 '살바토르라는 상표명은 오직 파울라너만 사용할 수 있다'라고 판결했다. 이런 예기치 못한 상황에 맞닥뜨린 다른 양조장들은 무척 당황할 수밖에 없었다. 그들은 고민 끝에 살바토르와 비슷한 이름을 사용하는 방법을 생각해 냈다. 즉, 상표명으로 사용하려는 단어의 어미에

'-ator'를 붙이기로 한 것이다.

그 후 국가가 파울라너 수도원 양조장의 운영을 맡게 되었다. 이는 교회 국유화 조치에 따른 결과였다. 19세기 초 나폴레옹 보나파르트(Napoléon Bonaparte, Napoléon I, 프랑스 황제 재위 1804~1814, 이탈리아 국왕 재위 1805~1814, 프랑스 황제(복위) 재위 1815.3.20~1815.6.22)가 전 유럽을 제패할 때의 일이다. 이후 파울라너 수도원 양조장은 다시 한번 정치적인 격변을 겪으며 민간 기업으로 넘어간다. '파울라너 살바토르 토마스 브로이(Paulaner Salvator Thomas Bräu)'라는 이름을 거쳐 오늘날 '파울라너 브라우라이(Paulaner Brauerei)'로 불리는 이 양조장은 뮌헨을 대표하는 6대 맥주 제조기업에 속한다.

독일에는 모두 몇 개의 도펠보크 비어가 존재할까? 1970년의 통계에 따르면, 무려 120개가 넘는 엄청난 숫자의 도펠보크 비어가 소비되었다. 그중에서도 특히 유명한 브랜드를 꼽으라면 델리카토르(Delicator, 호프브로이하우스사), 트리움파토르(Triumphator, 뢰벤브로이사), 옵티마토르(Optimator, 슈파텐사), 막시마토르(Maximator, 아우구스티너사) 등이 있다.

부활주일 전 '다섯 번째 계절'이 다가오면 각 맥주 제조 기업들은 서로 약속이나 한 듯 도펠보크 비어를 양조하여 판매한다.

World History
of
BEER

②

바이에른 군주들이 ‘순수령’이라는 명목으로 맥주 원료를 제한하고 통제한 숨은 이유

바빌로니아 왕 함무라비가
맥주 생산 및 판매와 관련하여 부정한 일을 저지른 사람을
반역죄와 맞먹는 형벌로 다스린 이유는?

바이에른 공작 빌헬름 4세(Wilhelm IV. von Bayern, 재위 1508~1550)는 '맥주 순수령(Reinheitsgebot)'을 공포했다. 1516년의 일이다. 오늘날에도 독일은 그 '순수령'을 엄격히 지키면서 맥주를 양조한다. 순수령의 핵심은 뭘까? '보리와 홉, 물 세 가지 재료만으로 맥주를 양조해야 한다'는 것이 그 골자다. 그러던 것이 16세기 중엽에 이르러 맥주의 원료는 네 가지로 정착되었다. 네 번째 원료 '효모'가 추가된 것이다. 더러는 '순수령이 맥주 원료를 보리 맥아·홉·물·효모 네 가지로 규정한다'라고 주장하는 이들도 있지만 이는 명백히 잘못된 주장이다. 그도 그럴 것이 1516년에 공포된 순수령에 따르면, 맥주 원료가 "Gersten(보리 맥아), Hopfen(홉), Wasser(물)"로 규정돼 있기 때문이다. 눈을 씻고 찾아봐도 '효모'라는 단어는 없다.

이 시점에 한 가지 의문점이 생긴다. '왜 최초로 순수령을 공포할 당시 '효모'에 대한 언급이 없었을까?' 그럴 만한 이유가 있었다. 당시만 해도 거의 예외 없이 자연 발효로 술을 제조했고 효모에 대한 지식 자체가 형성돼 있지 않았기 때문이다. 다만 그 때도 발효가 된 후 나무통 바닥에 가라앉은 회갈색 점성 물질이 발효를 촉진한다는 지식 정도는 경험칙으로 알고 있었다.

일부 상면 발효 맥주를 제외한 대다수 독일 맥주 원료는 보리 맥아다. 그럴 수밖에 없는 것이 맥주의 주 원료인 녹말질 원료를 '보리'만으로 규정했기 때문이다. '맥주 순수령'은 바이에른의 맥주 품질을 지키고 보존하기 위해 공포되었다는 것이 정설이다. 그러나 사실 그 동기가 순수하지만은 않았다. 바이첸비어(Weizenbier)는 밀을 사용해서 양조하는 상면 발효 맥주다. 한데 바이에른에서 이 맥주의 인기가 갑자기 시들해졌다. 참고로, 바이첸비어는 순수령이 시행되기 전부터 바이에른에서 생산되던 맥주다. 순수령이 공포된 이후에는 이 맥주를 궁정의 부속 양조장과 일부 수도원에서만 양조할 수 있게 되었다.

애초부터 순수령은 하면 발효 맥주에 적용되었다. 이 경우 밀을 사용해서 빚는 상면 발효 맥주의 양조 권리는 궁정이나 교회가 아닌 일반 시민에게 주어지는 것이 마땅했다. 그러나 빌헬름 4세의 궁정 전속 양조장은 보리를 제외한 원료, 즉 밀을 사용해 만든 바이첸비어를 거리낌 없이 독점적으로 생산했다. 그들의 이런 행태는 19세기까지 이어졌다. 순수령을 공포한 이가 빌헬름 4세이니, 그는 자신이 제정한 법을 가장 먼저 어기고 있는 셈이었다. 이 만만치 않은 모순에 대해서는 독일의 상면 발효 맥주를 소개하는 제11장에서 좀 더 자세히 살펴보기로 하자. 이제부

빌헬름 4세의 궁정 전속 양조장은 보리를 제외한 원료,
즉 밀을 사용해 만든 바이첸비어를 거리낌 없이
독점적으로 생산했다.

한스 베르팅거, 〈바이에른 공작 빌헬름 4세〉
1526년, 패널에 유채, 69.3x45.8cm, 알테 피나코테크 소장

터 연어가 강 상류로 헤엄쳐 올라가듯 거슬러 올라가 순수령이 공포될 때까지의 과정을 톺아보자.

'panschen'이라는 독일어 어휘가 있다. 사전을 뒤적여 의미를 찾아보면 '술이나 우유 등 마실 거리에 뭔가를 섞어 제조하다'라는 의미의 동사임을 알 수 있다. 말하자면 '와인·맥주 등의 알코올에 물을 타서 위조품을 만든다'는 의미를 지닌 단어가 독일어에 존재하는 것이다. 또한 이는 오래전부터 유럽 사회에서는 위조 술을 만들고 유통하는 업자인 'Panscher'가 활발히 활동해 왔다는 뚜렷한 정황 증거이기도 하다.

서양 문명은 언제, 어디에서 발원했을까? 기원전 2500~기원전 3000년 무렵 메소포타미아이고 그 주역은 수메르인이었다. 그들은 보리와 밀을 주원료로 맥주를 생산했다. 바빌로니아는 수메르의 뒤를 이어 메소포타미아를 지배했다. 바빌로니아의 왕 함무라비(Hammurabi, 재위 c. 1792~1750 BC)는 자신의 이름을 따서 『함무라비 법전』을 편찬하도록 했는데, 여기에는 맥주에 관한 조항도 있었다. 당시에는 맥주를 생산하고 판매하는 것이 모두 여성의 일로 인식되었으며 이와 관련하여 그 어떤 부정행위라도 발각될 때는 무거운 형벌을 내렸다. 일테면 이런 식이었다. 반역을 꾀하는 자들을 알면서도 눈감아 주고 신고하지 않은 경우, 맥주를 정해진 값보다 터무니없이 비싸게 판 경우, 맥주 원액에 물을 섞어 판매한 경우 참수형이나 익사형의 벌을 내렸다. 이는 맥주 생산 및 판매와 관련하여 뭔가 부정한 일을 저지른 사람을 반역죄와 맞먹는 형벌로 다스린다는 의미였다. 그토록 형벌이 무거웠다는 것은 말하자면 3,500년 전에도 와인이나 맥주를 판매하는 과정에 도저히 묵과할 수 없을 만큼 부정한 행위가 자주 발생했다는 의미이기도 하다. 그런 맥락에서 보면 오랜 세월이 지나 중세에 이르러 맥주를 만들고 판매하는 자가 부정행위를 밥 먹듯 저질렀다고 해도 그리 놀랍거나 이상한 일은 아니다.

중세 시대의 형벌은 약간 특이하면서도 가혹했다. 한두 가지 예를 들어 보자. 맥주에 물을 섞어 판매한 자에게는 '물 긷는 형'을 내렸다. 좀 더 구체적으로, 이런 자는 수로의 물을 통으로 길어 올려 높은 산 위에 있는 저수장으로 운반하는 일을 끝도 없이 반복해야 하는 벌을 받았다. 이는 『그리스 신화』에서 제우스의 분노를 사 저승에서 무거운 바위를 산 정상으로 쉴 새 없이 밀어 올리는 영원한 형벌을 받은 코린토스의 왕 시시포스(Sisyphos)를 연상케 한다. 또 하나, 사람의 건강에 해가 되는 질이 낮은 맥주를 만들어 판 자는 자신이 만들어 판 것과 똑같은 질이 낮은 맥주를 날마다 마셔야 하는 '보복 형벌'을 받았다.

영국이 낳은 세계 대문호 셰익스피어의 아버지가 '에일 코너', 즉 맥주 감시관으로 일했다는데?

중세 시대에 뮌헨의 평범한 시민들이 일상적으로 마시던 술은 와인이었다. 당시만 해도 맥주는 왕·귀족 등의 상류 계층 사람들과 성직자만 마실 수 있었다. 그 시대에 바이에른주의 주도(州都)였던 뮌헨 등의 도시에서는 품질이 좋은 맥주를 맛보기가 어려웠다. 그도 그럴 것이 기술력이 낮은 얼치기 생산업자가 만든 가짜 맥주가 판을 쳤기 때문이다.

이런 상황에서 뮌헨의 기득권층은 어떻게 품질이 좋은 맥주를 구해 마셨을까? 대개는 경제력을 갖춘 제후나 귀족이 먼 곳까지 사람을 보내 질이 좋은 맥주를 사 오도록 했다. 전 유럽을 통틀어 좋은 품질로 평판이 높은 도시로는 아인베크를 꼽을 수 있다. 아인베크의 맥주 양조 장인이 생산한 아인베크 맥주는 질이 높고 맛이 뛰어나기로 정평이 나 있었다.

바이에른 사람들도 이런 맥주에 열광했다. 당연하게도 고품질에 인기가 좋은 맥주를 수입하자면 많은 돈을 지불해야 했다. 이런 상황이 지속될수록 바이에른 공국 제후의 고민은 깊어졌다. 그도 그럴 것이 바이에른에서 생산된 맥주가 질이 높고 맛있다면 굳이 머나먼 독일 북쪽 지방까지 달려가서 맥주를 수입해야 할 필요가 없기 때문이었다. 그런 터라 제후는 아까운 경비 지출을 줄이기 위해 바이에른 맥주의 품질을 높이기로 마음을 정했다. 이를 위해서는 무엇보다 먼저 법과 형벌 등의 강제력을 동원해서라도 맥주 양조업자들의 부정행위부터 뿌리 뽑아야 했다. 이렇듯 당대 바이에른 공국의 맥주 순수령은 부정부패한 맥주 양조업자들을 단속하고 엄단하는 일이 시발점이 되었다.

맥주를 둘러싼 부조리한 상황에 제대로 맞선 최초의 군주는 '붉은 수염 황제', 즉 '바르바로사'라는 별칭으로 불린 프리드리히 1세(Friedrich I, 신성로마제국 황제 재위 1155~1190)였다. 그는 아우크스부르크 시에 조례를 공포했는데, 여기에 맥주에 관한 내용도 포함되어 있다. 이는 1156년의 일로 구체적인 내용은 다음과 같다.

> 맥주 양조와 판매를 하는 자가 질 나쁜 맥주를 판매할 경우 그에 합당한 처벌을 받게 될 것이다.

구체적인 처벌 내용은 "맥주를 즉시 폐기 처분하거나 가난한 사람들에게 돈을 받지 않고 나눠 주어야 한다. 벌금은 1회 적발 시 5굴덴, 3회 적발된 자는 맥주 양조권을 박탈한다" 등이다.

비합법적으로 생산된 맥주의 품질이 문제가 된 것은 뮌헨도 마찬가지였다. 1363년, 뮌헨 시가 위원회 위원들에게 맥주 품질 감사권을 맡긴 것도 그런 연유에서였다. 뮌헨 시 위원회가 맥주 품질에 관한 조례를 제정한 것은 1447년의 일이다. 그 조례에는 "맥주를 양조할 때는 보리와 홉, 그리고 물만 사용해야 한다"라고 명기돼 있다. 이것이 바로 맥주 순수령의 핵심이다. 1477년 레겐스부르크 시는 위생 감독관을 임명했다. 그런 다음 그가 시내에서 양조된 맥주가 품질 기준을 충족하는지 검사하도록 했다.

"여름 맥주는 한 잔에 2페니히, 겨울 맥주는 한 잔에 1페니히로 한다." 이는 1487년, 바이에른 공작 알브레히트 4세(Albrecht IV, 재위 1467~1508)가 만든 규정이다. 여름 맥주 가격이 겨울 맥주보다 두 배나 비싼 이유는 뭘까? 여름 맥주는 더운 날씨에도 상하지 않고 맛을 유지할 수 있도록 진하게 만들도록 법령으로 규정돼 있기 때문이었다. 그러자면 원맥 즙 농도를 높이고 많은 양의 홉을 첨가해야 했는데, 그것이 바로 가격 인상의 주요 요인이었다.

아인베크 등 북독일의 맥주가 맛이 뛰어나고 인기가 좋은 이유는 개인보다는 길드 차원에서 맥주 품질을 끌어올리기 위해 부단히 노력했기 때문이었다. 뮌헨 시의 위원회는 맥주 품질을 높이기 위해 분투하는 과정에 이 사실을 자연스럽게 알게 되었다. 위원회는 품질 차이를 줄이기 위해 무엇을 어떻게 해야 하는지 진지하게 고민했다. 그 과정에 역시 맥주 생산 및 판매업자들의 부정행위가 가장 먼저 해결해야 할 문제임을 알게 되었다. 이내 바이에른의 각 도시에서 조례가 공포되었다. 그것을 위반하는 생산·판매업자들에게는 무거운 형벌이 기다렸다. 그러나 이러한 행정 조치가 큰 효과를 거두지는 못했다. 왜일까? 제대로 검사가 이루어지지 않았기 때문이다. 곧이어 검사원의 행동 규범을 정하고 그대로 실행하도록 독려한 것은 그런 연유에서였다.

당시 위원회가 정한 행동 규범을 보면 오늘날의 기준으로 봐도 놀라우리만큼 정교하고 빈틈없는 내용도 있다. 또한 여기에는 관능검사(sensory test, 여러 가지 품질을 인간의 오감을 통해 평가하는 제품 검사—옮긴이)를 하는 검사원이 지켜야 할 규범이 명시되어 있다. 흥미롭게도 이 방법은 오늘날에도 사용하는 기술 표준이 돼 있다.

> 날마다 최소 6개의 샘플을 관능검사할 것. 검사관은 시음하기 전날 밤 맥주나 와인을 절대로 과음해서는 안 됨. 관능검사

당일에는 미각을 둔하게 할 어떤 음식물도 섭취해서는 안 됨. 소금에 절인 맛을 내는 치즈, 사탕과자 등이 대표적임. 코담배와 씹는담배를 포함한 모든 흡연을 엄격히 금함.

뮌헨 시는 세무관, 교사, 위원회 위원에 두 명의 시민을 추가로 참여하도록 하여 총 5명을 시를 대표하는 맥주 품질 관리자로 임명했다. 1491년의 일이다. 이후 그들은 여름에는 주 3회, 겨울에는 주 2회씩 저마다 세부 사항까지 법령과 지침에 따라 철저히 준비하고 점검한 뒤 맥주 관능검사를 시행했다.

그러나 인간 만사 세상일에 완벽이란 있기 힘든 법. 당대에 시행된 맥주 품질 검사법 중에는 일부 이해가 가지 않는 내용도 있었다. 베르나우(Bernau am Chiemsee)는 뮌헨에서 동남쪽으로 60킬로미터 떨어진 곳에 있는 도시인데, 이곳에서 15~16세기에 행해진 검사법이 그랬다.

시장, 시장 감사관, 재판관으로 구성된 검사팀이 대상 양조장을 방문하여 검사한다. 양조장에 도착하자마자 그들은 노란색 가죽 바지로 갈아입는다. 그런 다음 시장 감사관이 한 잔 정도 분량의 맥주를 미리 준비해 둔 벤치에 뿌린다. 재판관은 그 뿌려진 맥주를 벤치 위에 골고루 펴서 바른다.

이후 3명의 검사관이 벤치 위에 나란히 앉았다가 동시에 자리에서 일어난다. 이때 벤치가 가죽 바지에 달라붙어 일정한 높이까지 딸려 올라가면 그 양조장은 합격 판정을 받는다.

한데, 흥미롭게도 오래전부터 영국에서도 거의 100퍼센트 같은 검사법이 시행되어 왔다. 그런데 어찌 된 일인지 판정 결과는 정반대였다. 영국에서는 가죽 바지에 벤치가 달라붙으면 불합격 판정을 한 것이다. 이유가 뭘까? 이 경우 맥주의 발효가 끝나지 않아 쓸모없는 당분이 남아 있기 때문으로 판단해서였다. 어찌 됐든 두 경우 모두 기술적인 관점에서 판단할 때 근거는 부족하다. 그렇다면 오늘날의 기준으로 볼 때 두 경우 중 어느 쪽이 좀 더 타당할까? 영국 쪽이다.

당대의 영국에는 영주가 임명한 맥주 감시관이 활동하고 있었다. 그 맥주 감시관의 직함은 '에일 코너(Ale conner)'였다. 에일 코너는 11세기부터 런던을 중심으로 활약해 왔을 정도로 연륜이 깊다. 그들의 주된 업무는 맥주 양조장을 방문하여 맥주의 품질을 검사하는 일이었다. 그 다양한 검사 방법의 하나가 바로 앞에서 언급한 '가죽 바지 시험'이었다. 에일 코너에게는 부정행위를 한 것으로 의심되는 양조업자를 적발하여 재판소로 넘길 수 있는 권한도 주어졌다. 흥미로운 사실은 영국의 대문호 셰익스피어(William Shakespeare)의 아버지 존 셰익스피어(John Shakespeare)가 에일 코너였다는 점이다.

부정행위를 저지른 맥주 생산·판매업자에게 내려지는 형벌의 종류도 다양했다. 그러나 일단 양조업자나 상인이 산패한 맥주를 비롯해 질이 떨어지는 맥주를 판매한 경우에는 대부분 벌금형에 그쳤다.

뉘른베르크의 조치는 약간 특이했다. 이 시는 맥주의 품질은 다소 떨어지나 그런대로 마실 만한 상태일 경우 그 맥주를 일반 시민에게 매우 싼값에 팔아야 했다. 이런 상황을 묘사한 기록이 남아 있다.

> 시에 소속된 용병들이 술집 앞을 밤낮없이 지키고 있다.
> 양조업자나 상인들이 부정행위를 저지르지 않고 제대로
> 판매하는지 두 눈 부릅뜨고 감시하기 위해 파견 나온 자들이다.
> 맥주는 보통 정해진 가격의 반값에 판매된다.
> 상인들이 맥주를 판매하는 동안 용병들은 술집 앞을 지키며
> 그들을 감시한다. 용병의 일당은 해당 양조업자와 상인이
> 지불한다. 이로써 시는 용병의 임금을 절약할 수 있으니
> 그야말로 일석이조다. 용병에게 지불하는 일당이 만만치 않은
> 금액이라 부정행위가 적발된 상인들은 질이 떨어지는 맥주를
> 싼값으로라도 팔아치우려고 애를 쓴다. 그 일이 뜻대로 안 되면
> 차라리 강물에 버리는 편이 낫다.

독일에서 가장 엄격한 형벌은 레겐스부르크 시의회가 정한 형벌이었다.

> 품질이 특히 안 좋은 맥주를 만들어 판 양조 및 판매업자는
> 그 맥주를 전부 마셔야 한다.

어찌 됐든 눈에 보이는, 혹은 눈에 보이지 않는 이런 노력이 바

이에른 지방의 맥주 품질을 획기적으로 높여 주었다.

남독일의 뮌헨 맥주가
전통적인 강자 북독일 맥주와의 경쟁에서
승리할 수 있었던 비결은 '맥주 순수령' 덕분이다?

맥주 순수령이 공포되었다. 1516년 4월 23일의 일이다. "순수령은 남부 독일의 맥주 품질을 눈에 띄게 끌어올리는 결정적인 계기를 마련해 주었다는 데 의의가 있다" 라는 주장을 잠시 짚고 넘어가자. 그 이전까지 바이에른은 언제나 후발주자로서 북독일의 뒤를 쫓기만 하는 처지였다. 그런 터라 항상 북독일 양조업자들이 만든 맥주의 품질을 뛰어넘는 것을 목표로 기술 발전에 매진했다. 그러던 중 마침내 순수령을 계기로 바이에른 등의 남독일 맥주가 북독일 맥주의 품질을 뛰어넘게 된다.

중세 시대에 북독일의 맥주는 시민들을 위한 영양 식품의 하나로 인식되었다. 게다가 맥주 양조권도 왕이나 귀족, 교회가 아닌 일반 시민에게 있었다. 이는 귀족과 성직자의 권위와 기득권에 대항하여 도시의 시민들이 양조권을 쟁취한 결과였다.

한자동맹의 주요 도시 중 하나인 쾰른이 대표적인 사례다. 쾰른 시는 자유무역을 추구하고 정치적 억압을 반대하는 상인 층이 영주인 대주교에 맞서 투쟁을 벌였다. 두 세력 간에 기나긴 싸

맥주 순수령이 공포되었다. 1516년 4월 23일의 일이다. 순수령은 남부 독일의 맥주 품질을 눈에 띄게 끌어올리는 결정적인 계기를 마련해 주었다는 데 의의가 있다.

1516년 바이에른 공작 빌헬름 4세가 공포한 일반 조례(General Ordinance)에 ‘맥주 순수령’이 포함되었다.

움이 벌어진 끝에 마침내 대주교가 시민들 앞에 무릎을 꿇었다. 1288년의 상황이다. 이로써 시민들은 자치권을 획득했다. 쾰른 시는 무혈혁명을 통해 시민 선거를 거쳐서 뽑힌 시 위원회가 시정 전반을 맡아서 주관하게 된다. 그로부터 100여 년의 시간이 흐른 1396년의 상황이다.

평범한 시민들이 자치권을 획득해 가는 과정에 수공업조합인 길드가 중요한 역할을 담당했다. 그들은 맥주와 관련된 법규를 개정했으며 맥주의 품질을 유지하고 높이기 위한 활동도 주도적으로 해 나갔다.

바이에른 공국은 상황이 사뭇 달랐다. 바이에른에서는 영주가 모든 법률과 정치적 사안에 영향력을 행사했다. 이러한 성격은 순수령을 공포하고 시행하는 과정에 매우 유리하게 작용했다. 그도 그럴 것이 영주의 말 한마디로 순수령이 바이에른 전역으로 전파되고 시행되었기 때문이다. 바이에른의 맥주 품질이 비교적 이른 시일 안에 눈에 띄게 향상된 것은 그러한 노력의 결과였다. 그런 면에서 북독일은 바이에른 공국과는 큰 차이가 있었다. 북독일에서는 무슨 일이든 합의에 도달하기까지 시간이 오래 걸렸다. 그도 그럴 것이 북독일의 모든 도시에서는 중요한 사안을 시 위원회가 민주적인 절차를 거쳐 진행했기 때문이다.

17세기 전반기에 이르러 북독일의 맥주 양조업이 몰락했다. 그 무렵 일어난 30년 전쟁으로 인해 그전까지 북독일의 도시들이 철저히 파괴된 탓이었다. 당시의 상황은 남쪽 지방이라고 해서 형편이 낫다고 말할 수 없었다. 남독일의 비옥한 포도원이 파괴되는 바람에 와인 산업 자체가 거의 사라질 수도 있는 치명적인 위기에 직면하게 되었다. 실제로 당시의 많은 와이너리들이 맥주 양조장으로 변신을 꾀한다.

순수령대로라면 맥주의 원료는 '보리와 홉과 물'뿐이다. 이 법령에 효모는 없다. 그 당시에는 효모가 없어도 별문제는 없었다. 나무통 바닥에 가라앉은 찌꺼기를 남겨 두어 그 위에 맥아즙을 부으면 발효되었기 때문이다. 설령 찌꺼기가 남지 않더라도 양조장 안에서 서식하는 맥주 효모 덕분에 자연 발효가 가능했을 것이다. 자연 발효가 일반적이었기에 당시 사람들은 효모를 맥주의 원료로 보지 않았다.

그러다가 새롭게 지정된 맥주 법령에서는 맥주 원료가 기존의 3가지에서 4가지로 늘어난다. 이 개정판 법령은 1551년에 공포되었다.

개정판 법령 원문에는 보리, 홉, 물과 함께 'Hepffen'이 명시돼 있다. Hepffen은 'Hefe', 즉 효모라는 의미로, 독일어 고어다. 원문에는 '상면 발효', '하면 발효'라는 용어도 등장한다. 좀 더 구체적으로, 개정판 법령은 에일 맥주를 상면 발효 맥주로 구분해서 명시한다. 이로써 그 무렵 바이에른의 양조장들에서 하면 발효 맥주를 만들 때 발효통 바닥에 가라앉은 찌꺼기인 효모를 버리지 않고 남겨 두어 보관했다는 점을 알 수 있다. 그런 다음 담금 과정에 그 찌꺼기 효모를 재료로 삼아 맥주를 생산했다.

상면 발효 맥주와 하면 발효 맥주를 간단히 비교해서 정리하면 이렇다. 먼저, 표면에 떠오른 효모를 건져 내어 술밑(누룩을 섞어 버무린 일종의 지에밥(찹쌀이나 멥쌀을 물에 불려서 시루에 찐 밥)으로, 술의 원료로 사용된다)으로 사용해 양조하는 것이 상면 발효 맥주다. 반대로, 발효통의 바닥에 가라앉은 효모를 모아 술밑으로 사용해 양조하는 것이 하면 발효 맥주다. 이런 방식의 양조 기술이 16세기 중반에 완성되어 실제로 맥주 생산 과정에 사용되었다는 사실이 놀랍다.

이후 맥주의 품질 유지 및 관리에 관한 새로운 법령이 제정되었다. 그로부터 2년 후인 1553년의 일이다.

> 바이에른 지역 내에서 양조하는 하면 발효 맥주의 경우 성 미카엘 축일인 9월 29일부터 성 게오르크 축일인 4월 23일까지만 양조해야 한다. 또 여름철에 소비되는 맥주의 경우, 장기 보관할 수 있도록 홉을 많이 넣어 양조해야 한다.

이는 홉이 지닌 항균 작용을 적극적으로 활용하여 잡균에 의해 오염된 불상사를 예방하고 맥주의 품질을 높일 것을 주문한 법령의 내용이다.

당시의 양조업자들은 3월에 양조하는 맥주의 경우 여름이 지나갈 때까지 맛과 품질을 유지할 수 있도록 온 정성을 쏟았다. 그랬기에 '3월 맥주'는 소비자에게 좋은 평가를 받으며 비싼 값에 거래되었다. 이것이 바로 오늘날에도 여전히 고급 맥주의 하나로 인정받는 3월 맥주, 즉 '메르첸비어(Märzenbier)'다.

그 후 맥주 순수령은 바이에른의 경계를 벗어나 독일의 다른 지역으로 습자지에 먹물 번지듯 퍼져 나갔다. 이는 1906년 이후의 상황이다.

독일은 바이마르헌법을 제정했다. 제1차 세계대전이 발발한 1919년의 일이다. 당시 바이에른은 바이마르 공화국에 참여할 것을 요청받는다. 이때 바이에른은 바이마르 공화국에 흥미로운 조건을 제시했다. 이는 '독일 공화국 내의 모든 주가 맥주 순수령을 받아들여야 한다'라는 내용이었다. 바이마르 공화국은 이 조건을 흔쾌히 받아들였고 맥주 순수령은 독일의 주법을 넘어 국법이 되었다.

1933년 아돌프 히틀러(Adolf Hitler, 독일 총리 및 대통령 재임 1933~1945)의 정당 나치스가 정권을 잡았다. 한데 폭압적인 나치스조차 맥주 순수령에 손을 대지는 않았다. 그런데도 뜻밖의 시점에 위기가 찾아온다. 제2차 세계대전이 끝난 직후의 일이다. 이때 패전으로 잿더미에 앉은 독일에 유럽공동체에 속한 나라들이 거칠게 압력을 넣은 탓이었다.

특히 독일에 대한 제재의 가장 선두에 서 있던 나라 프랑스가 독일의 순수령을 문제 삼으며 유럽공동체 분쟁재정위원회에 제소했다. '독일에서만 맥주 원료를 한정하는 것은 국가 간 공정무역을 방해하는 비관세장벽과 다름없는 행위다'라는 논리였다. 독일의 맥주 순수령은 결국 비합법 판결을 받게 된다. 1987년의 일이다. 그러나 독일인들은 이러한 상황과 조치에 굴하지 않고 순수령에 따라 맥주를 생산하고 있으며 앞으로도 그럴 것으로 보인다.

World History
of
BEER

③

히틀러는 왜 비어홀을 정치 집회 장소로 자주 이용하고 그곳에서 폭동을 일으켰을까

17세기 초반까지 번영을 구가하던 남독일의 와인 산업이 붕괴하고 맥주 산업이 발달하게 된 결정적 사건은?

그뤼스고트(Grüßgott). 이는 남독일 바이에른 지방의 인사말로 '신의 은혜에 감사하다'라는 의미다. 북독일의 하노버 근방은 표준어를 사용한다. 북독일에 사는 사람들은 아침에 누군가를 만나면 '구텐 모르겐(Guten Morgen)', 점심때는 '구텐 탁(Tag)', 저녁때는 '구텐 아벤트(Guten Abend)'라고 인사한다. 말하자면, 교과서식 인사말을 일상생활에서 사용하는 것이다.

독일의 경우 남부 지방과 북부 지방은 언어를 포함한 대부분의 영역에서 차이가 크다. 그도 그럴 것이 역사적으로 남부 사람들은 북부 사람들에게 오늘날까지 감정의 골이 깊다. 호엔촐레른 왕가(Haus Hohenzollern)의 프로이센(Preußen)은 북부 독일의 포츠담(Potsdam)을 주요 근거지로 삼고 세력을 확장해 가고 있었다. 1866년 무렵의 상황이다.

이후 프로이센은 몇백 년 동안 전 유럽을 주물렀던 전통적인

강자 합스부르크 왕가의 오스트리아 제국을 무너뜨렸다. 그리고 그 기세를 몰아 당대 최강을 자랑하던 프랑스 육군을 쳐부수고 유럽의 패권을 잡았다. 1870년의 일이다. 프로이센은 그 연장선에서 오스트리아 제국의 집권 세력을 몰아낸 후 비텔스바흐 왕가(Haus Wittelsbach)의 바이에른 왕국 및 남부의 3국과 연합하여 독일 제국을 건설했다. 이는 그 이듬해인 1871년 1월의 일이다. 이것이 바로 독일 제2제국(참고로, 독일에서는 신성로마제국을 독일 제1제국, 히틀러의 나치 체제를 독일 제3제국이라고 부른다)의 탄생이다.

애초 바이에른은 오스트리아 제국과 세력을 규합하여 프로이센에 대항했다. 그러나 연합 세력은 프로이센을 당해 내지 못했고 결국 무릎을 꿇을 수밖에 없었다. 불행 중 다행이라고 해야 할까. 프로이센에 대항했던 프랑크푸르트(Frankfurt)가 비스마르크(Otto von Bismarck, 재임 1871~1890)에게 당한 것과 비슷한 혹독한 응징은 피할 수 있었기 때문이다. 이는 역설적으로 정치에 무관심한 데다 전쟁 의지도 약한 무능한 군주 루트비히 2세(Ludwig II, 재위 1864~1886) 덕분이었다. 그러나 루트비히 2세는 '프로이센의 빌헬름 1세(Wilhelm I, 독일 제국 황제 재위 1871~1888)를 황제로 추대하자'라는 내용이 담긴 문서를 독일 전역의 제후들에게 보내라는 비스마르크 수상의 요구를 울며 겨자 먹기 식으로 받아들여야 하는 치욕을 감내해야 했다.

베르사유 궁전 거울의 방에서 초대 독일 제국 황제 빌헬름 1세의 즉위식이 열렸다. 루트비히 2세는 몸이 좋지 않다는 핑계로 즉위식에 참석하지 않고 동생 오토를 대신 보냈다. 루트비히 2세와 바이에른 사람 모두 프로이센인에게 모욕당하는 상황이 계속 이어지고 바이에른인들은 깊은 상처를 받는다.

독일은 35개의 연방국가와 4개의 자유도시로 이루어진 '독일 연방'으로 승격된다. 이는 1814~1815년에 개최된 빈회의(Congress of Vienna) 이후의 일이다. 당시 바이에른 왕국은 오스트리아 제국과 프로이센 왕국의 뒤를 잇는 제3위의 지위에 있었다. 이때도 베를린(Berlin)을 중심으로 하는 북부 독일에 대한 바이에른인들의 감정의 골은 여전히 깊었다.

뒤에서 다시 언급하겠지만, 독일의 경우 맥주에서도 차이가 매우 컸다. 좀 더 구체적으로, 맥주 맛의 특징도 정반대라고 해도 지나치지 않을 정도로 확연히 달랐으며 맥주의 역사도 전혀 다르게 흘러갔다.

북부 독일의 도시 브레멘, 함부르크, 도르트문트, 쾰른, 아인베크 등의 도시는 한자동맹에 가입하고 청어 등을 주요 상품으로 활발히 무역 활동을 했다. 이는 12~15세기의 상황이다. 이때 한자동맹 도시 상인들의 주요 수출 품목에 맥주도 있었다. 그 도시들은 당시로서는 꽤 품질이 뛰어난 맥주를 양조할 수 있는 기술을 보유하고 있었기에 그들이 생산한 맥주는 잠재력이 뛰어난 수출품으로 인정받고 있었다.

한편 그 무렵 남부 독일의 바이에른 지방에서는 맥주보다는 와인을 주로 마셨다. 바이에른의 주도이자 '맥주의 도시'라는 이미지를 가진 뮌헨과는 왠지 어울리지 않는 듯하지만 사실이다.

독일 맥주 역사의 물줄기를 크게 바꾸어 놓는 일대 사건이 일어났다. 바로 그 유명한 30년 전쟁으로 1618~1648년의 일이다. 이 전쟁이 끝났을 때 독일 전역이 초토화되었고 오랫동안 번영을 누려 온 북부 독일의 도시들도 모조리 파괴되었다. 남부 독일이 입은 피해 규모도 만만치 않았다. 특히 드넓은 포도밭이 대부분 치명적인 타격을 입었다. 그리고 그 탓에 와인 양조가 불가능해졌다. 남부 독일의 양조 산업이 맥주로 바뀐 것은 이런 맥락에서였다.

호프브로이하우스를 유명하게 만든 두 역사적 인물, 빌헬름 5세와 아돌프 히틀러

바이에른 지역에서 생산된 맥주는 북부 독일의 맥주와 비교하면 품질이 크게 떨어졌다. 15~16세기 무렵의 상황이다. 그런 터라 바이에른의 공작과 공작부인, 귀족들은 북부 독일의 유명 양조장을 직접 찾아가 그곳에서 생산된 맥주를 수입해다 마실 수밖에 없었다. 그 무렵 북부 독일은 맥주에 관한 한 평판이 높았다. 특히 아인베크 시의 길드가 생산한 '아인베크 비어'의 경우 최고의 명성을 얻고 있었다. 그런 까닭에 아인베크 비어는 북쪽으로는 러시아, 남쪽으로는 이탈리아에 이르는 유럽 전역으로 불티나게 팔려 나갔다.

당대 바이에른 공국의 빌헬름 5세는 아인베크 비어를 유난히 사랑했다. 그가 이 맥주를 열정적으로 수입해서 마셔 대는 바람에 궁정 재무 담당자는 늘 골머리를 앓았다.

빌헬름 5세가 바이에른 공국에서, 아니 좀 더 구체적으로 바이에른 궁정 안에서 아인베크 비어를 직접 양조하기로 결심한 것은 바로 이런 맥락에서였다. 그는 바이에른 공국의 도시 란츠후트(Landshut)에 있는 트라우스니츠 성(Trausnitz Casle) 부속 궁정 양조장에서 아인베크 비어를 양조하도록 지시했다. 그리고 어느 정도 시간이 지나 미흡하나마 바이에른표 맥주가 완성되었다. 1590년 무렵의 일이다. 빌헬름 5세는 기뻤으나 그 정도 성과에 만족할 수 없었다. 그는 서둘러 아인베크 전용 양조 설비를 갖춘 양조장을 짓는 일에 몰두했다. 그 장소로는 뮌헨 마리엔플라츠(Marienplatz)의 호프브로이하우스가 낙점되었다. 이 건물은 1589년 11월 1일 만성절(All Saint's Day)에 완공되어 있었다.

어쩌면 당연하게도 호프브로이하우스의 아인베크 비어의 맛과 품질이 처음부터 좋지는 않았다. 바이에른표 아인베크 비어의 맛과 품질이 크게 향상되고 원조 격인 북부 독일의 맥주 수준에 도달하기까지는 오랜 시간이 걸렸다. 좀 더 구체적으로, 이런 일은 빌헬름 5세의 아들 막시밀리안 1세가 공작의 지위에 올라 1612년 아인베크에서 양조 기술자를 데려오고, 그로부터 2년여 시간이 더 지난 후에야 비로소 실현되었다.

그러나 뜻밖에도 호프브로이하우스 궁정 양조장의 수명은 짧았다. 왜일까? 간단히 설명하자면, 궁정 양조장이 시민 양조장으로 바뀐 까닭이다. 호프브로이하우스에서 궁정용으로 양조된 맥주는 뮌헨에서 란츠후트와 슈트라우빙(Straubing), 그리고 레겐스부르크(Regensburg) 세 궁정 별관의 부속 양조장으로 이전되었다. 그러다가 급기야 호프브로이하우스 궁정 양조 맥주는 일반 음식점과 서민에게 판매되기 시작했다.

비록 궁정 양조장이 시민 양조장으로 바뀌었다고는 하지만 적어도 19세기 말엽까지만 해도(이보다 좀 더 길게 잡더라도 제1차 세계대전부터 합스부르크 왕가의 오스트리아-헝가리 제국과 독일 제2제국이 생명을 다할 때까지다. 1870년, 바이에른 공국은 궁정의 주요 재원이던 밀맥주, 즉 바이스비어의 양조 독점권을 포기했다) 호프브로이하우스의 고객은 바이에른 궁정의 비텔스바흐 왕가 격식에 준거한 관례를 따라야 했다.

『양조 100년(One Hundred Years of Brewing)』(1947)이라는 책에 19세기 호프브로이하우스의 정경이 자세히 묘사된다.

> 바이에른 공작 빌헬름 5세는 호프브로이하우스를 설립했다. 1589년의 일이다. 그로부터 300년 후인 1889년 9월, 이곳에서는 300주년 기념행사가 개최되었다. 16세기 말부터 300년의 세월이 흐르는 동안 궁정 양조장에서 생산된 맥주는 일반인에게 판매되기 시작했다. 다름 아닌 양조장의 일부였던 허름한 비어홀에서였다. 이렇게 얻어진 수익금은 바이에른 궁정의 주요한 재원으로 사용되었다.
>
> 신분의 높고 낮음과 상관없이 누구나 비어홀을 이용할 수 있었다. 다만 손님은 누구라도 각자 알아서 맥주를 따라 마셔야 했다. 왜냐하면 당시 이곳에는 웨이터나 웨이트리스가 없기 때문이었다. 그런 터라 번쩍번쩍 빛나는 군복을 차려입은 고위

장성이라도 굴뚝 청소부가 자기 앞에 서 있으면 꼼짝없이 그 뒤에 서서 자기 순서를 기다려야 했다. 또한 도기제 맥주잔인 크루크(Krug)도 순서를 기다려 집어 들어야 했고 직접 씻어야 했다. 그런 다음 크루크에 맥주를 따르기 위해 또다시 줄을 서야 했다. 여기까지 마치고 나면 그제야 비로소 낡고 허름한 테이블에 앉게 된다. 그러고는 이리저리 돌아다니며 안주를 파는 사람에게 소시지와 검정 빵을 산다. 어쩌면 독자 여러분은 신분이 높고 위엄을 풍기는 남자들이 고작 맥주 한잔 마시기 위해 이렇듯 성가시고도 불쾌한 절차를 아무런 불평 없이 참아 냈다는 사실이 선뜻 이해되지 않을 수도 있다.

그러나 여기에는 그럴 만한 이유가 있다. 즉 호프브로이하우스의 맥주는 순수한 궁정 양조 맥주이며, 위에 언급한 모든 행위가 비텔스바흐 왕가 기준에 따라 대대로 전해 내려오는 규범이기 때문이다.

오늘날 보크 비어는 바이에른 지역의 맥주로 명성을 날리고 있다. 이 진하디진한 맥주는 오랜 옛날 북부 독일에서 기술을 도입해 양조한 아인베크 맥주의 후예다. 사실 이는 아인베크 시의 입장에서는 그리 유쾌한 일이 못 된다. 아인베크 시의 시민들이 '보크 비어의 원조는 아인베크'라는 캠페인을 대대적으로 벌인 것은 그런 연유에서였다. 그 연장선에서 아인베크 시는 원조 보크 비어인 '우어보크 비어(Ur-Bock bier)'를 판매한다.

또 한 명의 역사적인 인물이 호프브로이하우스를 유명하게 만들었다. 그는 바로 아돌프 히틀러다. 호프브로이하우스는 히틀러가 대규모 나치스 집회를 연 역사적인 장소로도 유명하다. 그는 자신의 책 『나의 투쟁(Mein Kampf)』(1925)에서 집회의 성공을 자랑하며 다음과 같이 말한다.

> 7시 30분 정각에 집회가 시작될 예정이었다. 나는 뮌헨 호프브로이하우스의 대연회장으로 들어섰다. 7시 15분쯤이었다. 그 순간, 말로 다 표현하기 힘들 정도로 큰 기쁨에 심장이 터질 것만 같았다. 당시만 해도 내 눈에는 엄청나게 커 보였던 그 방은 순식간에 몰려든 사람들로 발 디딜 틈조차 없었다. 그 방에 모인 사람의 숫자는 대략 2,000명 정도 되었다. 그중에는 우리가 꼭 초대하고 싶어 했던 이들도 섞여 있었다. (중략)
>
> 그러나 전혀 다른 결과가 나왔다. 내가 연설을 시작했다. 첫 번째 연사가 말을 마친 직후였다. 여기저기서 야유가 터져 나온 것은 그로부터 몇 분도 채 지나지 않아서였다. 갑자기 홀 안에서 격렬한 충돌이 일어났다. 몇 명 되지 않는 우리의 열성 당원들과 그 밖의 지지자들은 갑자기 들이닥친 방해 세력과 주먹질을 했다. 가까스로 상황이 진정된 것은 한참 지나서였다. 나는 다시 연설을 시작했다. 이후 30분쯤 시간이 지나자 우리를 지지하고 응원하는 박수 소리가 반대편의 욕설과 탄식 소리를 차츰 압도하기 시작했다.
>
> 나는 우리의 강령에 대해 이야기하기 시작했다. 15분이 지나고, 또다시 15분의 시간이 흐르는 동안 욕설과 비난은 환호성 속에

묻혀 거의 들리지 않았다. 나는 우리의 강령 25개 조를 하나하나 그 자리에 모인 군중을 향해 큰 소리로 말하면서 그들의 생각을 알려 달라고 요청했다. 강령은 하나하나 점점 더 커지는 목소리에 의해 만장일치로 채택되었다. 이후 그들이 마침내 마지막 조항을 받아들인 그 순간, 새로운 의지와 신념, 새로운 확신으로 똘똘 뭉친 사람들이 내 앞에 있었다.

두말할 필요도 없이 이는 나치스의 시발점이자 기폭제가 된 집회로 역사에 남았다. 이후 히틀러는 뮌헨 폭동을 일으켰다. 묘하게도 이 폭동 사건 역시 또 다른 비어홀 '뷔르거브로이켈러(Bürgerbräukeller)'에서 발생했다. 그 시대에 세계사를 바꾸는 정치 집회가 비어홀, 즉 맥줏집에서 주로 개최된 것이 과연 우연일까? 그렇지 않다. 실제로 히틀러의 자서전 『나의 투쟁』에는 나치스의 집회 장소로 사용된 비어홀이 자주 등장한다. 그렇다면 당대의 비어홀은 왜 그토록 자주 정치 집회 장소로 이용되었을까? 여기에는 그럴 만한 역사적 맥락이 있다. 그 점을 짚어 보자.

나치스는 왜 호프브로이하우스의 대연회장을 집회 장소로 선택했나

마리엔플라츠는 뮌헨 번화가의 중심부에 있다. 그리고 그 마리엔플라츠에는 시청사가 들어서 있다. 이 시청사 꼭대기에 시계가 있는데, 하루에 두 번 오르골 음악 소리에 맞추어 인형이 춤을 추는 것으로 유명하다. 그 시각은 오전 11시와 오후 3시다. 바로 그 연유로 날마다 이 시각이 되면 시청사 광장은 많은 관광객으로 가득 채워진다. 그런데 묘하게도 이 시청사 건물 지하에 술과 음식을 파는 시청사 술집(라츠켈러(Ratskeller))이 오래전부터 있어 온 것을 모르는 이들이 많다.

중세에서 근세에 이르기까지 유럽은 혹시 있을 수도 있는 외적의 기습 공격에 대비하여 성벽을 지어 도시를 둘러쌌다. 합스부르크 가문 오스트리아 제국의 수도이자 근거지였던 빈을 예로 들어 보자. 이 거대한 도시 역시 견고한 성벽을 쌓았는데 강력한 적 오스만튀르크의 반복된 공격을 방어하기 위해서였다. 그러나 오스만튀르크 군의 집요한 공격을 힘겹게 막아내던 빈의 성벽은 어느 순간 쓸모없는 시설물이 되고 말았다. 이는 19세기에 접어들면서 벌어진 상황이다. 이에 오스트리아 황제 프란츠 요제프 1세(Franz Joseph I, 재위 1848~1916)는 성벽을 부수고 수도 빈 시내를 전면 재개발하기로 한다. 1858년의 일이다. 성벽이 세워져 있던 자리는 도시를 둥글게 감싸는 길, 즉 링슈트라세(Ringstraße)로 재탄생한다.

성벽, 아니 링슈트라세의 안쪽 도시에는 그 중심부에 시장이 들어서고 시청사와 교회가 세워졌다. 시장과 시청사와 교회는 성벽에 의해 둘러싸인 도시를 이루는 하나의 세트와도 같은 존재였다. 시청사 앞에는 광장이 자리하고 있다. 당시 광장은 시민에게 유용한 정보를 전달하기 위한 소통의 공간 역할을 담당했다. 그리고 교회는 시민들의 상처받은 마음을 치유하는 역할을 맡았다. 시의 행정을 담당한 주체는 시민에 의해 선출된 대표들로 구성된 의회였다. 시청 지하에는 식당이 있었는데 의원들 간 교류 공간이자 그들에게 음식을 제공하는 공간으로 활용되었다. 식당에는 양조장이 딸려 있어 이곳에서 양조된 맥주가 의원들의 식사 시간이나 집회 때 제공되었다. 이런 식으로 지하 식당은 집회 장소의 기능도 담당했다.

이후 시민들이 자유롭게 이용할 수 있도록 시청사가 개방되면서 지하 식당은 비어홀·레스토랑으로 꾸며져 시민 교류의 장으로 변모했다. 이제 유럽 도시의 비어홀은 그 지역 집회 장소 역할을 담당하게 되었으니, 나치스가 뮌헨 호프브로이하우스의 대연회장을 집회 장소로 선택한 것 역시 매우 자연스러운 일이었다.

나는 지금으로부터 50여 년 전 뮌헨을 방문한 적이 있다. 맥주 공부를 제대로 하기 위해서였다. 당시 나는 토어브로이(Torbräu)라는 이름의 펜션에서 지냈다. 이 펜션은 뮌헨의 중심지 마리엔플라츠의 동쪽 끝 이자르 문(Isartor) 바로 앞에 있었다. 그 무렵 나는 이곳에 머물며 낮에는 맥주 공장에서 일하고 밤에는 맥주를 마시기 위해 새로 지은 시청사 뒤편에 있는 호프브로이하우스에 갔다.

당시만 해도 호프브로이하우스를 찾는 사람 대다수가 그 지역민들이고 아시아에서 온 이는 많지 않았다. 그래서였는지 그들은 기꺼이 나를 자신들의 무리에 끼워 주었다. 그들과 하나로 어우러져 한창 술을 마시고 있을 때였다. 갑자기 비어홀 중앙 무대에서 연주자들이 자리에서 일어나더니 웅장한 바이에른 민요를

뮌헨 호프브로이하우스 실내

연주하기 시작했다. 그들은 모두 티롤리언(Tyrolean, '티롤 지방'이라는 의미. 복식에서는 독일, 스위스, 이탈리아와 국경을 접하는 오스트리아 서부의 알프스 지방에서 착용하는 의상이나 모자를 뜻함) 스타일 옷을 입고 있었다. 사람들은 너나없이 서로 어깨동무를 한 채 몸을 흔들며 노래를 불렀다.

〈호프브로이하우스의 노래(In München steht ein Hofbräuhaus)〉가 나오면 첫 번째 연주의 끝부분에 다다랐음을 알 수 있다. 그리고 마지막 곡은 언제나 건배의 노래 〈아인 프로지트(Ein Prosit)〉로 끝을 맺는다.

Ein Prosit! ein Prosit! (건배! 건배!)
Der Gemütlichkeit! (맘껏 즐기자!)

노래가 끝나면 모두 자신의 잔을 들고 건배를 한다.

Eins, Zwei, Drei, G'Suffa, Prosit!
(하나, 둘, 셋, 마시자, 건배!)

이렇게 비어홀에 있는 사람 모두 목청껏 외치면서 1리터들이 맥주잔을 높이 들어 올린 다음 단숨에 잔을 비운다. 사실 실제로 1리터들이 맥주잔을 단숨에 비우는 이가 많지는 않다. 대다수가 4분의 1이나 3분의 1 정도를 마신다. 어쨌든 호프브로이하우스의 마지막 노래 〈아인 프로지트〉는 매출을 올리는 데 언제나 일

등 공신이라 할 만하다.

그 후 나는 뮌헨에 가면 반드시 호프브로이하우스를 찾는다. 그럴 때마다 1층에 놓여 있는 낡을 대로 낡은 테이블과 눅진하게 남아 있는 화장실 냄새가 옛 추억을 자극한다. 오늘날 호프브로이하우스는 전 세계적으로 너무도 유명해져 뮌헨 시민들은 오히려 자주 찾지 않는 장소가 되어 버렸다. 그러다 보니 이곳을 찾는 고객 대다수가 관광객이라고 보아도 무방할 정도다.

북독일 맥주와 남독일 맥주 맛은 왜 그토록 극명하게 갈릴까

북독일과 남독일 맥주의 맛은 어디에서 극명하게 갈릴까? 필스너(Pilsner) 맥주(체코의 플젠 지역에서 유래한 맥주-옮긴이)에서다.

오래전부터 '맥주 맛'을 표현해 온 두 개의 단어가 있다. 명사 'Vollmündigkeit'와 'Schneidigkeit'가 그것이다. 앞의 단어는 '진하다'라는 의미이고 뒤의 단어는 '날카롭다'라는 뜻을 지닌다. 둘 다 술, 특히 맥주를 시음할 때의 느낌을 표현하기 위한 형용사로 주로 사용된다. 일테면 Vollmündig라고 하면 '강하고 풍부한 맛'으로, Schneidig라고 하면 '날카로운 맛'으로 이해하는데, 우리말로 이렇게 옮기는 게 원래 단어의 미묘한 어감을 정확히 전달하는지는 의문이다.

좀 더 구체적으로, Vollmündigkeit를 영어로 옮겨 표현하자면 'fullness' 정도가 되는데, 이는 '강하고 풍부하다'라는 어감을 제대로 전달한다. 문제는 '날카롭다'라는 의미의 Schneidig다. 왜냐하면 영어 단어 'sharp'를 사용해서 Schneidig의 느낌을 전달할 수 있지만 여기서 미묘한 뉘앙스의 차이가 발생하기 때문이다. 일테면 맥주의 맛을 '날카롭다'라고 표현할 때는 면도칼의 날이 날카롭다는 느낌보다는 경마장에서 기수가 말의 등을 짧고 강하게 내리칠 때의 느낌에 가깝다고 할 수 있다. 흥미롭게도 한 미국인 양조 기술자가 Schneidig를 'shappy' 즉 '짧고 강하다'의 의미로 표현한 것이 있는데 매우 적절하고도 정확한 번역이자 해석이라 할 만하다.

독일어의 '진한 맛'과 '강한 맛'의 균형감은 맥주의 맛을 제대로 표현하는 데 꼭 필요한 요소다. 앞에서 나는 북독일과 남독일의 맥주 맛에 분명한 차이가 있다고 이야기했다. 한데 사실 이는 두 가지 맛 중 어느 쪽에 좀 더 무게중심을 두느냐의 차이라고 할 수 있다.

북독일 지역의 도시들, 즉 브레멘·베를린·함부르크 등의 필스너 맥주는 간단히 '강한 맛이 핵심'이라고 말할 수 있다. 양조 과정에 되도록 오래 발효시켜 진액이 거의 남지 않게 하고 당분 농도를 낮춘다. 이렇게 함으로써 담백하면서도 쌉쌀한 맛을 내는 강렬한 맥주를 얻을 수 있다. 이는 홉 첨가량이 비교적 많기 때문에 가능하다. 유의할 것은 약간 쓴맛이 나는 것까지는 괜찮지만 떫은맛이 나면 바로 탈락한다.

반면 뮌헨 맥주는 본래부터 색깔이 진하면서도 맛이 순하고 또 살짝 단맛이 도는 특징을 가지고 있었다. 이는 19세기 말까지 나타난 경향이다. 뮌헨의 필스너는 위의 전통적인 방식으로 양조한 맥주다. 다시 말해 이는 홉의 쓴맛보다 맥아가 지닌 본래의 순한 맛을 내는 데 집중하여 만든 '강하지 않으면서도 진한 맛을 내는' 맥주다. 그러나 여기서 주의해야 할 것은 텁텁해져서는 안 된다는 점이다.

많은 북부 독일인이 뮌헨 맥주를 놓고 '강렬한 맛이 부족하다'라는 식으로 트집을 잡곤 한다. 이는 타당한 지적일까? 그렇다고 보기 어렵다. 맥아가 지닌 본래의 감칠맛이 진정한 뮌헨 맥주의 장점이기 때문이다.

도르트문트는 독일 최대의 맥주 생산 도시 중 하나다. 이곳의 맥주 맛은 남부와 북부 독일의 중간 정도로 보면 된다. 그 연장선에서 두 지역의 특징이 절묘하게 어우러진 덕분에 도르트문트 맥주는 맛이 강하면서도 진하다.

세계적인 축제 옥토버페스트의 기원이 된 바이에른 왕국의 루트비히 왕자와 작센 공주 테레제 결혼식 축하 경마대회

누구나 한 번쯤 들어보았을 만한 이름 옥토버페스트(Oktoberfest)는 맥주 축제의 대명사가 될 만하다. 옥토버페스트 축제 기간에 세계 여러 나라의 관광객이 부나비처럼 독일의 도시 뮌헨으로 몰려든다. 당연하게도 이 기간 이 도시에서 제대로 된 숙박 시설을 구하기란 하늘의 별 따기다. 가성비가 높은 호텔들의 경우 봄에 예약이 끝날 정도다.

축제는 약 2주 동안 열리는데 항상 10월 첫째 주 일요일이 마지막 날로 정해져 있다. 이런 이유로 공교롭게도 10월 1일이 일요일인 해에는 '옥토버페스트'라는 명칭이 무색하게 사실상 축제는 10월이 아닌 9월에 진행된다.

뮌헨에는 역사적 전통을 자랑하고 권위를 인정받는 6개 맥주 회사가 있다. 그 6대 맥주 회사는 파울라너(Paulaner), 슈파텐프란치스카너(Spaten-Franziskaner), 뢰벤브로이(Röwenbräu), 아우구스티너(Augustiner), 하커프쇼르(Hacker-Pschorr), 그리고 그 유명한 호프브로이하우스다. 안내소에는 "이 6개 맥주 회사의 양조장만 옥토버페스트 장소에 천막을 설치할 수 있다"라는 주의 문구가 적혀 있다.

이 6개의 맥주 회사는 축제 장소에 대형 천막을 설치하여 비어홀을 운영한다. 천막 수는 매년 9~10개 정도다. 참가 회사의 수가 6곳인데 왜 9~10개일까? 그중 몇 회사가 각각 두 곳의 천막을 설치, 운영하기 때문이다. 천막 하나당 수용 가능 인원은 5,000명 정도로, 총 5만여 명이 동시에 맥주를 마시며 즐겁게 보낼 수 있다. 옥토버페스트의 1일 평균 방문객 수가 50만 명 정도인 것을 고려하면 6개 맥주 회사가 운영하는 천막 수는 적절해 보인다. 이 축제의 좀 더 구체적인 통계를 살펴보자.

옥토버페스트는 맨 처음 바이에른주의 어느 한적한 시골에서 열렸다. 1810년의 일이다. 좀 더 자세하게는, 바이에른 왕국의 국왕 막시밀리안 1세의 왕자 루트비히와 작센 공주 테레제의 결혼을 축하하기 위해 개최한 경마대회가 그 시발점이었다.

뮌헨 6대 맥주 회사 중 하나인 뢰벤브로이가 옥토버페스트 기간에 운영하고자 설치한 대형 천막 비어홀

기간: 16~18일

전체 입장객 수: 매년 약 650만 명

맥주 소비량: 매년 550~600만 리터

옥토버페스트는 맨 처음 바이에른주의 어느 한적한 시골에서 열렸다. 1810년의 일이다. 좀 더 자세하게는, 바이에른 왕국의 국왕 막시밀리안 1세 요제프(Maximilian I. Joseph, 재위 1806~1825)의 왕자 루트비히(Ludwig I, 훗날 바이에른 왕국의 제2대 국왕이 되는 루트비히 1세, 재위 1825~1848)와 작센 공주 테레제(Therese von Sachsen-Hildburghausen)의 결혼을 축하하기 위해 개최한 경마대회가 그 시발점이었다. 당시 경마대회는 뮌헨 중앙역에서 서쪽과 서남쪽의 중간쯤 되는 방향으로 2킬로미터 남짓 떨어진 곳의 들판에서 열렸으며, 이후 이 들판은 테레제 공주의 이름을 따서 '테레지엔비제(Theresienwiese, 테레제 공주의 목초지)'라고 불렸다. 오늘날 옥토버페스트가 열리는 장소가 바로 이곳, 테레지엔비제다.

왕실 결혼 기념 축제의 한 행사로 마련된 경마대회는 그 뜨거운 열기에 힘입어 이듬해에 다시 개최되면서 농업 전람회 등과 결합해 풍성한 가을 축제로 발전해 갔다. 그러므로 애초 맥주와 무관한 도시 뮌헨이 '맥주 도시'로 지금과 같은 유명세를 떨치게 된 데 있어 루트비히 왕자와 테레제 공주의 결혼 기념 경마대회는 확실한 기폭제가 되었다고 할 수 있다. 그도 그럴 것이 그 일이 있고 4년이 지나 놋쇠 뚜껑이 달린 도기제 맥주잔에 맥주를 담아 판매하는 노점상이 축제에 등장했기 때문이다. 그로부터 다시 몇 년이 지난 후 왕실 결혼 기념 경마대회는 명실상부한 맥주 축제로 완전히 탈바꿈했다. 이는 『건배! 독일 맥주의 역사(Prost! The History of German Beer)』(1997)에서 저자 호르스트 도른부시(Horst Dornbusch)가 밝힌 내용이다.

바이에른 국왕 루트비히 1세는 테레제 왕비의 남편이자 한 시대를 주름잡은 인물이다. 어린 시절부터 그는 고대 그리스와 로마를 동경했다. 그런 터라 그는 자신이 통치하는 나라 바이에른의 수도 뮌헨을 아테네·피렌체 못지않은 문화예술의 도시로 만들고 싶어 했다. 마침내 왕위에 오른 뒤 그는 자신의 꿈을 실현하기 위해 모든 열정과 노력을 쏟아부었다. 그에 따라 박물관·미술관·극장 등이 거리에 들어서기 시작했다. 오늘날 뮌헨을 돋보이게 하는 아름다운 거리는 대부분 루트비히 1세의 재위 기간에 완성된 것으로 학자들은 추정한다. 그중에서도 가장 유명한 건축물은 로마의 콘스탄티누스 개선문을 모방해 지은 뮌헨 개선문이다.

사자 무리를 이끌고 보무도 당당하게 서 있는 바바리아 여신상을 개선문 위에 세운 이는 루트비히 1세라고 한다.

소설가 모리 오가이(森鷗外)는 자신의 책 『덧없는 기록(うたかたの記)』의 첫 문장을 이렇게 시작한다. 작가는 루트비히 1세의 명령으로 세워진 개선문과 여신상을 뮌헨을 상징하는 건축물로 소개한다. 개선문 위에는 여신상이 자리 잡고 있는데, 이는 호이슈

트라세(Heustrasse)에 위치한 오가이의 하숙집인 아파트의 4층에서 내려다보이는 옥토버페스트 회장의 '바바리아 여신상'과는 다른 상이다. 테레지엔비제, 즉 옥토버페스트 회장에도 바바리아 여신상이 있으며 이 역시 루트비히 1세의 작품이다.

젊은 시절 루트비히 1세는 고전미술에 심취했다. 그는 당대의 어느 군주와 견주어도 뒤지지 않을 정도로 문화예술에 조예가 깊었으며 문명에 일찍 눈을 뜬 인물이었다. 그러나 그의 만년은 겨울 들판처럼 쓸쓸하고 황량했다. 그는 왜 인생의 황혼기에 그런 처지가 되었을까? 요부, 악녀라는 의미의 팜파탈(Femme Fatale)이라는 단어가 어색하지 않은 롤라 몬테즈(Lola Montez)와의 치정극에 휘말린 탓이 컸다. 결국 그는 아들 막시밀리안 2세 요제프(Maximilian II. Joseph, 재위 1848~1864)에게 왕위를 물려 주고 퇴위하는 막다른 길로 내몰린다. 이는 1848년의 일로, 당시 독일에는 파리에서 시작된 2월 혁명의 광풍이 거세게 불어닥치고 있었다. 그렇지 않아도 안팎으로 뒤숭숭하고 위기감이 고조되는 혁명의 시기에 음탕한 여자와 놀아난 셈이었으니 어쩌면 당연한 결과가 아니었을까.

님펜부르크 성(Schloss Nymphenburg)은 뮌헨의 대표적인 관광명소 중 하나다. 이 성의 넓고 아름다운 정원은 말이나 글로 표현하기 어려울 만큼 대단한 절경을 자랑한다. 흥미롭게도 이 성 안에는 미녀 36명의 초상화를 걸어둔 화랑이 있다. 당연하게도 이 일을 지시한 이는 루트비히 1세였다. 그러니 그 36명의 미녀 중 롤라 몬테즈가 끼어 있는 것은 지극히 자연스러운 일 아닌가.

루트비히 1세 외에 오늘날의 매력적인 도시 뮌헨을 건설하는 데 기여한 인물로 막시밀리안 2세의 아들인 바이에른 4대 국왕 루트비히 2세를 꼽을 수 있다. 그런데 공교롭게도 그 또한 인생 말년에 이르러 새로운 시대를 창조한 군주로서가 아니라 정신병자로 몰려 퇴위를 강요받게 된다. 게다가 급기야 그는 자신의 주치의 구텐과 함께 슈타른베르크 호수에 빠져 죽는 참담한 최후를 맞이한다. 그는 막대한 자금을 쏟아부어 노이슈반슈타인 성(Schloss Neuschwanstein)과 린더호프 성(Schloss Linderhof), 헤렌킴제 성(Schloss Herrenchiemsee)을 건축했다. 또 그는 비록 괴짜이기는 해도 그야말로 천재적인 음악가였던 바그너(Wilhelm Richard Wagner)에게 심취하여 아낌없이 돈을 썼다.

다시 모리 오가이에게 돌아가자. 그는 자기 소설 『덧없는 기록』의 비극적인 결말을 짓는 데 바이에른 국왕 루트비히 2세의 죽음을 과감히 끌어다 쓰기도 했다.

한편으로 정치를 소홀히 한 채 막대한 액수의 국고를 탕진한 군주로 비난받는 루트비히 1세와 루트비히 2세는 다른 한편으로 웅장한 성과 건물, 걸작 미술품, 아름다운 선율의 바그너 음악을 후세에게 남겨 준 군주로 칭송받기도 한다. 실제로 그것들이 후대에 이르러 바이에른주와 그 주도 뮌헨을 지탱해 주는 가장 중요한 관광 자원으로 자리매김했다.

『덧없는 기록』을 이야기했으니 내친김에 모리 오가이와 옥토버페스트를 둘러싼 이야기를 좀 더 해 보자.

독일 도시 드레스덴을 떠나 뮌헨에 도착한 모리 오가이는 이후 잠시 호텔에 묵는다. 1886년 3월 8일 이후의 상황이다. 그리고 3일 후 그는 호텔을 나와 하숙집을 얻어 그곳에 자리를 잡는다. 그의 다른 책 『독일 일기』의 3월 17일 기록에는 다음과 같은 내용이 나온다.

> 열린 창문 틈으로 여종업원이 참새에게 모이를 주고 있다. 무심코 창밖을 바라보는데, 테레지엔비제, 즉 옥토버페스트가 진행되는 장소에 당당하게 서 있는 여신상과 그 너머로 산들이 눈에 들어온다. 지금껏 이런 대단한 풍경이 가까운 곳에 펼쳐져 있다는 것도 모르고 지냈다니 한심하다.

모리 오가이는 이런 문장을 남기며 쓴웃음을 지었다. 그의 어이없어하는 표정이 마치 내 앞에 있는 듯 눈에 삼삼하다.

오가이의 하숙집은 옥토버페스트 장소 부근에 자리 잡고 있었다. 그곳에서 그는 매년 맥주 축제를 한껏 즐겼으며 시끌벅적한 분위기를 글로 남겼다.

> 이곳에서는 다양한 볼거리가 제공된다. 이것저것 재미있게 구경하다 보면 어린 시절 간다에서 구경하곤 했던 서커스가 떠오른다. 일테면 이런 식이다. 인어를 보여 준다고 해서 안으로 들어갔더니 벌거벗은 여자가 서 있지 않는가. 마치 상상의 동물 갓파 스이코를 보여 주겠다고 하고서는 엉뚱한 것을 보여 주는 간다의 서커스와 흡사하다.

오가이는 이런 표현으로 옥토버페스트에서 제공되는 구경거리에 대해 약간의 실망감을 드러냈다.

오가이의 하숙집이 있던 '추가'라는 이름의 거리는 오늘날의 뮌헨 지도를 아무리 눈을 씻고 살펴도 찾을 수 없다. 120년이라는 짧지 않은 시간이 지나는 동안 대대적인 개발이 이루어진 탓이 아닌가 싶다. 다만 최근 지도의 메세(Messe) 회장 부근이 아닐지 짐작할 따름이다.

이와쿠라 사절단이 거둔 성과를 정리한 기록 『미구회람실기(米歐回覽實記)』에는 '바바리아 여신상'에 관한 기록이 있다. 그 사절단은 1873년 5월 5일 뮌헨에 도착했다.

> 여기에 여신상이 위풍당당한 모습으로 서 있다. 이 동상은 1833년에 처음 주조하기 시작하여 무려 10년 만에 완성된 걸작이다. 그 규모도 엄청나서 높이가 58척(17.4미터), 너비가 8척(2.4미터)에 달한다. 이 여신상은 풀로 엮은 둥근 테를 잡은 왼손을 머리 위로 들고 있다. 그리고 그 오른손에는 검을 쥐고 있다. 이 여신상은 국가의 수호신을 상징한다. 높이 30여 척(9미터 이상) 돌 받침대 위에 세워져 있는데 그 무게가 80톤에 달한다.

우연한 기회로 뮌헨을 방문했을 때 만사 제치고 서둘러 여신상이 있는 곳으로 달려갔다. 1996년 11월의 일이다. 당시 테레지엔비제에는 축제의 여운이 남아 있었다. 그리고 몇 명의 인부가 드넓은 축제 장소를 다니며 뒷정리하고 있었다. 나는 마침내 170년의 기나긴 세월을 이겨 내고 위풍당당하게 서 있는 황금색 동상 앞에 섰다. 그 순간, 이 위대한 여신을 이제야 보게 된다는 생각에 부끄러움과 기쁨의 감정이 북받쳤다. 그래서였는지 나는 나도 모르게 카메라 셔터를 눌러대기 시작했다.

왜 다른 맥주가 아닌 '메르첸비어'가 옥토버페스트의 맥주로 자리매김했을까

과거에 옥토버페스트 맥주는 '메르첸비어'로 정해져 있었다. 그러나 요즘에는 그렇지 않다. 매년 3월은 여름 맥주를 생산할 수 있는 마지막 시기다. 그런 터라 바이에른 사람들은 장기 보관이 가능하도록 성심성의껏 메르첸비어를 양조한다. 이렇게 생산된 메르첸비어는 품질이 뛰어나서 높은 가격에 거래되었다. 이 비어에 '3월 맥주'라는 이름이 붙은 것은 그런 연유에서다.

당대인들은 동굴에 얼음을 차갑게 채워 맥주를 보관했다. 그러나 문제는 해소되지 않았다. 잡균이 침투하여 산패하는 경우가 많았기 때문이다. 운 좋게 가을까지 상하지 않고 맛과 품질을 유지한 맥주를 사람들은 신에게 은총 받은 맥주로 여겼다. 그런 터라 사람들은 신에게 감사하며 옥토버페스트 기간 남은 맥주를 몽땅 마셨다고 한다. 이것이 바로 메르첸비어가 옥토버페스트의 맥주로 자리매김하게 된 연유이자 맥락이다. 그럴듯하지 않나?

그러나 이 이야기는 입에서 입으로 전해지는 이야기로는 흥미로울지 몰라도 신뢰도는 떨어진다.

어쨌든 뮌헨과 바이에른 사람들은 가을이 되기까지 남아 있는 맥주 통 안의 맥주를 깔끔하게 마셔야 했다. 그렇게 하지 않으면 10월부터 새 맥주의 담금 작업을 시작할 수 없기 때문이었다. 그랬기에 어차피 없애 버려야 할 맥주의 상태가 좋으면 버리는 것보다 마시는 것이 백 배 낫다고 판단하여 한데 모여 술잔치를 벌이던 것이 옥토버페스트와 하나가 된 것이 아닌가 싶다.

바이에른의 시골 맥주의 하나에 지나지 않았던 메르첸비어의 품질이 획기적으로 좋아진 것은 19세기 후반 무렵에 들어서서의 일이다. 이는 가브리엘 제들마이어(Gabriel Sedlmayr Jr.)의 형 요제프 제들마이어(Josef Sedlmayr)가 라이스트 양조장(Leistbräu, 훗날 Josef Sedlmayr, Brauerei zum Franziskanerkeller로 이름이 바뀜)을 이어받은 이후 나타난 현상이다. 요제프가 양조장을 이어받았을 때는 1839년으로, 그는 뮌헨 맥주의 부흥기를 가능케 한 주인공으로 인정받는다. 가브리엘 제들마이어는 빈 맥주의 창시자 안톤 드레어(Anton Dreher)의 제자로 들어가 맥주 양조 기술을 습득한 뒤 그 기술을 응용하여 메르첸비어의 수준을 끌어올린다. 그리고 그렇게 개발한 새로운 맥주를 옥토버페스트 현장에서 판매해 큰 호응을 얻어 낸다. 이는 1871년의 일이다. 빈 맥주(지금은 사라져 존재하지 않는다)와 메르첸비어를 동의어로 보는 몇 가지 기록이 있는데, 여기에는 이와 같은 연유와 맥락이 있다.

그 후 메르첸비어는 몇 차례의 개량을 거듭하며 오늘날의 수

준 높은 품질에 도달한다. 그 과정에 메르첸비어의 맛 또한 그때 그때 사람들의 기호에 발맞추어 변화해 왔다. 참고로, 현대의 메르첸비어는 원맥 즙 농도 13퍼센트, 알코올 함유량 5퍼센트 정도에 비엔나 맥아를 사용한 자갈색(紫褐色)의 다크 비어다. 또한 이는 단맛이 은은히 감도는 강렬한 느낌의 디럭스 비어다.

World History
of
BEER

④

맥주의 발상지,
‘신도 포기한 땅’
남부 메소포타미아

'신도 포기한 땅' 남부 메소포타미아는 어떻게 문명 발상지이자 맥주의 발상지가 되었나?

포도당, 과당, 미생물은 문명이 탄생하기 훨씬 전부터 존재해 왔다. 부패나 발효 현상도 마찬가지다. 그러므로 인류가 존재하기 이전부터 이미 술은 존재했다. '원숭이의 술(원숭이가 나무 틈새 같은 곳에 넣어둔 과일이 발효된 것을 우연히 사람이 발견해 먹어 본 뒤 맛이 좋아 계속 같은 방식으로 만들어 먹었다는 전설이 있다)'에 관한 이야기는 전설로 치부되곤 하지만 충분히 개연성 있는 가설이다.

인류가 발효 현상을 이해하고 그것을 술 만드는 데 이용하기 시작한 것은 그리 오래되지 않았다. 맥주의 발상지는 메소포타미아로 알려져 있다. 기원전 3500년~기원전 3000년 무렵의 일이다. 이곳은 성서의 무대이기도 한데 티그리스(Tigris)강과 유프라테스(Euphrates)강이 흐르는 지역이다. 유럽인들은 오랫동안 이 지역에 지대한 관심을 보였다. 서구 열강이 뒤질세라 고고학 연구에 뛰어든 것도 그래서였다. 그 결과 티그리스강과 유프라테스강이 만나는 '비옥한 초승달 지대(Fertile Cresent)'가 농업의 발상지로 관심을 집중시켰다. 기록에 따르면, 기원전 5000년~기원전 3500년 즈음 밀 두 종류와 보리 한 종류가 존재했다고 한다.

> "역사는 수메르인으로부터 시작된다." 이 말을 증명하듯 이 지역에 농작 문화를 정립하고 도시를 발달시킨 민족은 수메르인이었다. 그들의 업적은 그들이 남긴 점토판 문서를 통해 추정할 수 있다. 이 점토판은 지금까지 약 50만 개가 발견되었는데 하나같이 설형문자가 새겨진 귀중한 역사 자료로 인정받았다. 당대의 수메르인은 관개농법을 활용하여 곡물을 수확했다. 그리고 이 곡물로 맥주를 만들어 마셨다.

이는 《지역 맥주 뉴스》라는 잡지에 〈맥주의 역사와 문화〉라는 제목으로 내가 쓴 글의 일부다. 이 내용은 맥주 관련 강의 교재 등에 대부분 실려 있다. 맥주에 관해 문외한인 일반인이 읽어도 술술 읽힐 만큼 내용이 쉽다.

위의 내용만 보면 맥주의 발상지인 메소포타미아가 축복받은 땅이라고 생각하기 쉽다. 과연 그럴까? 그렇지 않다. 메소포타미아는 이라크의 수도이자 최대 도시인 바그다드(Baghdad)를 기점으로 수직, 그러니까 남북으로 펼쳐진 두 지역을 아우르는 명칭이다. 그중 남부 메소포타미아는 티그리스강과 유프라테스강에 의해 둘러싸인 삼각주의 위쪽 꼭짓점에 해당하는 지역이다.

유프라테스강과 티그리스강은 튀르키예 동부 지역에서 시작된다. 이 강들은 튀르키예 고원과 자그로스산맥의 눈이 녹으면서 시나브로 물이 불어난다. 그러다가 티그리스강은 4월에, 유프라테스강은 5월에 수위가 가장 높아진다. 좀 더 구체적으로 물의 수위는 각각 해발 35미터와 50미터에 달할 정도다. 이 지역의 갈수기(渴水期), 즉 한 해 동안 강물의 양이 가장 적은 시기는 10월이다. 이때 두 강의 수위는 각각 해발 28미터와 45미터 정도다. 최고 수위와 최저 수위의 차이가 각각 7미터와 5미터에 달한다. 사정이 이렇다 보니 물이 불어났을 때 두 강이 합류하는 지점인 남부 메소포타미아는 극심한 건조 지역으로 연간 강수량이 150밀리미터 정도밖에 안 된다. 강 주위에 나무라고 해봐야 늪에 무성하게 자라난 대나무가 전부이다시피 했다. 말 그대로 '불모의 땅'이라고 해야 할까. 더구나 두 강이 힘차게 밀고 내려오는 방대한 양의 진흙과 모래가 첩첩이 쌓여 글자 그대로 '진흙 사막'이 된다. 남부 메소포타미아는 '신이 포기한 희망 없는 땅'으로 불리던 지역이다.

한편 북부 메소포타미아 지역은 어떨까? 일테면 티그리스강 중류 유역에 위치한 해발 230미터 정도의 모술(Mosul, 바그다드에서 북북서로 400~500미터 남짓 떨어진 곳)에 있는 평원 같은 곳 말이다. 이 평원은 고대 아시리아(Assyria) 제국의 심장과도 같은 장소였으며 아시리아에 번영을 가져다준 비옥한 곡창지대였다. 오늘날 이라크 최대의 밀 산지는 모술에서 서쪽으로 70~80킬로미터 남짓 떨어진 아르빌(Arbil) 주변이다. 오랜 옛날 사르곤(Sargon) 왕조는 고대 아시리아의 황금기를 누렸다. 한데 이 왕조의 수도였던 니네베(Nineveh), 님루드(Nimrud), 코르사바드(Korsabad)가

예외 없이 모술 평원을 끼고 세워진 이유를 짐작할 만하지 않은가.

갑자기 떠오른 의문점 두 가지. '수메르인은 왜 '신이 포기한 땅'에 터전을 마련하고 뿌리를 내렸을까?', '남부 메소포타미아는 어떻게 인류 최초의 문명 발상지가 되었으며 이 책의 핵심 주제인 맥주의 발상지가 된 걸까?'

'기원전 3500년~기원전 3000년 무렵 수메르인이 맥주를 발명했다'라고 명쾌하게 결론을 내리기 어려운 이유

우루크(Uruk) 후기(기원전 3300년~기원전 3100년 무렵)의 남부 메소포타미아 유적에서 인류 역사상 가장 오래된 점토판이 발굴되었다. 『NHK 영국박물관 1—메소포타미아·문명의 탄생』(일본방송출판협회, 1990)은 이 시기의 메소포타미아를 이렇게 설명한다.

> 수메르인은 대규모 운하를 정비하고 신궁과 성벽을 보유한 도시국가를 건설했다. 기원전 3100년 무렵의 상황이다. 그들은 운하를 이용한 인공 관개농법을 개발했다. 이 농법은 연일 뜨겁게 내리쬐는 햇빛과 풍부한 양질의 점토를 이용하여 농작물 생산을 가능하게 했다. 이 농법은 조직적인 공동작업이 필요충분조건이었다. 왜냐하면 운하 건설을 위한

개착공사(開鑿工事, 산을 뚫거나 땅을 파서 길이나 터널, 운하 등을 만드는 작업—옮긴이)에는 하천 준설과 정리, 제방 보강 등이 중요하기 때문이었다. 이 모든 작업을 총지휘하는 인물로 '엔'이라는 이름의 지배자이자 왕이 존재했다. 그는 기원전 3100년 무렵의 우루크 문서에 등장한다.

— 요시카와 마모루, 『도시 문명의 원풍경』

수메르인은 메소포타미아에 언제 처음 정착했을까? 정확히 알 수는 없지만 대략 우루크 전기로 추정된다. 이에 관해 『세계의 역사 1(世界の歴史 1)』(1998)은 다음과 같이 설명한다.

남부 메소포타미아의 가장 오래된 주거 흔적이 남부 메소포타미아의 최남단인 라르사(Larsa) 부근에서 발견되었다. 이는 기원전 6000년 무렵인 우바이드 1기의 것으로 추정된다. 그러나 바그다드 북방, 티그리스강 유역의 사마라(Samara, 바그다드에서 북북서로 120킬로미터 떨어진 곳에 있는 평야)에서는 그보다 훨씬 이전부터 관개농법으로 두 종류의 밀과 두 종류의 보리를 재배했다. 그뿐만이 아니다. 이곳 사람들은 소, 양, 돼지 따위 가축도 사육했다. 이는 위에서 언급한 대로 라르사에서 발견된 가장 오래된 주거 흔적이 존재했던 시기로부터 무려 수백 년도 더 전의 상황이다. 아무튼 그 후 사마라 문화는 천천히 강 상류 지역으로 퍼져 나갔다.

남부 메소포타미아 지역 또한 '사마라 문화'와 연결고리를

기원전 3100년~기원전 3000년 무렵 맥주 배급을 기록해 둔 우르크 점토판

가지고 있었다. 그러나 우바이드 문화는 티그리스강 유역의 북부 메소포타미아 지역에 영향을 끼치기 시작했다. 이는 기원전 4000년 무렵인 우바이드 3기의 상황이다. 이 시기에 남부 메소포타미아에서는 관개농법이 발달했다. 이는 당대에 대대적인 기술 혁신이 일어났기에 가능한 일이었다. 당시에는 수렵·어로와 농업을 병행하던 과거의 낡은 방식에서 벗어나 재배 농업을 전업으로 하는 방식으로 큰 진보가 이루어진다. 그러나 우바이드 촌락의 리더가 수메르인의 선조였는지 혹은 수메르인이 이 시기에 이곳으로 이주해 온 것인지는 확실치 않다.

확실히 말할 수 있는 것은 수메르인의 대규모 관개농업이 우루크기의 남부 메소포타미아에서 어느 날 갑자기 등장한 것은 아니라는 점이다. 그보다는 우바이드 초기부터 '신도 버린 불모의 땅'과 뚝심 있게 싸워온 선주민들의 파란만장한 역사의 연장선에서 개발된 기술로 보아야 한다는 것이다.

앞에서도 언급했듯이, 남부 메소포타미아 지역은 연간 강수량이 150밀리미터 정도밖에 안 되는 건조지대였다. 이곳은 농사를 짓기에는 적합하지 않은 지역이었다. 그도 그럴 것이 건조기인 가을에 보리 씨앗을 파종하고 매년 홍수가 나는 4~5월에 수확하게 되는 이 지역의 특수성 때문이었다. 한마디로 말해 농업을 하기에는 위험 요소가 너무 많은 지역이었다. 이런 척박한 환경 속에서 선주민들은 우바이드 촌락 문화를 끌어낸 것이었다. 그러다 보니 그들은 창조성으로 경쟁할 수밖에 없었고 실패와 성공,

그리고 학습을 반복했다. 그들은 힘을 모아 제방을 쌓았고 운하를 만들었다. 또 그들은 관개수로를 설치해 서투르게나마 관개농업을 시작했다. 그리고 마침내 그들은 농산물, 그것도 곡물 수확에 멋지게 성공했다.

당대의 남부 메소포타미아인들은 북부, 즉 사마라 등의 지역에서 티그리스강을 이용해 식량을 운송해 온 것으로 추정된다. 아마도 관개농업이 정착하여 촌락의 모든 주민이 먹고사는 데 지장이 없을 만큼 넉넉한 양의 식량을 저장할 수 있게 될 때까지 그랬을 것이다. 그리고 머지않아 남부 메소포타미아도 농업 생산력 향상이 이루어져 잉여 생산물을 저장할 수 있을 정도의 자생력을 갖게 되었다. 이는 우바이드 말기의 상황이다. 그 후 수메르인이 이곳으로 이주해 와 선주민이 구축해 놓은 전반적인 생활 기반을 계승한 것으로 추정된다. 그리고 그와 더불어 나름대로 과학적인 방법을 동원해 치수에도 성공함으로써 비약적인 농업 생산력 향상을 이루어 문명국가를 건설할 수 있었다고 본다.

치수를 위한 제방 보강, 운하 건설, 그리고 안전 확보와 같은 일들은 수메르인에게 매우 중요하면서도 일상적인 일이었을 것이다. 그리고 여기서 한발 더 나아가 계획대로 공사를 진행하는 데 긴요한 기하학, 토목공사에 필요한 기술 개발과 교육 등 체계적인 시스템이 필요했을 것이다. 이런 요소들이 뒷받침되지 않는다면 고대 국가는 존립할 수 없었을 것이다.

약 5,000년 전 무렵 메소포타미아 지역에서 살았던 수메르인은 현대인을 능가할 정도로 두뇌가 비상했음에 틀림없다. 그도 그럴 것이 그들은 불에 구워서 벽돌로 사용하는 진흙과 천연 아스팔트 용도로 이용되는 역청 등 몇 가지 제한된 건축 자재만으로 훌륭하게 토목공사를 완성하고 찬란한 문명을 이룩했기 때문이다.

자, 이제 이 책의 주제이자 본론인 맥주로 초점을 옮겨 보자. 수메르인은 맨 처음 맥주를 어떻게 만들어 마시기 시작했을까? 우선 곡물만 있었다면 그것을 이용해 술을 빚기까지 그렇게 오랜 시간이 걸리지는 않았을 것이다. 대략 두 가지 방법을 생각해 볼 수 있다. 그중 하나는 고대인이 즐겨 먹던 '곡물죽'을 이용해 술을 빚는 방법이고, 다른 하나는 '빵'을 이용해 술을 빚는 방법이다.

신석기시대에 요리를 담당했던 여성들은 곡물을 발아시켜 소화를 촉진하도록 해서 먹는 방법을 알고 있었다.

이는 레이 태너힐(Ray Tannahill)이 『음식의 역사(Food in History)』라는 책에서 밝힌 내용이다.

고대의 인류는 홍수가 나서 곡물이 전부 물에 잠기거나 실수로 물에 젖게 되는 경우를 헤아릴 수 없이 반복해서 경험했을 것이다. 그 과정에 그들은 곡물이 수분을 흡수하면 얼마 지나지 않아 싹이 난다는 사실을 발견했을 것이다. 또 그들은 그 곡물을 햇볕에 널어 말리면 배젖에 화학 작용이 일어나 부드러우면서도 향기로운 식품으로 변한다는 사실도 알게 되었을 것이다. 그뿐만이 아니다. 그들은 그것을 잘게 부순 다음 여기에 따뜻한 물을 부어 만든 죽은 생 곡물에서는 맛볼 수 없는 단맛이 나고 먹기에 좋아진다는 것도 알게 되었을 것이다.

고대의 인류는 단맛이 나는 음식을 한동안 놓아두면 술이 만들어진다는 사실도 알고 있었다. 벌꿀이나 과일 등으로 얻은 간접 경험 덕분이었다. 그런 터라 우바이드 공동체 문화를 일군 남부 메소포타미아의 선주민 역시 보리를 이용해 많은 술을 마셔보았을 가능성이 높다. '맥주는 기원전 3500년~기원전 3000년 무렵 수메르인이 발명했다'라고 명쾌하게 결론을 내리기 어려운 것은 이런 맥락에서다.

고대 수메르인은 맥주로 세금을 납부했으며,
도시와 국가는 노동의 대가로 맥주를 지급했다는데?

잠시 '발아'에 대해 짚고 넘어가자. 포도, 체리, 나무딸기, 사과 등의 과일은 자연적으로 발효한다. 그러나 곡물은 과일류처럼 자연 발효하지 않는다. 곡물이 함유한 녹말 성분을 효모가 발효시킬 수 있는 당으로 분해해야 하는 것은 그런 이유에서다. 다시 말해, 곡물을 발효하기 위해서는 '당화(糖化)'의 과정이 꼭 필요하다.

앞에서 언급했듯이, 수메르인은 보리나 밀 등의 곡물을 먹기 좋은 상태로 만드는 방법을 알고 있었다. 보리·밀을 물에 담가 싹을 틔우면 부드러워지기 때문이다. 싹을 틔운다는 것은 무슨 고대의 인류는 단맛이 나는 음식을 한동안 놓아두면 술이 만들어진다는 사실도 알고 있었다. 벌꿀이나 과일 등으로 얻은 간접 경험 덕분이었다. 그런 터라 우바이드 공동체 문화를 일군 남부 메소포타미아의 선주민 역시 보리를 이용해 많은 술을 마셔 보았을 가능성이 높다.

메소포타미아 지역에서 문명을 일군 고대 바빌로니아와 아시리아 부조

의미일까? 곡물, 즉 씨앗이 발아한다는 의미다. 곡물이 발아하기 시작하면 내부에서 변화가 일어난다. 그 과정에 녹말을 분해하는 효소인 아밀라아제가 생겨난다. '맥아'란 맥주의 주원료로 싹이 난 곡물을 말린 것이다.

맥아를 뜨거운 물에 넣으면 아밀라아제가 녹말을 분해하여 포도당이나 엿당으로 변화하며 맥아즙으로 바뀐다. 여기에서 맥아즙이란 효모가 발효할 때 보리에서 나오는 달콤한 액체를 의미한다.

잠시, 수메르인의 맥주 제조법을 살펴보자. 먼저 보리를 물에 담가 발아시킨다. 이것을 말린 다음 거칠게 빻아 가루로 만든다. 여기에 밀 등 몇 가지 곡물을 섞어서 반죽한 뒤 빵으로 굽는다. 맥주용 빵을 굽자면 구수한 맛을 내기 위해 겉을 살짝 태운다. 이 과정에 속을 말랑하게 굽는 지혜를 터득했을 것이다. 이렇게 하면 활성화한 당화 효소를 지킬 수 있다. 이 빵을 손으로 찢어 항아리에 넣고 물을 부어 골고루 섞이도록 잘 젓는다. 일정한 시간 동안 놓아두면 자연 발효가 일어나 맥주가 된다. 수메르인의 맥주와 관련하여 흥미로운 이야기도 전해 내려오는데, 맥주 양조 과정에 벌꿀·시나몬 등의 향신료를 넣었다는 주장이다.

> 수메르인에게는 보리를 이용한 여덟 가지 맥주, 그리고 혼합 곡물을 이용한 세 가지 맥주가 있다.

이는 역사에 남아 있는, 수메르인의 생활상과 관련된 기록이다. 수메르인이라면 누구나 예외 없이 날마다 맥주를 배급받았다. 신분에 따라 배급량이 달라졌는데, 2호에서 5호까지 4구간으로 나누어졌다. 참고로, 5호의 경우 당시 흔히 사용되던 맥주 용기로 1리터 정도 양이었다. 시민은 맥주로 세금을 납부했으며 도시와 국가는 노동의 대가로 맥주를 지급하기도 했다.

남부 메소포타미아 남단의 라가시(Lagash)에서 번영을 이룩한 우르난셰(Ur-Nanseh) 왕조는 100여 년간 존속했다. 기원전 2300년대의 상황이다. 이 정권의 말기에 이르자 부정부패가 만연했다. 장례와 관련하여 신관이 많은 돈을 뇌물로 받아 챙기는 사회 풍조도 뿌리 뽑아야 할 병폐 중 하나였다. 우르카기나(Urkagina)는 이 시대의 우르난셰 왕 중 한 명으로, 위에 언급한 폐단과 부정부패를 바로잡고자 노력했다. 실제로 그는 그전까지 장례 10회에 '맥주 7호와 빵 4,230개'였던 것을 '맥주 3호와 빵 80개'로 크게 낮추었다. 당연하게도 이는 민중의 부담을 덜어 주기 위한 정책이었다.

마에카와 가즈야 씨는 『NHK 영국박물관 1—메소포타미아·문명의 탄생』에서 '이비신(Ibbi Sin)' 치세 3년의 날짜가 새겨진 점토판을 해독한다. '이비신'은 우르 제3왕조의 마지막 왕이다. 그는 또 이 책에서 수메르 농업을 설명하는데 잠시 그 내용을 살펴보자.

> '엔구르'라는 이름의 경작 책임자는 1인당 평균 5부르(bur, 5부르는 약 10만 평이고, 32.4헥타르, 180미터×180미터다)의 토지를 경작했다. 이 땅에서 주로 재배하는 작물은 보리, 에마르 밀,

밀 등이었다. 이 작물들이 각각 차지하는 비율은 97.2퍼센트, 2.7퍼센트, 0.1퍼센트로 차이가 있었다. 보리가 압도적으로 많은데, 이유가 뭘까? 염분이 가장 강하기 때문이다. 우르 제3왕조 시대에는 경작지의 염화(물질이 염소와 화합하는 일—옮긴이)가 많이 진행된 상태였다. 게다가 언제나 에마르 밀과 함께 밀을 재배했다. 전체 경작지 면적은 339부르 1이쿠(iku, 339부르 1이쿠는 2,197헥타르, 여의도 면적의 두 배 이상), 총 수확량은 6,202구르(gur) 34실라(sila, 6,202구르 34실라는 1,860세제곱미터)였다. 1부르당 평균 수확량은 18구르 88실라, 즉 1헥타르당 847리터인 셈이다.

기원전 2000년대가 우르 제3왕조 마지막기다. 수확한 곡물의 대부분이 보리이고 에마르 밀이나 밀의 양은 매우 적었다는 사실은 뜻밖이다. 남부 메소포타미아의 남쪽 지역 움마(Umma) 제1 지역 경작지만 계산한 것이라고 해도 말이다.

경작지가 염화되는 원인은 뭘까? 관개용수가 뜨거운 햇빛에 빠른 속도로 증발하여 그 안에 함유돼 있던 칼륨, 나트륨, 칼슘염 등이 토양에 쌓이기 때문이다. 관개농업으로 일어나는 경작지 염화는 보리는 물론이고 다른 작물들의 성장에도 심각한 타격을 주었다. 그 시대에 메소포타미아는 티그리스강과 유프라테스강을 통해 물자를 운송했다. 그러므로 평시에는 곡물의 부족 사태를 어렵지 않게 해결할 수 있었으나 비상시에는 난감한 상황이 벌어졌을 것이다. 이런 상황에서 남부 메소포타미아 사람들은 곡주를 포기하고 대신 대추야자주를 양조할 때도 있었다.

초기 왕조는 라가시, 움마 등 남부 메소포타미아 지역에서 번영했다. 그 뒤를 잇는 바빌로니아 왕조는 남부 메소포타미아 지역의 북쪽에서 세력을 떨쳤다. 그러나 이후 바그다드 남부에 위치한 티그리스강, 유프라테스강 중류 지역으로 이동한다. 고대 아시리아 제국이 메소포타미아 지역을 지배하게 되면서부터의 일이다. 앞에서 얘기했듯이, 티그리스강 중류 유역의 모술 주변은 고대 아시리아 제국의 중심부였다. 모술 주변 지역은 수도 세 곳이 자리 잡았던 곳이기도 하다. 이는 모술 지역이 비옥한 곡창지대, 그중에서도 특히 최고의 밀 생산지라는 입지 조건을 갖춘 것과 관련이 깊다.

수메르인이 세운 나라가 멸망했다. 기원전 1800년대의 일이다. 남부 메소포타미아의 북부에 속하는, 유프라테스강 강가에 있는 바빌론을 수도로 하는 바빌로니아가 그 뒤를 이었다.

바빌로니아인들은 스무 종류의 맥주를 양조했다. 세부적으로 살펴보자면, 여덟 종류 보리로 만든 맥주, 여덟 종류 에마르밀로 만든 맥주, 그리고 두 가지 원료를 섞어서 만든 네 종류의 맥주가 그것이다. 당시 바빌로니아에서는 홉 대신 약초의 일종인 개곽향(꿀풀과의 여러해살이 풀—옮긴이)을 사용했다. 바빌로니아에서도 수메르인처럼 모든 시민이 정해진 양의 맥주를 배급받았다. 그리고 역시 수메르에서처럼 계층과 신분에 따라 배급량의 차이를 두었다. 구체적으로, 노동자는 1일 기준 2리터, 중산 계급에 속하는 관리는 고농도 맥주 3리터, 상류 계급에 속하는 상층 신관에게는 5리터의 고농도 맥주가 배급되었다. 한 가지 흥미로운 점은 바빌로니아에서 맥주 양조 기술자를 지위가 높은 신관과 동등하게 병역을 면제해 주었다는 사실이다.

바빌로니아 왕 중 가장 유명한 함무라비 왕이 만든 법은 매우 유명하다(인류 최초의 법전은 수메르 우르 제3왕조의 우르남무(Ur-Nammu) 법전이다). 높이 2.5미터 섬록암으로 만들어진 원통형 돌기둥 법전에는 맥주에 관한 법률이 새겨져 있다. 이로써 당시의 맥주가 국가의 중요한 재원이었음을 짐작할 수 있다.

그중에서 몇 가지 항목을 선별해 소개할까 한다.

① 술집 여주인이 맥주 대금을 곡물 대신 은화로 받거나 질이 떨어지는 맥주를 판매할 경우 '익사형'에 처한다.

② 술집 여주인이 자신의 가게에서 위험한 정치적 목적의 모임을 하는 손님을 관청에 신고하지 않을 경우 '사형'에 처한다.

③ 맥주에 정해진 재료 이외의 불순물을 첨가해 판매하는 자는 술통에 집어넣고 익사할 때까지 맥주를 들이붓는 형벌을 내린다.

위에서도 언급했듯이, 바빌로니아에서는 맥주 대금을 곡물로 지급했다. 국가에서는 수시로 곡물 단가를 조정했으며 손님은 외상값을 수확기인 가을에 지급했다. 그런데 이때 곡물 대신 현금으로 지급할 것을 요구하거나 곡물 단가를 임의로 낮출 경우

①의 형벌이 내려졌다.

이집트인들도 맥주를 양조했다. 이집트에서는 먼저 보리를 발아시켜 가루로 만든 다음 반죽하여 빵을 구웠다. 이때 빵 속이 부드러운 반죽 상태가 되도록 하기 위해 정성을 쏟았다. 그들은 구운 빵을 찢어 솥에 넣고 따뜻한 물을 붓는다. 그런 다음 개곽향을 넣고 충분히 끓이고 나면 자연 발효가 시작된다. 빵을 속까지 빠삭하게 굽지 않고 말랑말랑한 상태가 되도록 하는 것은 경험칙인 셈이다. 이는 말하자면, 맥아의 아밀라아제로 빵의 녹말을 당화하는 과정이다. 원시적인 과정이기는 해도 이 과정은 오늘날의 맥주 양조법과 흡사하다. 고대 이집트는 빵에 관한 한 독보적인 기술과 노하우를 가진 나라였다. 실제로 이곳에서는 '가벼운 빵'을 굽는 획기적인 기술이 개발되었다. 한데, 이것은 우연히 얻게 된 기술이기도 했다. 즉, '우연히' 밀가루 반죽에 섞여 들어간 맥주 효모가 반죽에 함유된 포도당과 엿당이 발효하는 동안 탄산가스를 발생시킨다. 그리고 이것이 반죽을 부풀어 오르게 한 것이다. 이 부풀어 오른 반죽을 불에 잘 구우면 글루텐이 굳어지면서 '가벼운 빵'이 된다.

여기서 잠시, 시간이 많이 흐른 뒤의 유럽으로 눈길을 돌려 보자. 중세 시대의 유럽 수도원에서는 맥주 양조가 왕성하게 이루어진다. 수도원 양조장의 대표 격인 장크트갈렌 수도원(Abtei St. Gallen)의 설계 도면을 찬찬히 살펴보면 맥주 양조실과 제빵실이 나란히 붙어 있다는 걸 알 수 있다. 이유는 단순하다. 제빵과 맥주 양조 모두 효모를 사용한다는 공통점이 있기 때문이다.

World History
of
BEER

⑤

맥주에
물을 타다 들켜
화형에 처해진
에일 와이프 이야기

로마 역사가 타키투스는 왜 맥주를 '수준 낮은 술'로 깎아내렸을까?

고대 영국에 야생 벌꿀이 지천이라서 이것을 발효시킨 밀주가 대중적으로 소비되었다는 기록이 있다. 브리튼('그레이트 브리튼섬'을 의미함. 일반적으로 잉글랜드, 스코틀랜드, 웨일스를 통칭하는 용어인데, 고대 로마제국이 다스리던 시대에는 특히 섬의 남부 지역을 의미하는 단어로 사용됨)이 고대 로마 속국이 되기 전의 상황이다. 그러나 이 지역의 인구가 늘어나고 그에 따라 삼림 벌채가 대대적으로 이루어지면서 야생 벌꿀도 눈에 띄게 줄어들었다.

당대인들은 밀주를 '미드(mead)'로 불렀다. 이는 산스크리트어 '마두(madhu)'에서 유래한 어휘다. 다음의 인용문은 이와 관련된 산스크리트어 전문가의 설명이다.

> 마두(madhu)는 형용사와 중성 명사 두 가지로 사용된다. 형용사로 쓰일 때는 '달다(sweet)'라는 의미를, 중성 명사로 쓰일 때는 '벌꿀 · 밀주'의 의미를 지닌다. 최신판 사전에는

'사탕처럼, 달다(sarkara madhu)'라는 용례가 소개된다. 여기에서 '사르카라(sarkara)'는 설탕 가루를 의미하는데, 사르카라에서 사카린이 유래했다고 적혀 있다.

시대가 흐름에 따라 미드의 수요는 점점 늘어갔다. 그러나 미드를 만들자고 함부로 꿀을 사용할 수는 없었다. 그도 그럴 것이 당시 벌꿀은 주요 생활 물자로 사용되는 귀중한 감미료이자 식재료이기 때문이었다. 당대인들이 당분을 함유한 대용물을 섞어 미드를 만듦으로써 벌꿀 사용량을 획기적으로 줄이는 방법을 고안해 낸 것은 그런 연유에서였다. 그리고 그 과정에 그 대용품으로 발아시킨 새로운 곡물이 탄생했다.

대용품을 사용해 만든 미드는 여러 가지 단점을 지니고 있었다. 그런 까닭에 당대인들은 각고의 노력을 기울여 그 단점들을 보완하며 품질을 높여야 했다. 그런데도 대용물을 사용한 미드가 순수한 벌꿀로 만든 미드의 품질을 따라잡기는 역부족이었다. 이에 싸구려 대용물로 만든 일반 서민용 술이 시중에 넘쳐 났다. 그에 따라 '미드 모조품'과 왕족과 귀족들을 위한 전용 술이 돼버린 '원조(진품) 미드'를 구별할 용어가 필요해졌다. 원조 미드와 달리 곡물로 빚은 술을 지칭하는 용어 '에일(ale)'이 탄생한 것은 이런 맥락에서였다.

『게르마니아(Germania)』는 로마의 역사가 타키투스가 저술한 책이다. 이 책에서 그는 북방 이민족 게르만족이 즐겨 마신 술에 관한 흥미로운 이야기를 전한다. 기원후 1세기 무렵의 상황이다.

고대 로마인은 브리튼에 두 가지 유산을 남겨 주었다.
하나는 '도로'이고 다른 하나는 '와인'이다.

고대 로마인의 술 문화를 그린 벽화

(게르만족이 즐겨 마시는) 음료 중에 보리·밀 등으로 만든 술이 있다. 이는 와인과 비슷하지만 다소 품위가 떨어지는 액체다. 한데 라인강과 도나우강의 기슭에 사는 이들은 이 음료 외에 이따금 와인을 사서 마시기도 한다.

위의 서술로 알 수 있듯이, 타키투스는 맥주를 '와인과 비슷하나 품위가 떨어지는 술'로 규정한다. 그는 왜 맥주를 '수준 낮은 술'로 깎아내렸을까? 이는 아마도 라인강과 도나우강 기슭에 사는 미개한 게르만족을 향한 편견과 멸시감 탓이 아니었을까? 여기에 더해 당시에는 와인이 맥주보다 한 등급 높은 술이라는 대중적 인식이 있었다.

고대 로마인은 브리튼에 두 가지 유산을 남겨 주었다. 하나는 '도로'이고 다른 하나는 '와인'이다. 로마의 뛰어난 도로 문화를 잘 보여 주는 문장이 있다. "모든 길은 로마로 통한다", "로마는 하루아침에 이루어지지 않았다"가 대표적이다. 참고로, 고대 로마 도로의 총길이(간선도로 총길이는 약 8만 5,000킬로미터, 지선도로까지 합하면 총 40만 킬로미터 이상-옮긴이)는 오늘날 미국 고속도로 총길이와 맞먹는다고 한다. 그 장대한 도로가 완성되기까지 얼마나 많은 노예의 노동력이 동원되었을지, 또 그 공사 기간은 얼마나 길었을지 짐작이 가지 않는가.

고고학자들은 연구 끝에 고대 로마인이 세운 잉글랜드 도시의 설계가 매우 정확할 뿐 아니라 그곳의 도로가 놀라우리만치 곧게 뻗어 있다고 밝혔다. 이는 오늘날 영국 간선도로의 근간이 되었다. 그리고 이 도로를 따라 호화 저택인 맨션이 건설되었다. 영국의 맨션은 오늘날 일반적인 주거 형태로 자리 잡은 고층 아파트와는 다르다. 좀 더 구체적으로, 맨션은 정원이 딸린 호화 저택이다. 저택은 대개 이층집이었고 로마인들은 2층 회랑에서 만찬을 들곤 했다. 이때 그들은 주로 와인을 곁들여 마셨다. 이 저택이 오늘날의 '여관(inn)'의 원형이다.

이런 호화로운 저택 회랑에서 사람들은 체스를 특히 즐겼다. '체스판(Checkers, 체커즈)'이 오래된 여관의 간판으로 쓰인 것은 그런 연유에서였으며, 오늘날 영국에서 '체커즈'라는 이름의 펍을 흔히 볼 수 있는 것도 그래서다.

로마는 300여 년 동안 영국을 통치했다. 그 기간에 영국 북부 지역을 제외하면 대체로 전쟁 없이 평화로웠다. 이유가 뭘까? 로마인이 기독교를 전파하는 일에 힘쓰면서 민중의 일상에 기독교 계율을 스며들게 했기 때문이라는 것이 학자들의 분석이다. 기독교는 특히 음주, 정확히 말해 과음을 엄격히 금지했다. 참고로, 6세기 무렵의 수도원 계율에는 "잘 모르고 과음한 자는 15일, 계율을 알면서도 무시하고 과음한 자는 40일, 불순하고 불성실한 의도로 과음한 자는 120일간 참회하게 할 것"이라고 기록되어 있다.

로마 교황 그레고리우스 1세(Gregorius I Magnus, 재위 590~604)는 베네딕트회 수도사들을 잉글랜드에 파견했다. 597년의 일로, 이 사절단 단장을 맡은 이는 아우구스티누스(Augustine of Canterbury)였다. 교황은 왜 잉글랜드에 사절단을 파견했을까?

이는 당연하게도 로마인의 관점에서 미개민족이었던 브리튼인들에게 복음을 전파하기 위해서였다. 이후 로마에서 온 기독교는 잉글랜드 남부 켄트(Kent)의 애설버트(Æthelberht, 재위 c. 589~616) 왕의 적극적인 지원에 힘입어 성공적으로 정착했다. 여기에 더해 아우구스티누스는 에식스(Essex), 서식스(Sussex), 웨식스(Wessex)의 주민들을 기독교로 개종하게 하는 데 성공했다.

사절단은 당시로서는 오래된 도시였던 캔터베리(Canterbury)에 도착했다. 그들이 잉글랜드 남동부의 항구도시 도버(Dover)를 통해 육지에 오른 지 얼마 지나지 않았을 때의 일이다. 유명한 대성당 캔터베리 교회는 바로 이 도시에 있는 명소다. 아우구스티누스는 캔터베리 교회의 초대 대주교가 되었는데, 이때의 공로를 인정받아 얻은 보상인 셈이었다. 수도원 양조 맥주는 당대의 수도사들이 마시던 에일을 양조하게 된 데서 시작되었다. 원래 로마의 수도사들은 와인을 즐겨 마셨으나 북유럽에서 맥주 등의 곡주를 마실 수밖에 없었다. 그도 그럴 것이 당시 그곳에서는 포도 재배가 불가능했기 때문이다.

한편 아일랜드의 수도사 콜룸바누스(Columbanus)는 열두 명의 수도사들을 이끌고 기독교 복음을 전파하기 위해 유럽 본토로 건너갔다. 이는 590년의 일이다. 그 수도사 중 카르히는 스위스의 슈타이나흐(Steinach) 강변에 조그만 오두막을 짓고 은거하며 전도했다. 그는 '갈루스(Gallus)'라는 이름으로 개명했다. 훗날 그가 살던 오두막 자리에는 장크트갈렌 수도원이 세워졌다. 720년의 일이다. 뒤에서 좀 더 자세히 살펴보겠지만, 장크트갈렌 수도원에서는 8세기 무렵 이미 두 종류의 맥주가 양조되고 있었다.

비로소 교회는 유럽 사회의 지도적 지위를 확보해 간다. 이는 8세기에 들어서면서 변화된 상황이다. 이 시대에 교회와 수도원이 민중에게 인생을 살아가는 데 필요한 여러 가지 지혜를 일깨워 주는 중요한 장소로 자리매김해 갔다. 그런 터라 민중이 삶의 지혜가 담긴 복음을 듣기 위해 교회를 찾는 일이 일상이 되었다. 자연스럽게 교회와 수도원은 방문객을 맞이하는 용도의 시설을 지을 필요를 느꼈다. 당대의 교회 시설은 격식에 따라 크게 두 가지로 나누어졌다. 하나는 가난한 순례자들을 위한 시설이었고 다른 하나는 고귀한 신분의 방문객을 맞이하는 데 적합한 시설이었다. 이 시설들의 책임 관리자는 음식물과 생필품을 방문객에게 제공했다. 그리고 식전 혹은 식후에 마실 음료로 에일이 나왔다. 이런 일이 자연스러운 것이 당시 대다수 수도원에서는 에일을 양조했기 때문이다. 또 당시 에일은 대중이 일상적으로 즐겨 마시는 음식의 일종이었다. 좀 더 구체적으로, 에일은 아침 식사 때 빵과 함께 필수로 먹는 수프와 비슷한 위상을 갖고 있었다. 적어도 홍차나 커피가 대중의 삶 속을 파고들기 전까지는 그랬다. 당대의 유럽 사회에서 맥주를 양조하는 일이 중요한 집안일의 하나였을 뿐 아니라 여자라면 반드시 익혀 두어야 할 필수 기술로 여겨진 것은 이런 맥락에서였다.

훗날 수도원 주위에 방문객이나 순례자를 위한 식당을 갖춘 숙박 시설이 등장한다. 이는 에일 하우스와 태번(Taverne), 인의 원조 격이었다. 이 시설들은 그로부터 몇십 년 지난 8세기 중엽에 이르러 번영을 누리게 된다.

이후 수많은 에일 하우스가 대도시는 말할 것도 없고 작은 마을까지 밀고 들어가 영업하기 시작한다. 이는 9세기 말쯤의 상황이다. 그중에서도 가장 전형적인 에일 하우스를 꼽으라면 에일을 직접 양조하는 에일 하우스 키퍼(Ale House Keeper)를 중심으로 그 주위에 세워진 작은 나무집 에일 하우스들이다. 이런 집들은 그림이나 영화, 다큐멘터리에서처럼 지붕 위에 봉을 꽂아 영업 중, 즉 '에일을 판매한다'는 표시를 했다. 여기에 더해 다발로 된 상록수 가지를 봉 끝에 묶어 두면 '에일과 함께 와인도 판매한다'는 신호였다.

에일 하우스와 태번, 인이 거리마다 빽빽하게 들어서기 시작했다. 12세기 말부터 13세기 무렵의 상황이다. 그즈음 노르망디인을 아버지로 둔 성직자가 등장한다. 그의 이름은 토머스 베킷(Thomas Becket)이다. 그는 운 좋게도 영국 왕 헨리 2세(Henry II, 재위 1154~1189)를 알현하고 대법관으로 임명되었다. 훗날 그는 아우구스티누스가 초대 대주교를 지낸 캔터베리 교회의 대주교를 역임하기도 했다. 그러나 승승장구하던 그의 말로는 비참하기 짝이 없었다. 교회의 권리를 찾는 일에 지나치게 몰두한 나머지 왕과 대립하게 된 것이 화근이었다. 결국 그는 대성당 안에서 왕이 보낸 네 명의 암살자들의 손에 무참히 살해당한다. 그러나 불행 중 다행으로, 비록 죽은 뒤이기는 하지만 몇 년 후 그는 명예 회복과 함께 성자로 추대된다. 또 그와 함께 그의 시신이 살아생전 대주교를 역임한 캔터베리 교회에 안장되는 영예를 누리게 된다. 그 후 대중의 마음속에 성 베킷을 기리는 마음이 점점 커졌다. 그에 따라 자연스럽게 그가 묻혀 있는 캔터베리 교회는 하나의 성지처럼 되어 사람들의 발길이 끊이지 않았고 순례의 최종 목적지가 되었다. 그 후 400여 년간 민족대이동이라 할 만한 대규모 순례가 시작되었다. 그중에서도 베킷 아버지의 고향인 노르망디에서 찾아온 순례자들의 마음은 더욱 절실하고 뜨거웠다. 이 민족대이동 수준의 순례는 당대의 지역 경제에도 큰 영향을 미쳤다. 그 영향으로 막대한 부가 교회로 흘러 들어갔고, 부유한 지주들이 순례자들을 위해 물품을 기부하는 관습이 생겨났다.

교회 주위에는 순례자에게 음식물과 숙소를 제공하는 호스피스가 마련되었다. 당대의 호스피스는 독실한 신자의 헌금이나 기부 물품으로 운영되었다. 이런 흐름 속에서 '캔터베리 루트'가 만들어졌고, 그 길을 따라 순례자를 위한 탁발수도원 소속의 호스피스와 자선원(慈善院)이 다수 세워졌다. 학자들에 따르면, 당대의 캔터베리 성지에는 수도원, 탁발수도원, 자선원이 최소 각각 두 곳 정도는 존재했다고 한다.

그 후 캔터베리 교회로 향하는 길목에는 순례자와 여행자들의 강력한 요구에 대한 응답 격으로 쾌적함을 갖춘 상업 시설이 들어서기 시작한다. 여기에서의 '시설'이란 숙소와 식사, 에일까지 모두 완벽히 갖춘 여관을 의미한다. 기하급수적으로 수가 늘어나는 순례자의 발길은 캔터베리 교회로 이어지는 지역과 도시들에 막대한 부와 번영을 가져다 주었다. 시대를 막론하고 돈이 활발히 유통되는 곳에서는 악덕 상인이 귀신같이 알고 나타나 활개치기 마련이다. 그런 터라 이따금 자신이 입고 있던 옷까지 바가지를 쓰고 빼앗기는 순례자가 있을 정도였다.

영국 왕 리처드 2세(Richard II, 재위 1377~1399)는 교회 또는 수도원 순례를 장려했다. 이는 14세기 후반 무렵의 상황이다. 그 시대에 영국 정부는 상업을 목적으로 하는 숙박 시설에서 맥주 등의 주류를 판매할 경우 이를 명시하는 간판을 출입구에 설치할 것을 의무화했다. 이는 순례자들의 안전한 여행을 보장하기 위한 조치였다. 이것이 여관의 간판, 즉 인 사인(Inn sign)의 기원이다.

맥주에 물을 타서 양을 속이다가 들켜 화형에 처해진 에일 와이프 이야기

당대의 영국 민중에게 에일은 기호품이 아닌 생활필수품이었다. 즉 새 시대에 맥주를 양조하는 일은 매우 중요한 집안일의 하나였다. 이 중요한 일을 담당하는 사람은 대부분 남자가 아닌 여자였다. 그도 그럴 것이 맥주는 일상생활과 떼려야 뗄 수 없는 주요 식품의 하나였기 때문이다. 당대에는 집집마다 대를 이어 전수되는 고유의 맥주 제조법이 있었다. 한 집안의 딸이 혼인할 때 맥주 전통 제조법과 맥주 담금용 솥을 혼수품으로 가져가는 것이 관습으로 자리 잡은 것도 그런 맥락에서였다. 사정이 이렇다 보니 당시 영국 여인들은 대부분 상당히 숙련된 솜씨로 능숙하게 맥주를 양조했다.

에일 하우스가 인기를 끌자 이 새로운 사업에 부나비처럼 뛰어드는 사람이 많아졌다. 에일 하우스의 주인이 되고자 하는 사람이라면 두 가지 조건을 갖추어야 했다. 첫째, 당연히 맛있고 품질이 뛰어난 맥주를 생산할 수 있는 능력이 필수였다. 둘째, 맥주를 양껏 마셔 줄 손님을 끌어모을 수 있는 능력도 중요했다.

사정이 이렇다 보니 맛있고 품질이 뛰어난 맥주를 생산할 수 있는 매력적인 여자라면 에일 하우스 주인을 비롯한 뭇 남성들이 줄을 섰고 몸값이 천정부지로 뛰었다. 참고로, 당시 '에일 와이프(ale wife)'는 에일 하우스의 여주인을 의미하는 어휘로 사용되었다. 오늘날 잘 사용되지 않는 영어 단어에 '브루스터(brewster)'가 있다. 이는 바로 '여성 맥주 양조 기술자'를 지칭하는 단어다. 남자는 '브루마스터(brewmaster)'라고 한다. 흥미로운 점은 브루마스터보다 브루스터가 먼저 탄생했다는 사실이다.

당시만 해도 에일, 즉 맥주는 장수하는 데 꼭 필요한 건강식품으로 여겨졌다. 그런 터라 자연스럽게 맥주를 양조하는 솜씨가 좋은 사람일수록 찬사를 받았고 인기를 끌었다. 그 기술은 대중에게 마치 신기한 마술이나 요술처럼 받아들여졌다. 그렇다 보니 맛있는 맥주를 만드는 에일 와이프는 사람들에게 사랑받고 존경받는 마법사와도 같은 존재였다. 게다가 젊고 아름다운 외모를 가진 에일 와이프가 특별히 인기가 많았다는 점에서 예나 지금이나 달라진 것이 없다. 그들이 일하는 에일 하우스에는 마치 귀중한 것을 차지하기 위해 경쟁하듯 에일을 마시기 위해 찾아오는 남자들의 발걸음이 끊이지 않았다. 에일 와이프는 당시 남자들에게 우상과도 같은 존재였다. 다른 한편으로 흥미로운 점은 에일 와이프와 관련된 전설과도 같은 일화 중에는 미담보다 추문이 더 많다는 사실이다.

당대의 에일 하우스에서는 정체를 알 수 없는 뭔가 이상한 것을 탄 맥주가 판매되는 경우가 많았다. 게다가 양을 속이는 일이 비일비재했고 술에 취한 손님이 지갑을 도둑맞거나 분실하는 일도 잦았다. 위에서 언급한 대로, 당시의 에일 와이프가 남성들에게 우상과도 같은 존재였던 터라 어쩌다 그들의 부정직하고 파렴치한 행위가 발각되기라도 하는 날엔 엄청난 분노의 표적이 되었다. 기대가 큰 만큼 실망도 크며 그 실망은 고스란히 분노로 전환되기 때문이다.

실제로 이런 사례가 있었다. 맥주에 물을 타서 양을 속이다가 들킨 사례인데, 이 일로 그 에일 와이프는 화형당했다. 다음은 그가 화형대에 오르기 전 읊조렸다고 알려진 참회의 시이자 노래다.

나의 맥주잔은 엉터리라네.
내가 만들었다네.
많은 사람이 감쪽같이 속았다네.
나는 물 탄 에일을 사람들에게 속여 팔았다네.

에일 와이프가 차츰 사라지고 남자가 에일 전문가로 등장하기 시작한 것은 이 사건 이후부터였다. 그에 따라 자연스럽게 여주

에일 와이프는 당시 남자들에게 우상과도 같은 존재였다.
흥미로운 점은 에일 와이프와 관련된 전설과도 같은 일화 중에는
미담보다 추문이 더 많다는 사실이다.

ELINOVR RVMMIN,

The famous Ale-wife of *England*.

Written by Mr. *Skelton*, Poet Laureat to King *Henry* the eight.

When Skelton *wore the Lawrell Crowne,*
My Ale put all the Ale-wiues downe.

헨리 3세(Henry III, 재위 1216~1272) 시대 에일 와이프 엘리너 러민

인이 맛있는 맥주를 서비스하던 낭만의 공간 에일 하우스는 이내 남자들의 탐욕스러운 돈벌이 수단으로 바뀌었다. 에일 하우스의 맥주 맛이 형편없어졌다는 푸념과 탄식이 흘러나오기 시작한 것도 이 무렵부터였다.

본래 에일은 일반 가정에서 주부가 양조하는 일상 식품이면서 동시에 수도사들이 직접 마시고 소비하기 위해 수도원에서 생산하던 것이었다. 그러던 것이 캔터베리 교회 순례를 계기로 주요 상품의 하나로 자리 잡았다. 말하자면 이 시대에 에일은 에일 하우스나 태번, 인에서 판매되는 주력 상품이 되었다. 이때를 기점으로 중세 도시의 대다수 시민이 에일을 즐기는 시대가 도래했다. 이 시대에 맥주 소비가 급격히 늘기 시작하면서 나타난 변화는 다음의 두 가지다. 하나는 맥주 양조를 담당하는 역할이 여성에서 남성으로 바뀌었다는 점이고, 다른 하나는 양조 기술의 주도권이 수도사에서 수공업자로 넘어갔다는 점이다.

당대에 인, 태번, 에일 하우스에 관한 엄격한 정의와 구분 기준은 없었다고 볼 수 있다. 그도 그럴 것이 이 세 가지 종류 모두 정도의 차이는 있을지언정 숙박업소, 식당, 술집의 기능을 가지고 있었기 때문이다. 그런데도 이 세 종류의 업소를 구분하고 비교해 보자면 이렇다. 첫째, 인은 고급 여관의 성격을 띤다. 둘째, 태번의 경우 굳이 따지고 들자면 술보다 요리에 중점을 둔 중간급 술집이다. 셋째, 에일 하우스는 이 셋 중 가장 저렴한 주점으로 볼 수 있다. 한편, 격식과 규모로 순위를 매기자면 인이 가장 윗자리를 차지하고, 태번이 다음 자리, 에일 하우스가 마지막 자리를 차지한다. 다시 말해, 에일 하우스가 가장 서민적이고 소박하다는 의미다.

이후 각 업소와 시설들은 차츰 발전에 발전을 거듭하고 시간이 지남에 따라 분업화 현상이 뚜렷하게 나타난다. 그러는 가운데 제각각 영업 형태에도 큰 변화를 맞이한다. 즉, 인은 숙박을 중심으로 운영하는 고급 형태로, 태번은 요리를 위주로 하는 레스토랑으로, 에일 하우스는 술을 기본이자 메인으로 하는 펍이나 바(bar)로 진화하고 발전한다. 여기에 더해 춤과 노래를 즐기며 식사할 수 있는 새로운 콘셉트의 뮤직홀이 등장한다. 말하자면 뮤직홀은 극장식 레스토랑인데, 훗날 다시 '물랭 루즈(Moulin Rouge)' 등의 서양식 고급 술집으로 변신을 꾀한다.

중세 시대 영국의 영주와 주교들은 왜 홉이 독초라는 거짓 소문을 퍼뜨렸을까

영국의 맥주 맛에 큰 변화를 불러온 요인이 있다. 바로 홉이 지닌 '씁쓸한 맛'이다. 유럽의 여러 나라는 영국보다 일찍부터 맥주에 홉을 첨가해 왔다. 홉이 맨 처음 재배되기 시작한 곳은 독일 바이에른 지방의 할레타우(Hallertau)였다. 736년 무렵의 일이다. 기록에 따르면, 프랑스에서 홉이 재배되기 시작한 것은 그 이후다.

당시만 해도 홉을 맥주에 첨가하는 일은 획기적인 실험이었다. 이 실험의 주인공은 여성 양조 기술자였다. 그의 이름은 힐데가르트(Hildegard von Bingen, c. 1098~1179)였는데, 독일 라인강변 빙겐(Bingen)에 있던 루페르츠베르크 수녀원(Kloster Rupertsberg)의 원장이었다. 그는 베네딕트회 소속 수녀이면서 동시에 나름대로 권위를 인정받는 과학자이기도 했다. 그런 그가 맥주에 홉을 추가했을 뿐 아니라 홉이 어떤 역할을 하는지에 관한 책까지 집필한 것은 사실 별스러운 일도 아니었다.

홉 이전에 맥주 맛을 끌어올리기 위해 사용한 재료는 무엇이었을까? '구르트(Gruit)'가 주로 쓴맛과 떫은맛을 내는 데 사용되었는데, 이는 여러 종류의 약초와 향신료를 섞은 것이다. 구르트의 재료로 쓰인 식물로는 선버들, 서양톱풀, 담쟁이덩굴의 일종인 긴병꽃풀, 샐비어, 백산차, 로즈메리, 노간주나무 열매, 생강, 캐러웨이, 파슬리, 호두나무 열매, 향쑥 등을 꼽을 수 있다.

홉이 구르트를 대신해 독점적으로 사용되기 시작한 이유는 뭘까? 홉의 쓴맛이 구르트의 쓴맛보다 상쾌하기 때문이지만 그게 다가 아니다. 그에 못지않은 중요한 이유로 홉 안에 있는 미생물이 지닌 항균 효과에 주목해야 한다. 당대의 양조 기술자들은 하나같이 홉의 쓴맛에 열광했는데, 이는 바로 그 '쓴맛'과 '항균 효과' 때문이었다.

그런데 어찌 된 까닭인지 바이에른주를 제외한 북독일의 도시들에서는 홉을 잘 받아들이지 않았다. 그중에서도 쾰른은 특히 심한 편이어서 홉을 철저히 배격했다. 쾰른은 수많은 한자동맹 도시들의 지도자적인 면모를 갖춘 도시로 영주인 대주교가 신성로마제국의 선제후 중 한 명이었다. 선제후란 제국의 전체 제후 중에서 특별히 선발된 일곱 명의 제후를 가리킨다. 그들 중에서 세 명의 선제후가 성직자였는데, 쾰른의 선제후가 대표적이었다.

선제후에게는 중차대한 임무이자 권리가 황제를 선출하는 일이었다. 원칙대로라면 여러 왕과 제후 중에서 가장 유능하고 용맹하고 인품이 훌륭한 이가 황제로 선출되어야 했다. 그런데 현실은 그렇지 않아 유능함도 용맹함도 인품도 갖추지 못한 평범한 왕이 제위에 오르는 일이 많았다. 이유가 뭘까? 한마디로 이는 선제후들의 이해타산이 강하게 반영된 결과였기 때문이다. 다시 말하자면 황제의 힘이 약해서 언제라도 선제후들이 원하는 대로 상황이 돌아가지 않으면 끌어내릴 수 있어야 유리하다고 판단했기 때문이다. 이런 시대 상황 속에서 신성로마제국의 황제가 되고자 하는 자에게는 막대한 선거 자금이 필요했다. 그 자금을 동원해 선제후들을 매수해야 했기 때문이다. 사정이 이렇다 보니 선제후들의 입장에서는 선거하기만 하면 엄청난 재화와 세속적 이권이 쏟아져 들어왔기에 마다할 이유가 없었으며 주저 없이 그 기회를 거머쥐었다.

쾰른 대주교가 '구르트권(Grutgerechtigkeit, 구르트 라이선스)', 즉 구르트를 사용할 수 있는 권리를 독점하려 한 것은 그 시대 정황상 당연한 일이었다. 대주교는 자신의 구르트권을 양조업자에게 사용료를 받고 양도했다. 당시에는 물론 홉의 사용이 금지되었다. 그러나 16세기에 이르러 쾰른 대주교는 최초로 홉의 사용권을 허가해 주었고 이로써 구르트권을 포기해야 했다. 그러나

16세기 맥주 양조장

홉의 사용료를 넉넉히 받아냈기에 그로서는 전혀 손해될 일이 없었다.

반면 영국은 어땠을까? 오랫동안 에일 양조에 구르트를 사용해 온 영국인들은 당시만 해도 홉을 강하게 배척했다. 그러다가 15세기에 이르러서야 홉의 사용이 허가되었다. 그 무렵 시중에서는 홉을 사용한 맥주와 구르트를 사용한 맥주가 동시에 팔렸는데, 불리는 이름이 서로 달랐다. 즉 홉을 첨가해 만든 술을 '맥주(beer)'라고 부르고, 구르트를 사용해 만든 술을 '에일'이라고 부르는 식이었다. 사실 여기에는 구르트가 아닌 홉을 첨가해 만든 맥주를 경시하는 풍조가 스며 있었다. 그도 그럴 것이 구르트로 만든 맥주를 팔아 먹고살던 신흥 상인들과 전통적 에일 양조법을 고수하려는 전문 양조가에게 홉으로 만든 맥주는 그 자체로 못마땅한 상품일 뿐 아니라 자신들의 생계마저 위협한다고 여겨졌기 때문이다. 신흥 상인과 전문 에일 양조가만이 아니었다. 양조가나 상인들에게 양조권(독일어로 Braurecht, 영어로는 boiling privilege)이나 구르트권을 양도하는 대가로 사용료 명목의 세금을 받던 영주와 주교들의 반발도 만만치 않았다. 한때 영국에서 홉이 독초라는 거짓 소문이 퍼진 적이 있었는데 그 주범이 바로 당대의 영주와 주교들이라는 것이 정설이다.

벨기에의 플랑드르(Flandre) 지방에서 에일의 나라 영국으로 맥주가 건너간 시기는 15세기 무렵이다. 당대의 영국인에게 그것은 홉이 첨가된 새로운 종류의 맥아 음료였다. 맨 처음 그 맥주는 잉글랜드의 이스트서식스(East Sussex)주 윈첼시(Winchelsea)

항구를 통해 들어왔다. 그 후 그 맥주는 영국에서 무려 100여 년 동안 뜨거운 논란의 중심에 있었다. 그러다가 거의 한 세기가 지나서야 비로소 정부, 에일업자, 대중 모두 이 새로운 맥아 음료를 받아들이게 되었다. 이렇게 상황이 달라지자 분위기는 급반전되었다. 대중은 상큼한 맛의 맥주를 열렬히 환영하기 시작했고 양조업자들은 홉의 뛰어난 부패 방지 효과에 감격했다.

오늘날 잉글랜드의 켄트주는 홉의 주산지로 널리 알려져 있다. 한데 네덜란드에서 맨 처음 들여온 묘목이 이 나라에서 재배되기 시작한 시기는 15세기 무렵이다. 그러다가 16세기 초에 이르러 플랑드르의 농민들이 잉글랜드 남동부 켄트주로 집단 이주해 홉을 재배하기 시작했다. 잉글랜드의 켄트주가 오랫동안 전세계적인 홉 주산지로 명성을 떨치게 된 내력이다.

비록 홉을 사용해 만든 맥주가 제대로 인정받기 시작했다고는 해도 잉글랜드 전국적으로 그렇게 된 것은 아니었다. 실제로 15세기 후반인 1471년만 해도 홉에 대한 편견이 여전히 남아 있었기에 일부 지역에서는 홉의 사용이 금지되었다. 게다가 런던에서 영업하는 맥주 양조업자들에게 별도의 영업세가 부과되는 등(에일 양조업자에게는 이 세금이 부과되지 않았다) 부당한 대우도 많이 받았다. 이는 1482년의 상황이다.

이후 시간이 제법 흐른 1648년, 런던의 에일 양조업자 단체가 홉의 사용을 허가해 달라는 탄원서를 제출하고 승인받았다. 이게 어찌 된 일일까?

15세기에 홉이 잉글랜드에 들어온 이후 오랜 시간이 지나는 동안 에일 양조업자 중 홉을 사용하는 사람이 적잖이 생겨나자 그들에게까지 세금을 부과할 수 없어 별도의 영업세가 폐지된 것이었다. 그러다가 17세기 말 즈음에 이르러서는 홉을 첨가하지 않은 에일은 아예 자취를 감추게 된다.

맥주잔이 도기에서 유리로 바뀌면서 '맥주의 색'이 가장 중요한 경쟁력의 요소가 되다

페일 에일(Pale ale)을 모르는 사람이 에일을 논할 수 있을까? '아니다'라고 딱 잘라 말할 수 있다. 왜냐하면 페일 에일은 그야말로 에일을 대표하는 맥주이기 때문이다. 영어 단어 pale은 '옅은', '엷은'을, ale은 맥주를 뜻하니 페일 에일은 엷은 색 맥주, 즉 '담색 맥주'를 의미한다. 여기서 '담색'이라고 하면 옅은 호박색을 머릿속에 떠올리기 쉬울 것이다. 한데 페일 에일은 그보다는 좀 더 짙은 색으로 필스너 맥주보다 진하다. 사실 역사적으로 영국에서는 '다크 라거(Dark lager)'라는 이름의 흑맥주가 주류를 이루어 왔다. 그런 터라 영국에서는 오랫동안 흑맥주가 맥주의 기준으로 활용되었다. 위에서도 언급했지만 페일 에일의 색은 그 자체로 엷다기보다는 영국에서 오랫동안 인기를 끌었던 흑맥주(스타우트, 포터)의 진갈색과 비교하자면 상대적으로 색이 엷다는 의미다.

영국에는 '트렌트강 변의 버튼'이라는 의미로 '버튼온트렌트

(Button on trent)'라고 불리는 작은 도시가 있다. 이는 잉글랜드의 대표적인 공업 도시다. 갑자기 이 작은 도시 이야기를 꺼내는 이유는 이곳이 바로 페일 에일의 주요 양조장이자 원산지 격이기 때문이다. 1638년에 이미 버튼온트렌트에서 생산된 페일 에일은 영국의 수도 런던에서 판매되고 있었다. 한데 당시 유통되던 페일 에일의 색은 담색이 아닌 너트 브라운(nutbrown), 즉 밤색에 가까웠다고 한다.

앞에서 나는 페일 에일을 에일의 대표 주자로 언급했다. 그런데 페일 에일이라는 용어가 탄생하게 된 유례와 내력에 대해서는 확실한 근거 자료가 거의 없다. 필스너, 포터, 스타우트 등 용어의 유래가 분명한 것과는 대조적이다. 그런 터라 비터 에일(Bitter ale)의 유래 및 내력과 비교하면서 추정해 볼까 한다.

페일 에일의 역사에서 반드시 다루어야 할 양조장에 '호지슨(George Hodgson)'이 있다. 이 양조장의 명성은 대단해서 19세기 말엽 민중 사이에 유행한 노래 가사에 나올 정도다.

Oh Beer! O Hodgson, Guinness, Allsopp, Bass!
Names that should be on every infant tongue!
오, 비어! 오, 호지슨, 기네스, 올솝, 바스!
코흘리개 꼬맹이들도 다 아는 이름이지!

이런 사실로도 알 수 있듯, 당대의 맥주 회사들은 한 시대를 풍미했다. 여기에 더해 호지슨은 페일 에일을 영국의 대표 맥주로 끌어올리는 데 크게 공헌했다. 런던에 탄탄한 영업망을 구축하고 있던 호지슨은 '켄트 골딩(Kent Golding)'이라는 이름의, 잉글랜드 남부 켄트주에서 산출되는 홉을 사용해 만든 페일 에일을 판매하고 있었다. 1750년대의 상황이다.

1760년대에 들어서면서 영국은 본격적으로 인도의 드넓은 영토를 지배하기 시작한다. 영국 동인도회사가 벵골 지역을 점령한 일이 본격적인 시작이었다. 이후 영국의 식민지 관련 업무를 담당하는 관료, 군인, 은행가, 상인, 해운업자 등 많은 사람이 인도로 거주지를 옮겼다. 인도에 머무는 동안 그들은 본국에서 생산된 에일을 마시고 싶어 했다. 인도만이 아니라 깨끗하고 오염되지 않은 안전한 물을 구하기 어려운 식민지에서 맥주는 단순한 기호 식품을 넘어 물과 다름없는 꼭 필요한 음료였다. 호지슨은 그러한 대중의 요구에 가장 적극적으로 부응해 성공한 기업이었다.

상업망이 하나의 국가 또는 대륙을 넘어 전 세계로 확대되면서 맥주는 아프리카를 비롯한 열대지역으로도 수출되었다. 이런 맥주의 경우 혹독한 기후 조건을 견뎌 낼 수 있어야 했다. 이제 원맥 즙 농도와 알코올 농도가 높고 상대적으로 홉 첨가량이 많은 '스트롱 비어(Strong Beer)'가 존재감을 뽐낼 차례였다. 열대 지방 수출용 맥주로 스트롱 비어만 한 것이 없다는 데에는 모든 양조 기술자의 의견이 모아졌다. 그도 그럴 것이 그들은 오랜 경험과 시행착오를 통해 높은 알코올 농도와 다량의 홉이 미생물이 오염되지 않도록 하는 데 효과적이라는 것을 체득하고 있었기 때문이다. 그런 반면 원맥 즙 농도가 높고 진액이 많이 남아 맛이 진한 맥주는 극한의 무더위로 인해 발생하는 산화 반응으로 만들어지는 떫은맛을 덜어 주는 효과도 있었다. 스트롱 비어가 열대 지방으로 수출하기 위한 맥주로 지정되고 특별 제조되기 시작한 데에는 이런 배경이 있었다.

인디아 페일 에일의 원맥 즙 농도는 17~22퍼센트였다. 놀랍게도 100리터당 1,250그램의 홉이 첨가된 셈이었다. 이는 오늘날 판매되는 평범한 맥주의 혼합 분량의 6~8배에 달하는 엄청난 양이다. 그런데 이게 다가 아니다. '드라이 호핑(dry hopping)'으로 후발효가 완성되어 가는 시점에 다시 550그램의 홉을 첨가했다. 현대의 맥주 맛에 길든 사람이 이 에일을 마신다면 어떨까? 단지 너무 진하다고 느끼는 정도가 아니라 순간적으로 입이 마비되는 것처럼 느끼거나 너무 써서 삼키는 대신 바로 뱉어 낼 수도 있다.

맥주 기업 호지슨은 인도용 특제 스트롱 비어를 수출하는 일에 열을 올렸다. 이 맥주에는 '인디아 에일(India Ale)'이라는 상표가 붙어 있었다. 훗날에 이 맥주는 '인디아 페일 에일(India Pale Ale)', 줄여서 IPA로 불렸다. 이 전통이 이어져서 IPA는 디럭스 비어로 분류되고 판매된다. 호지슨의 페일 에일은 인도 시장을 점령한 이후 아시아 시장에서 특히 강세를 보이며 승승장구하더니 결국 아시아 시장을 독점하다시피 했다. 1820년의 상황이다. 한편 버튼 양조장은 러시아, 그리고 발트해 연안의 여러 나라와의 무역에 집중하고 있었다. 이 기업은 운하를 이용하여 북해로 이어지는 항구인 헐(Hull)로 직송한 뒤 북반구의 여러 나라로 버튼 에일을 수출했다. 이런 식의 맥주 무역으로 버튼은 막대한 수익을 올렸다.

'화무십일홍(花無十日紅)'이라는 말대로, 19세기에 들어서면서 버튼은 북반구의 시장을 대부분 잃어 버렸다. 나폴레옹이 작정하고 방해한 탓도 있지만 러시아 정부가 물린 높은 관세 탓이 더 컸다. 상황이 이렇게 되자 버튼은 러시아, 그리고 발트해 여러 나라와의 무역을 모두 접을 수밖에 없었다. 그러고는 어쩔 수 없이 호지슨이 독점하다시피 하던 인도와 동아시아 쪽으로 진출을 도모한다. 한편 19세기 초쯤 올솝(Allsopp)과 바스(Bass)도 페일 에일 제품을 개발해 생산과 유통을 시작한다. 이 두 회사는 버튼의 페일 에일을 인도와 동아시아의 여러 나라로 수출하면서 호지슨에게 도전장을 내민다. 1820년대의 상황이다. 그리고 마침내 올솝과 바스의 버튼식 페일 에일은 인도와 아시아 시장에서 호지슨의 아성을 무너뜨리고 독점적 지위를 차지한다. 이는 두 회사가 인도와 아시아 시장에 진출한 지 20여 년이 지난 뒤인 1840년대의 상황이다.

버튼 에일은 호지슨 에일과의 오랜 경쟁에서 승리로 마침표를 찍었다. 그렇다면 버튼 에일 품질의 우수성과 경쟁력의 실체는 무엇이었을까? 영국의 주류 전문가들은 바스와 올솝의 성공 비밀을 연구했다. 다음의 내용은 그들이 내린 결론이다.

- 담색 맥아를 사용했는데, 그 탓에 맥아 제조 장치를 개량할 필요가 있었다.

- 맥아 이외의 녹말질을 함유한 부원료를 사용했는데, 그 결과 맛이 강한 맥주가 탄생했다. 그 과정에 발효도가 높아지고 마지막에 남는 진액 농도가 낮아졌기 때문이다.
- 켄트주에서 생산되는 홉을 주원료로 사용했다.
- 고온 발효법을 도입하여 강렬한 맛과 상쾌한 향을 창출했다.
- 물속에 칼슘염, 마그네슘염이 많이 녹아 있는 물, 즉 경도가 높은 버튼의 물을 사용했다.

다섯 항목 모두 정확한 판단이자 올바른 처방이었다. 바스와 올솝의 양조장들은 버튼 에일을 효과적으로 벤치마킹하기 위해 노력하며 페일 에일을 생산하기 시작했다. 이와 관련해서는 뒤에서 좀 더 자세히 살펴보자.

그 무렵, 절묘하게도 사람들의 기호와 취향에 의미 있는 변화가 일어나기 시작한다. 먼저 이 부분을 명확히 짚고 넘어갈 필요가 있다. 1842년, 체코의 필젠(Pilsen, 필젠은 독일어이며 체코어로는 '플젠(Plzeň)'이다)이라는 지역에서 '필스너 맥주'가 탄생했는데, 이 맥주야말로 분명한 담색이다. 여기에 더해 당시는 맥주잔으로 유리가 본격적으로 사용되기 시작한 시점이었다. 특히 전통적으로 주요 유리 생산지로 유명한 보헤미아 지역에서는 이런 경향이 더 강해서 대부분 도기가 아닌 유리잔을 사용했다. 한데, 당시만 해도 영국에서는 유리에 높은 세금을 부과하고 있었다. 그러다가 이 세금 제도가 폐지되면서 대량 유리 생산 체제가 갖춰지기 시작했다. 이는 1845년의 일이다. 이후 영국에서도 유리잔이 도기잔의 자리를 대신하게 되는 것은 그야말로 시간 문제였다.

도기잔이 아닌 유리잔으로 맥주를 마시게 되면서 주목할 만한 몇 가지 변화가 일어났다. 소비자들은 이전보다 자연스럽게 맛과 향에 좀 더 신경을 쓸 수밖에 없었다. 한데 그들이 맥주의 맛과 향 이상으로 신경을 쓴 요소가 있다. 바로 '맥주의 색'이다. 그도 그럴 것이 유리잔에 담긴 맥주의 색깔은 훨씬 눈에 잘 들어와 식욕과 기분에도 적잖이 영향을 미치기 때문이다. 바야흐로 소비자에게 청량한 느낌을 주는 맥주가 확실한 경쟁력을 가질 수밖에 없는 시대가 도래한 것이었다. 이런 맥락에서 담색의 페일 에일의 수요가 급증할 수밖에 없었다. 이후 양조가들은 아이징글라스(Isinglass, 철갑상어의 부레에서 추출한 투명하고 순수한 젤라틴. 한때 와인을 정화시킬 때 청징제로 사용하였으나 지금은 사용하지 않음)를 활용한 맑고 깨끗한 생맥주를 만드는 기술을 개발하는 일에 온 힘과 정성을 쏟는다. 오늘날에도 영국의 전통적인 에일은 나무통에서 숙성시킨 뒤 아이징글라스 등의 청징제를 사용해 양조한다.

당대의 양조가들은 그 무렵 개발된 기술을 총동원해 페일 에일을 대중화하는 일에 열을 올린다. 그 기술이란 저온살균법 냉동기, 카보네이션 기술(탄산가스 주입 기술), 맥주 여과기 등이다. 이 기술은 한때 펍의 주인을 고생시켰던 나무통 숙성 리얼 에일 관리를 좀 더 수월하게 할 수 있도록 도와주었다. 그뿐만이 아니다. 그 과정에 양조가들은 신기술을 활용하게 되면 나무통에 생맥주를 보관하는 방법이 불편할 수 있다는 사실도 알게 되었다. 그 연장선에서 스테인리스로 제작된 통 '케그(keg)' 개발에 가속도가 붙었다. 이런 상황 속에서 통 숙성 에일의 소멸은 마치 예정된 운명처럼 자연스럽게 진행되었다. 이를 다른 말로 표현하자면, 전통적인 수제 에일이 활발한 기술 개발 경쟁 과정에 사라졌다는 의미다. 특히 제2차 세계대전 후 이런 경향이 빠른 속도로 진행되는 과정에 펍에서 전통적인 에일은 완전히 사라져 버렸다. 그러나 이것으로 수제 에일과 관련된 모든 것이 그야말로 끝장난 것은 아니었다. 왜냐하면 거대 맥주 기업들의 시장 잠식에 '캄라(CAMRA, Campaign for Real Ale)'라고 불리는 시민운동이 제동을 걸고 나섰기 때문이다.

페일 에일이 주류 시장에서 성공을 거두면서 위에 언급한 유명 양조장들이 경쟁적으로 페일 에일 시장에 뛰어들기 시작했다. 그런데 뜻밖에도 관련 사업은 순항하지 못했다. 여러 가지 원인이 있겠지만 버튼에 비해 다른 지역 양조장들이 보유하고 있던 기술이 낙후된 것도 주요 원인 중 하나였다. 버튼 양조장은 '버튼 유니온 시스템(Burton Union System)'이라는 독특한 양조법을 개발했는데, 이 기술로 부유성 효모를 이용한 맛이 진한 에일을 생산하는 데 성공했다. 참고로, 라거 맥주를 양조할 때는 침강성 효모를 사용한다.

훗날 버튼 유니온 시스템은 한때 버튼만의 독특한 페일 양조법으로 확고히 자리 잡았으나 제조 기술 합리화 과정에 폐기되고 사라진다. 그도 그럴 것이 노동력도 많이 필요해 효과성, 효율성이 떨어지기 때문이었다.

버튼의 물은 버튼 에일의 품질을 뒷받침해 주는 또 하나의 중요한 요소다. 이 물은 우선 미네랄 함유량이 매우 높은 데다 1리터당 칼슘 200~300밀리그램, 마그네슘 50~60밀리그램, 황산이온 600~800밀리그램을 함유하고 있다. 한마디로 말하자면, 황산칼슘은 석고다. 그런 터라 버튼의 물은 석고를 다량 함유하고 있는데, 바로 이 성분이 버튼 에일의 향기로운 맛을 내는 데 큰 영향을 미친다. 이를 에일에 적용하자면, 특히 맥주의 맛을 담백하게 하고 홉의 쓴맛을 살려 주는 역할을 한다.

이런 맥락에서 각 양조장은 물에 석고 성분을 가미하여 버튼의 물을 재현해 내는 실험, 즉 '버튼화(Burtonization)'를 시험하기도 했으나 원하는 결과를 얻지는 못했다. 결국 양조 기술자들은 특정 지역에서만 산출되는 원료와 적합한 조건을 갖춘 상태에서 비로소 개성 있고 매력적인 맥주를 생산할 수 있다는 사실을 깨닫게 된다. 신토불이(身土不二)의 원리라고나 할까. 아무튼 이런저런 우여곡절 끝에 버튼 이외의 지역에서 페일 에일 대신 '비터 에일'이라는 이름을 사용하기 시작했는데, 이것이 그 명칭의 유래다.

이렇게 페일 에일은 버튼 에일의 대명사처럼 사용되게 되었다. 그러나 '페일 에일'이라는 명칭을 버튼의 양조장이 독점적으로 사용하는 것은 좀 의아하다. 마치 산지 표시를 인가받은 프랑스 와인처럼 말이다.

사실 페일 에일과 마찬가지로 비터 에일의 명칭 유래도 다소 모호하고 불명확하기는 마찬가지다. 버튼의 페일 에일은 병에 담겨 인도를 비롯한 아시아의 여러 나라로 수출되곤 했기에 '병맥주'의 이미지가 자연스럽게 생겨났다. 이렇듯 페일 에일이 주로 병맥주로 생산되었던 데 반해 비터 에일은 시종일관 나무통에 담겨 유통되며 펍에서 판매되고 소비되었다. 그런 까닭에 국내 펍에서 판매되는 생맥주를 '비터 에일'이라고 부르게 되었다는 것이 가장 믿을 만한 주장으로 받아들여진다.

World History
of
BEER

⑥

18세기 잉글랜드를 지배하는 강력한 브랜드가 된 런던 시민의 술, 포터

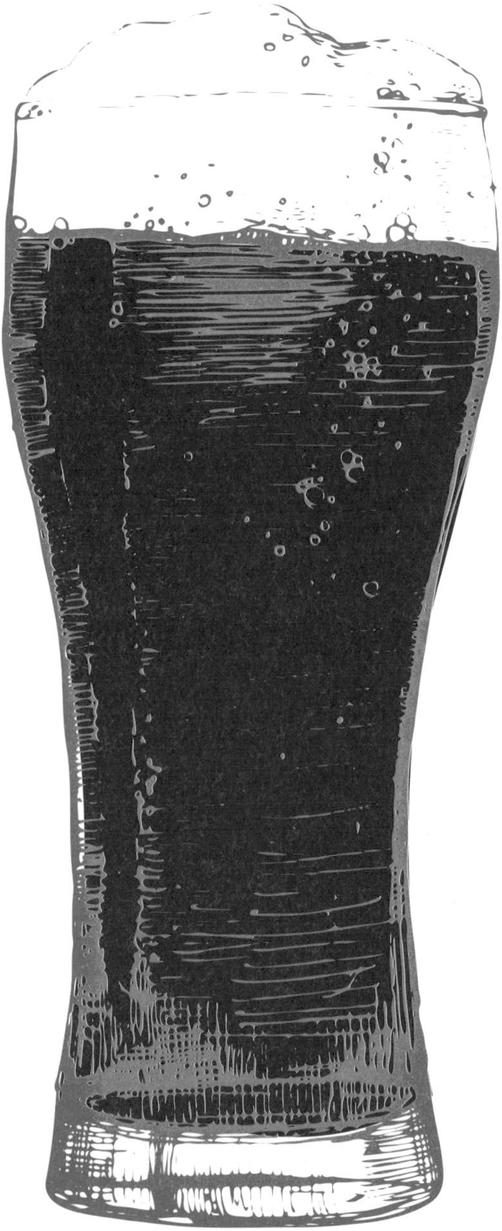

18세기를 풍미한 맥주 '포터'는 어떻게 탄생했을까

지금으로부터 300여 년 전인 18세기 초쯤 대중에게 인기 있는 맥주는 대략 세 종류였다. 흥미롭게도 당대의 시민들에게는 이 세 가지를 섞어 마시는 관습이 있었다. 그들은 이렇게 만들어진 혼합 맥주를 '3종 블렌드(three threads)'로 불렀다. 맥주를 마시려는 손님이 에일 하우스를 찾아가 이 술을 주문하면 주인은 나무통 세 개에서 각 맥주를 꺼내 섞은 뒤 내놓았다.

사실 이는 상당히 성가신 작업이었다. 이스트런던 쇼디치(Shoreditch)의 벨 양조장 주인 랠프 하우드(Ralph Harwood)는 세 종류의 맥주를 뒤섞은 신제품 맥주를 개발했다. 이는 3종 블렌드 맥주의 최초 상품인 셈이었는데, '하우드 블렌드(Mr. Harwood's Entire)'라는 상표를 붙였다. 초기에 이 맥주는 런던의 서민들에게 주로 판매되기 시작하더니 이내 폭발적인 인기를 끌며 잉글랜드 전역으로 퍼져 나갔다.

에일 하우스 주인들의 입장에서 이 독특한 신제품의 등장은 반갑기 그지없었다. 맥줏집을 찾는 손님들의 대다수인 육체노동자들에게 3종 블렌드를 빠른 시간 내에 팔아 치울 수 있었기 때문이다. 그도 그럴 것이 손님들은 갈증을 해소해 줄 저렴하면서도 빠르게 벌컥벌컥 마실 수 있는 맥주를 늘 절실히 원했는데, 그 신제품이 그들의 요구에 딱 들어맞았기 때문이다. 여기서 말하는 육체노동자란 대부분 '항구에서 짐을 운반하는 짐꾼'이었다. 이들에게 주로 판매된 이 신제품은 '포터(porter)'라는 이름으로 불렸다. 이것이 바로 18세기 한 시대를 풍미한 포터의 탄생에 관한 이야기이자 이름의 유래다. 그런데 이에 관해 내용이 앞뒤가 전혀 맞지 않는다며 뜨악한 반응이 나왔다.

먼저, 포터가 세 종류의 에일을 섞어 만들어진 맥주라는 점에 의혹의 눈길이 모아졌다. 또 당시 세 종류가 아닌, 적어도 그 두 배에 달하는 여섯 종류(ale, beer, twopenny, brown ale, stale brown ale, pale ale)의 맥주가 꽤 인기를 끌었다는 자료도 남아 있다. 심지어 23종의 맥주가 대중적으로 판매되었다는 당시 술집 주인의 증언도 있다. 또 다른 명확한 증거로, 그 시절의 에일 하우스 중에 다음과 같은 문구를 입구 쪽 간판에 적어 놓은 집이 있었다는 기록도 남아 있다.

> 저희 가게는 2종 블렌드, 3종 블렌드, 4종 블렌드,
> 6종 블렌드를 판매합니다.

게다가 화룡점정 격으로, 하우드 블렌드의 최초 개발자이자 이를 성공시킨 양조장으로 알려진 벨 양조장이라는 이름을 당

시 런던 포터의 유력 양조업자 명단에서 찾아볼 수 없다는 점이다. 여기에 더해 '포터'라는 상품명이 항만 노동자들에게서 유래했다는 주장도 의심스럽다. 그도 그럴 것이, 포터의 인기가 높아지기 시작할 무렵 이 맥주를 항만 노동자들만 즐겨 마신 것은 아니기 때문이다. 실제로 당시 런던 시내에 거주하는 다양한 직업군의 저소득층 사람들이 대부분 이 맥주를 좋아했다. 그랬기에 벨 양조장에서 맥주 통을 잔뜩 싣고 에일 하우스를 찾아온 짐꾼(porter)들이 그곳에 도착해서는 '맥주 왔어요!'라는 의미로 "포터!"라고 외친 것이 '포터'라는 명칭의 유래라는 주장이 가장 신빙성 있는 것으로 받아들여진다.

영국의 맥주 제조업을 전통적인 수작업에서 기계를 이용한 명실상부한 산업으로 발전시키는 원동력이 된 포터

한때 엄청난 존재감을 선보였던 포터는 새롭게 등장해 인기를 모은 담색 버튼 에일에 밀려 쇠퇴의 길을 걷게 된다. 19세기 후반의 상황이다. 그러다가 20세기 초쯤에는 잉글랜드에서 포터가 아예 자취를 감추고 만다. 포터는 나름대로 화려하게 데뷔하여 모든 영국인에게 사랑받았으나 150년을 넘기지 못했다. 그렇기는 해도 세계 맥주사에서 포터는 중요한 의미를 갖는다. 왜냐하면 포터의 대성공이 영국의 맥주 제조업을 전통적인 수작업에서 기계를 이용한 명실상부한 산업으로 발전시킨 원동력이 되었기 때문이다.

'장기 저장'은 포터 제조법이 가진 가장 중요한 특징이다. 저장 설비에 막대한 자금이 투입되어야 하는 것은 그런 연유에서였다. 그런데 운 좋게도 포터가 엄청난 인기를 끌면서 불티나게 팔렸고 막대한 투자금도 비교적 빠른 시일 내에 회수되었다. 이로써 당대의 자금력이 뛰어난 대기업에게 포터 양조업은 안전하면서도 매력적인 사업으로 인식되었다.

당시 퍼블리컨(Publican), 빅틀러(Victualler) 등의 맥주 판매 면허를 취득한 양조업자들이 직접 에일 양조에 나섰다. 이는 19세기 초 무렵의 상황이다. 그러나 이들 대부분 작은 술집, 즉 태번 콘셉트로 운영되었고 가게당 생산량도 아주 적었다. 그에 반해 포터는 '커먼 브루어(common brewer)'라는 이름으로 불리는 맥주 양조 전문업자들이 주로 생산에 참여했다. 이런 경향은 특히 영국의 수도 런던에서 두드러졌다. 이를 달리 말하자면, 맥주 양조에서도 대규모 설비를 갖춘 상태에서 이루어지는 대량 생산이 시작된 것이다. 이런 흐름 속에서 당대의 커먼 브루어 중에서도 대자본을 가진 기업들이 런던의 포터 시장을 독점했다.

1830년대에 발표된 통계 자료를 참고하자. 이에 따르면, 놀랍게도 당대 런던 맥주 시장의 95퍼센트 정도를 115개의 커먼 브루어가 공급하고 있었는데, 그중에서도 특히 상위 10개 정도의 대규모 업체가 전체 시장을 독점하다시피 했다. 좀 더 구체적으로, 바클레이퍼킨스(Barclay, Perkins & Co., 훗날 커리지(Courage & Co.)와 합병함), 뮤레이드(Meux Reid & Co., 훗날 얼라이드라이언스(Allied

Lyons)에 흡수합병됨), 트루먼(Truman), 위트브레드(Whitbread) 등으로, 대부분 오늘날 영국 맥주 업계를 대표하는 기업들이다. 이 기업들은 예외 없이 포터를 제조하고 판매해 벌어들인 막대한 수익으로 19세기 말이 되기 전 탄탄한 기반을 다질 수 있었다. 그리고 그 과정에 수공업에서 벗어나 대기업으로 도약할 수 있었다. 이는 20세기 말에 들어서서의 상황이다. 이렇듯 포터는 영국의 맥주 제조업을 수공업 단계에서 벗어나 대규모 생산 방식으로 나아가게 하는 중요한 원동력이었다.

'시장 가격'을 결정하는 힘을 갖고 싶다면? 답은 간단하다. 시장에서 독점적 지위를 차지하면 된다. 당대에 일반적인 물가가 가파르게 상승하는 상황 속에서도 포터의 판매가는 1쿼트(1,136밀리리터)당 3펜스에서 4펜스로 약간 올랐을 뿐이다. 이는 1720년부터 18세기 말에 이르는 약 80년 동안의 상황이다. 여기에서 한 가지 의문이 생긴다. 원료비와 인건비가 천정부지로 치솟는 상황에서 포터의 판매가를 거의 올리지 않고 유지하려면 어떻게 해야 할까? 생산량과 판매량을 동시에 늘리는 길밖에 없다. 이를 위해 대기업들은 기술 혁신과 제조 공정 개선을 통해 생산량을 증대하는 일에 매진했다. 좀 더 구체적으로, 이들은 온도계를 이용해 담금 공정 과정에 온도를 더욱더 철저히 관리하는 일에 신경을 썼다. 또한 이들은 비중계로 잰 결과를 정밀하게 분석한 뒤 그것을 바탕으로 맥아를 선정하고 생산 현장에 대형 제조 용기(참고로 이들은 1795년 3,280킬로리터의 거대한 탱크를 만들어 사용했는데, 이는 오늘날의 기준으로도 대용량에 해당한다)를 설치하는 등 경쟁력을 갖추기 위해 다방면으로 노력했다.

원가를 낮추는 일만으로 시장 경쟁력이 높아질까? 그렇지 않다. 제품이 매력을 지녀야 잘 팔리고, 잘 팔려야 수익률이 높아지고, 수익률이 높아져야 경쟁력이 강화된다. 당대의 대기업들이 제품을 판매할 직판점을 여는 일에 그토록 열심이었던 것도 이런 고민과 노력의 연장선에서였다. 또 그들은 펍과 정식 계약을 하고 자사의 제품을 독점 판매하도록 유도했다. 대기업과 계약을 체결한 이런 유의 펍을 사람들은 '타이드 하우스(Tied House)'라고 불렀다. 그 무렵 타이드 하우스를 통한 맥주 판매, 즉 '타이드 비즈니스'는 대기업의 가장 중요한 마케팅 방법이었다. 이는 18~19세기의 상황으로, 당시 맥주 기업들은 되도록 많은 펍을 자사의 타이드 비즈니스에 끌어들이는 일에 사활을 걸었다. 이로써 알 수 있듯, 타이드 비즈니스는 근대로 접어들면서 영국이 맥주 산업의 기초를 튼튼히 다지는 데 가장 크게 기여했다고 해도 지나치지 않다.

'스타우트 포터'라는 획기적인 신제품으로 18세기 최강자 런던 포터의 아성을 무너뜨린 기네스

영국의 수도 런던에서 포터가 탄생한 데는 기술적인 면에서 이해할 만한 근거가 있다. 우선, 런던의 물은 포터 등의 짙은 색 맥주를 양조하는 데 적합한 수질이다. 이 물에는 중탄산염이 많이 함유돼 있기 때문이다. 18세기 중반 무렵, 런던의 맥주 시장에 등장한 포터가 큰 인기를 끌자 영국 각지의 양조업자들이 이를 벤치마킹해 포터를 생산하고자 했으나 대부분 실패했다. 런던에서 양조된 포터는 아일랜드의 수도 더블린(Dublin)에도 수출되어 지역 양조업자들에게 위기의식을 느끼게 했다. 이는 1770년대의 상황이다. 그 무렵 런던 포터에 당당히 도전장을 던진 기업 중 하나가 1759년 더블린에서 맥주 제조업을 시작한 기네스(Guinness)다.

당시 기네스의 입장에서는 매우 화가 날 만한 사건이 터졌다. 당연하게도 이는 런던 포터로 인한 사건이었다. 런던 포터는 1750년부터 아일랜드로 수출되기 시작했는데, 그로부터 20년 무렵인 1770년대에 절정에 이른다. 이런 최악의 상황에서 더블린의 양조업자들은 강력한 경쟁자 런던 포터에 맞서 힘겨운 싸움을 벌였다. 한데 그들에게는 또 하나의 걸림돌이 있었다. 그것은 바로 '세금' 문제였다. 구체적으로, 런던 포터의 양조업자는 아일랜드에 맥주를 파는 경우 영국에서 세금을 환급받는 데다 아일랜드 정부에 세금을 거의 한 푼도 내지 않았다. 그런데 부당하게도 아일랜드에서 생산된 포터에는 높은 세율이 적용되었다. 더블린을 대표하는 맥주 회사 기네스는 이런 식의 불평등한 세금 제도를 더는 참을 수 없다며 웨일스(Wales)로 공장을 옮기겠다고 선언했다. 그리고 그들은 아일랜드 하원에 제소했는데, 결국 하원으로부터 공정한 세율을 적용하겠다는 약속을 받아 낸다. 영국 정부의 수많은 부당한 처사에 시달리며 속을 끓이던 아일랜드 양조업자들에게 그야말로 십 년 묵은 체증이 내려가는 일이 아닐 수 없었다.

기네스는 강력한 경쟁자인 런던 포터를 철저히 분석하고 연구했다. 이 회사는 포터를 양조하는 일에 모든 노력을 쏟아부었다. 그 과정에 기네스는 앞으로 당분간 포터만 양조하겠다고 선언했다. 1806년의 일이다. 사실 그즈음 이미 기네스 포터는 품질 면에서 런던 포터를 뛰어넘었다. 이제 반대로 영국의 수도 런던이 기네스 포터의 거의 독무대가 돼 있었다.

기네스는 독자적으로 포터 양조법을 개발했는데, 그 과정에 기존의 포터보다 강한 맛을 내는 '스타우트 포터'를 제조해 선보였다. '스타우트(stout)'란 글자 그대로 '강하다'라는 의미를 지닌다. 스타우트 포터는 품질의 안정성을 확보하여 원거리 수송에도 끄떡없는 생산 체제를 갖추었다. 당시 대표적인 제국주의 국가로 전 세계를 호령하던 영국의 식민지 정책에 부응해 기네스 포터는 전 세계로 영업망을 확대해 나갔다. 기네스는 인도, 실론(오늘날의 스리랑카), 서인도제도 등 연중 무더운 기후의 지역에 수출하기 위해 좀 더 많은 양의 홉을 첨가한 고농도의 '웨스트 인디스 포터(West Indies Porter)'를 개발해 출시했는데, 이 제품이 큰 인기를 끌었다.

기네스는 포터를 양조할 때 주재료로 '태운 보리'를 사용했다. 원래 포터의 원료는 브라운 맥아로, 맥주의 색깔이 여기에서 비롯되었다. 그런데 문제는 브라운 맥아를 상당한 고온에서 건조화하는 까닭에 당화 효소의 작용이 약해져서 실제로 먹을 수 있기네스는 창업 이후 170여 년간 광고를 한 번도 하지 않고 오롯이 맥주로만 이야기를 전했다. 그러다 1929년에 이르러 최초의 광고를 시작하며 광고가 기네스 맥주의 품질과 정확히 일치해야 한다는 원칙을 고수해 왔다. 오늘날 기네스 광고는 기발함과 재미를 갖춘 혁신적 광고의 대명사로 인정받고 있다.

는 진액의 양이 얼마 되지 않는다는 점이었다. 기네스는 진액 양 부족 문제를 해결하기 위해 브라운 맥아 대신 페일 맥아를 사용하기 시작했다. 그리고 강렬한 색감을 내기 위해 그냥 태운 보리가 아니라 '까맣게 태운' 보리를 사용했다. 이렇듯 스타우트 포터의 제조 공정은 전면적으로 개선되었는데, 그 덕분에 양조된 맥주의 맛은 기존 포터의 맛과 확연히 달랐다.

신식 스타우트 포터의 특징을 한마디로 표현하자면 '드라이한 맛'이 아닐까! 기네스는 바로 이 특징에 초점을 맞추어 마케팅을 펼쳤다. 바로 이때가 평범한 포터가 '스타우트'로 변신하는 시점이었다. 기네스의 포터, 즉 스타우트는 흑맥주에 신선한 이미지를 부여하는 데 성공했다. 그 후 기네스의 더블린 양조장은 명실상부한 세계 최대 규모의 맥주 생산 공장으로 발돋움한다. 이는 19세기 말쯤의 일이다.

영국 정부는 맥아에 부과하는 세금을 증액하면서 동시에 원맥즙 농도에 비례하여 과세율도 높였다. 1880년의 일이다. 이에 대한 기네스의 대응은 매우 빠르고 효과적이었다. 이 기업은 지체 없이 맥주 양조에 사용하는 맥아의 일부를 구운 보리로 대체했으며, 담금 농도를 낮추어 쓴맛을 줄인 드라이 타입의 스타우트를 양조하기 시작함으로써 위기를 극복했다. 이때 개발된 기네스의 신제품이 '기네스 드라이 스타우트(Guinness Dry Stout)'다. 새롭게 등장한 이 맥주에는 발아하지 않은 보리 약 20퍼센트와 원하는 색감을 얻기 위해 태운 보리를 10퍼센트 정도 섞어 사용했다. 머지않아 이는 기네스 스타우트 맥주의 중요한 특징, 즉 시

그니처로 자리매김했다. 스타우트 맥주 양조 과정에 미발아 보리는 흰색 크림을 닮은 거품을 냈다. 그리고 까맣게 태운 보리는 초콜릿 향처럼 톡 쏘는 맛을 지닌, 드라이하면서도 쓴맛을 냈다.

아일랜드에서 소비되는 맥주의 절반이 드라이 스타우트라고 볼 수 있다. 스타우트는 아일랜드 이외 지역에서도 만들어지며 그중에는 하면 발효법으로 양조한 것도 있다. 그러나 '드라이 스타우트'라고 하면 바로 '기네스'를 지칭한다고 봐도 무리가 없다.

스타우트 맥주에는 드라이 스타우트 이외에도 여러 종류가 있다. 일테면, 상대적으로 원맥 즙 농도가 높은 스트롱 스타우트와 단맛이 나는 스위트 스타우트 같은 것이 여기에 포함된다. 자, 이제 스트롱 스타우트 중 '임페리얼 스타우트(Imperial Stout)'에 관한 이야기를 해 보자.

예카테리나 2세가 사랑하고 즐겨 마신 맥주, 임페리얼 스타우트

임페리얼 스타우트는 오래전부터 명망 높은 양조장 바클레이퍼킨스에서 양조한 스트롱 에일의 일종이다. 오늘날의 기준으로 보면 임페리얼 스타우트는 발리 와인(Barley Wine)에 가깝다. 애초 이 맥주는 발트해 주변의 나라와 도시들에서 북방 무역, 그중에서도 특히 제정 러시아의 궁정용 와인으로 수출하기 위해 양조되었다. 1780년대의 일이다. 일설에 따르면, 당대의 러시아 여제 예카테리나 2세는 이 맥주를 무척 좋아해서 즐겨 마셨다고 한다. 양조장 바클레이퍼킨스는 그때부터 제1차 세계대전이 발발하기 전까지 이 맥주를 수출했는데, 여기에 '임페리얼 스타우트'라는 이름이 붙은 것은 애초부터 러시아 여제를 위해 만들어졌기 때문이다.

표트르 1세(Pyotr I, 차르·대공후 재위 1682~1721, 전 러시아 황제 재위 1721~1725)는 러시아 로마노프 왕조의 4대 왕으로, 러시아 근대화의 선구자로 추앙받는 위인이다. 표트르 1세가 갑자기 사망한 뒤 그의 아내 예카테리나 1세(Ekaterína I, 재위 1725~1727)가 여자로서 황제의 자리에 올랐다. 이는 1725년의 일이다. 이후 18세기 말까지 안나 이바노브나(Anna Ivanovna, 재위 1730~1740), 엘리자베타(Elizaveta Petrovna, 재위 1741~1762), 예카테리나 2세까지 네 명의 여황제가 제위를 이어 갔다.

예카테리나 1세와 안나 이바노브나는 재위 기간도 짧았지만 국내외 정세에 큰 영향을 미칠 만큼 적극적으로 국정에 관여하지 않았다. 러시아에서 여제가 황제로서 제대로 힘을 발휘하고 영향력을 미치기 시작했을 때는 표트르 1세의 딸인 엘리자베타가 1741년 제위를 이은 뒤의 일이다. 그는 프로이센 육군 소장의 딸 소피를 양녀로 맞아들였는데, 훗날 소피는 표트르 3세(Pyotr III, 재위 1762~1762)의 아내가 된다. 그가 바로 무소불위의 권력을 휘두른 여제로 유명한 예카테리나 2세다.

예카테리나 2세는 16세의 어린 나이에 17세의 표트르 3세의 아내가 되었다. 1745년의 일이다. 당시 그는 자신을 여자로 보지 않는 표트르 3세의 남편으로서 미성숙한 모습에 충격을 받는다. 그러다가 몇 년이 지나서야 표트르 3세는 비로소 '남자'가 되었고 그로부터 10년 후 예카테리나는 남자아이, 즉 황자를 출산한다. 이 황자가 파벨 1세(Pavel I, 재위 1796~1801)다. 그런데 일설에 따르면, 파벨 1세의 생물학적 아버지는 표트르 3세가 아니라 예카테리나의 애인이었던 청년 귀족이었다고 한다. 만약 이 소문이 사실이라면 파벨 1세가 제위에 오른 18세기 말부터 1917년 제정 러시아가 혁명으로 무너질 때까지 로마노프 왕조에는 표트르 대제의 피를 물려받은 사람이 한 명도 없었다는 얘기가 된다.

1762년 12월, 여제 엘리자베타가 죽은 뒤 표트르 3세가 제위를 이었으나 얼마 지나지 않아 쿠데타로 퇴위한다. 예카테리나의 애인이자 근위대 장교인 그레고리 포템킨(Grigorij Potëmkin)이 맹활약한 것이 이때다.

예카테리나의 복잡한 사생활과 문란한 성생활은 끊임없이 대중의 입방아에 오르내렸다. 그렇기는 해도 그는 애인들의 삿된 말과 행동에 놀아나지는 않았다. 예카테리나에게 그들은 어디까지나 사적으로는 쾌락의 대상이면서 공적으로 정책의 도구 그 이상도 이하도 아니었다. 여기에 더해 그는 사람 보는 눈을 가지고 있었고 운 좋게도 대부분 우수한 인재들을 자기 휘하에 장군으로 두고 있었다. 그레고리 포템킨 역시 그런 인물 중 하나였다.

예카테리나 2세는 모두 열다섯 명의 애인을 두었다고 알려져 있다. 그중 그가 가장 사랑한 남자는 역시 포템킨이었다고 한다. 예카테리나 2세의 안목과 판단력은 탁월했다. 마치 그것을 증명이라도 하듯, 포템킨은 그 무렵 튀르키예의 지배에서 벗어난 크림 지방에 영향력을 확대하고 개발하는 일에 온 힘을 기울였고 대단한 성과를 거두었다. 예카테리나 2세는 상트페테르부르크에서 크림으로 3,000킬로미터의 긴 여행을 감수하며 대대적인 시찰에 나선다. 이는 1787년의 일로, 굳이 말할 필요도 없이 사랑하는 남자 포템킨의 성과를 자기 눈으로 확인하기 위해서였다.

이 시찰 여행을 위해 동원된 호화로운 수송용 장비와 엄청난 양의 식량 등을 보면 벌어진 입이 다물어지지 않을 정도다.

다음의 인용문은 『여제의 러시아』라는 책의 내용 일부를 발췌한 것이다.

> 대형 말이 끄는 썰매 14대, 중소 규모 썰매 124대가 동원되었다. 여제를 위한 초대형 썰매는 30마리의 말이 끌었는데, 그 내부에 침실, 객실, 작은 도서실, 세면실이 갖춰져 있었다. 심지어 그 안에는 정무용 방까지 별도로 마련돼 있었다. 여제는 식량으로 이용할 3마리의 소, 3마리의 송아지, 10마리의 양, 각 15마리의 닭과 거위, 크림, 프랑스 와인과 '영국제 맥주' 등을 여정 동안 지나게 되는 75개의 정차장마다 빈틈없이 준비하도록 지시했다.

위 내용에서 내 눈길을 사로잡는 것은 "75개의 정차장마다 준비하도록 지시한 영국제 맥주"라는 대목이다. 이것이 바로 예카테리나 2세가 사랑하고 즐겨 마셨다는 스트롱 에일, 즉 '러시아 스타우트' 혹은 '임페리얼 스타우트'다.

참고로, 임페리얼 스타우트는 원맥 즙 농도 25퍼센트, 알코올 함유량 11퍼센트 정도로 암갈색을 띠는 발리 와인이었다.

World History of BEER

⑦

영국 에일에 치명타를 안긴 파스퇴르의 미생물 연구

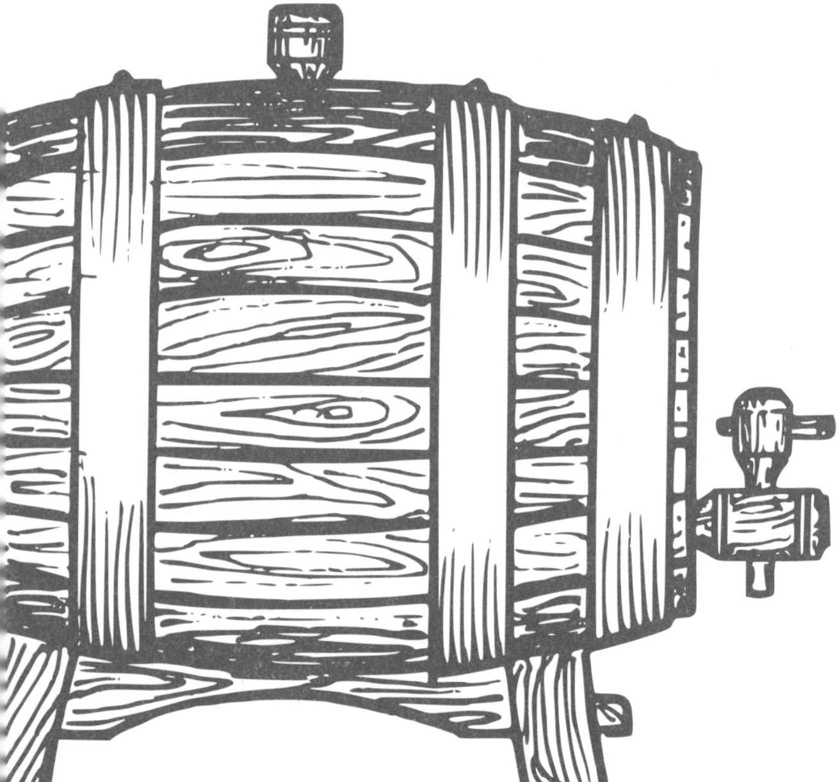

영원할 것 같던 영국 에일의 위상을 추락시킨 파스퇴르의 미생물 연구

앞 장에서 살펴보았듯이, 포터는 이스트 런던 양조장의 경영자 랠프 하우드가 개발한 세 종류 에일을 섞은 데서부터 시작했다. 이는 1722년의 일이다. 이후 포터는 19세기 후반 무렵 새롭게 등장한 버튼 에일에 밀려 힘을 잃고 만다.

버튼온트렌트는 잉글랜드의 공업 도시 버밍엄에서 북동쪽으로 30킬로미터 남짓 떨어진 곳에 있는 작은 도시의 이름이다. 이곳에서 개발된 버튼 에일은 1630년대에 이미 북해를 건너고 발트해를 지나 러시아를 비롯한 북반구의 여러 나라로 수출되었다. 그런 흐름의 연장선에서 버튼에 에일을 양조하는 대기업이 등장하기 시작했다. 이는 18세기의 상황이다. 그중에서도 1777년에 세워진 기업 '바스'와 1746년에 사업을 시작한 '올솝'이 가장 유명하다.

앞 장에서 언급한 대로, 18세기 말 호지슨은 인도에 거주하는 영국인들을 위해 인디아 페일 에일(IPA)을 개발했다. IPA는 알코올 농도가 상대적으로 높고 많은 양의 홉을 첨가해 오래 저장해도 변질되지 않는 수출용 담색 맥주였다. 수출용 맥주는 운송 기간이 길기 때문에 '부패하지 않도록' 양조하고 보관하는 것이 무엇보다 중요했으나 그 일이 말처럼 쉽지는 않았다. '맥주가 부패한다'는 것은 무슨 의미일까? 잡균이 침투하여 '산패한다'는 의미다. 즉, 맥주에서 신맛이 나서 마시기 어렵게 되는 것이다.

당대의 맥주 양조업자들은 미생물의 존재를 알지 못했다. 그 시대에는 냉동기가 없었기에 산패를 방지하기 위해 알코올 농도를 높이고 홉을 최대한 많이 넣는 것이 최선의 방책이었다. 그랬기에 호지슨이 IPA를 개발할 당시 원맥 즙 농도는 17~22퍼센트 정도로 매우 높았다. 이는 1780년대의 상황이다. 1헥토리터(hectorliter), 즉 100리터당 1.25킬로그램의 홉을 첨가한 다음 다시 0.55킬로그램을 드라이 호핑했다.

18세기에 영국에서는 맥주와 관련해 'sub-acid'라는 표현이 자주 사용되었다. 이는 '약간 신맛이 난다'는 의미다. 이런 제품의 속성은 오래 보관할 수 있는 브라운 에일의 장점으로서 대중에게 사랑받았다. 사실 여기에서 나는 신맛은 맥주가 젖산균, 초산균, 브레타노마이세스속 등 야생 효모에 오염되어 나는 맛으로 알려져 있다. 다시 말해 이는 '가벼운 산패' 상태다. 호지슨은 바로 이 '신맛'을 장점으로 내세워 신제품 IPA를 판매했다.

버튼 에일의 바스와 올솝은 인디아 페일 에일을 개발해 아시아 시장을 공략하기 시작했다. 1820년대의 상황이다. 그들은 자신의 신제품을 내세워 인도 시장 문을 본격적으로 두드렸다. 우리는 이미 이 싸움에서 버튼 에일이 호지슨을 상대로 승리를 거두었음을 알고 있다. 그렇다면 그 비결은 무엇이었을까? 당연하게도 버튼 에일의 뛰어난 품질 덕분이었다. 좀 더 구체적으로, 그 비밀은 버튼이 사용하는 황산칼슘이 풍부하게 함유된 용수와 독특한 발효법이 빚어 내는 드라이하면서도 깔끔한 뒷맛에 있었다. 버튼은 여기서 한발 더 나아가 18세기 말에 개발한 신기술을 활용해 그 지역민들이 즐겨 마시는 가벼운 느낌의 에일도 개발했다. 이 에일의 경우 묵직한 느낌의 호지슨 에일과는 달리 두통을 유발하지 않아 사람들 사이에서 큰 인기를 누렸다.

제임스 와트(James Watt)의 증기기관차로 대표되는 당대의 눈부신 기술 혁신은 맥주 산업에도 강력한 영향을 미쳤다. 당대 영국의 맥주 양조 기술은 전 유럽을 압도했다. 이는 당시 기관이 인정한 맥주 양조에 관한 특허권을 살펴보아도 확인되는 내용이다.

1. 아이징글라스 제조법
철갑상어의 부레를 말린 다음 에일의 청징제 아이징글라스를 만든다(오늘날에도 사용됨).

2. 비중계
당과 알코올 농도를 낚시찌를 응용하여 분석하는 기구(오늘날에도 사용됨).

3. 맥아와 발효 공정의 온도 관리
냉수를 파이프에서 순환하게 하며 뜨거운 맥아즙을 식힌다.

그런 다음 발효 찌꺼기의 온도를 관리한다.

이 중에서 특히 3번 '온도 관리' 기술은 매우 중요하다. 이는 효모의 지나친 활동을 억제하여 불쾌한 냄새나 나쁜 맛이 나지 않는 부드러운 맥주를 만들어 내는 역할을 했기 때문이다.

19세기 전반까지만 해도 영국의 양조 기술은 유럽의 많은 양조가에게 부러움과 질시의 대상이었다. 그러나 19세기 후반에 이르러 이러한 상황에 근본적인 변화가 찾아온다. 에일과 라거의 위상을 뒤바꾸는 인물이 등장했기 때문이다. 그는 바로 그 유명한 과학자 루이 파스퇴르(Louis Pasteur)다. 그는 뮌헨에서 개발된 저온저장 하면 발효법은 영국의 상면 발효법에 비해 '산패 방지'의 측면에서 한 차원 뛰어나다는 사실을 과학적으로 증명했다. 자신의 책 『맥주 연구(Etudes sur la Bière)』(1876)를 통해서다. 그는 또 이 책에서 산패의 원인이 '미생물'에 있음도 밝혀냈다.

파스퇴르는 실험과 연구를 통해 에일의 성공률이 높게 잡아도 80퍼센트 정도라는 점도 확인해 주었다. 이는 예를 들어 100개의 양조장 중 20개 양조장의 맥주는 산패하여 폐기해야 한다는 의미다. 사정이 이렇다 보니 맥주 양조업은 매년 약 20퍼센트의 양조장이 폐업 위기에 몰릴 정도로 녹록지 않은 산업이었다. 그러던 중 하면 발효법이 맥주 양조가들에게 꿈과도 같은 일이었던 성공률 100퍼센트를 달성하게 해 준 셈이다.

버튼의 대기업들은 담금 과정을 뮌헨의 하면 발효법 양조 절차에 따라 기온이 낮은 겨울로 제한했다. 1860년대의 상황이다.

그리고 이 기업들은 개발된 지 얼마 안 된 에테르식 냉동기를 신속하게 받아들여 발효 온도를 빈틈없이 관리했다. 이는 1870년대의 상황이다. 이렇듯 버튼의 기업들은 전통적인 양조법에 바이에른주 뮌헨식 하면 발효 기술을 도입하여 품질 향상에 온 힘을 쏟았으나 전통이 체질 개선의 발목을 잡는 상황이 반복되었다. 버튼은 자신들이 유니온 시스템을 이용해 맛이 강한 에일을 양조한다는 자부심이 컸다. 맥주가 담긴 나무통을 일렬로 나란히 정렬해 놓은 다음 얇은 파이프를 통해 발효 찌꺼기를 순환하게 하는, 매우 복잡하면서도 독특한 콘셉트의 설비가 이 시스템의 핵심이었다. 한데, 이 시스템·설비에는 한 가지 무시하지 못할 문제점이 있었다. 그것은 바로 전체적으로 세정·살균 작업이 쉽지 않다는 점이었다. 나무통, 배관의 패인 부분 등에 양조장 고유의 미생물이 서식하게 되는 것도 그래서였다. 아무튼, 이 미생물들이 각 양조장 고유의 독특한 냄새와 맛을 만들어 냈다. 이로써 알 수 있듯, 그 시대의 에일의 향과 맛은 각 양조장의 환경과 상태에 따라 천차만별이었다.

하면 발효법으로 양조한 라거 맥주는 산패해서 폐기하게 될 위험성이 거의 없었다. 게다가 연중 언제라도 양조할 수 있었다. 그랬기에 19세기 전반기까지만 해도 하면 발효법은 맥주 양조가들에게 매력적인 양조법이었다. 여기에 더해 파스퇴르가 발명한 저온살균법은 맥주의 위상을 '산패하지 않고 장기 보존할 수 있는 식품'으로 격상시켰다.

이렇게 되자 고농도 담금으로 양조하여 알코올 농도가 상대적으로 높고, 다량의 홉을 첨가하여 산패를 방지하는 고전적인 에일 양조법은 설 자리를 잃고 말았다. 이로써 에일의 기술적 패배는 더욱 확실해졌다. 이는 19세기 말엽의 상황이다.

이후 영국을 제외한 전 세계 맥주 시장을 목 넘김이 부드러운 필젠 타입의 황금색 라거 맥주가 장악한다. 사실 이러한 트렌드에서 영국조차 완전히 비껴나 있는 것은 아니었다. 다른 나라들과 별 차이 없이 영국도 라거 맥주의 시장 점유율이 50퍼센트에 달했기 때문이다.

전 세계적으로 '지역 맥주 시대'를 활짝 열어 준 캄라 운동

영국은 대기업이 맥주 산업을 좌우하는 현상이 다른 나라에 비해 심한 편이었다. 이는 제2차 세계대전이 발발했을 당시의 상황이다. 좀 더 구체적으로, 영국에서는 6개의 대기업(이 기업들을 '내셔널 브루어리(National Breweries)'라고 부른다)이 전체 맥주 시장의 85퍼센트를 차지할 정도였다. 그다음으로 15개 정도의 지역 중규모 양조장(Regional Breweries)이 시장을 나누어 가지는 식이었다. 6개의 대기업은 바스, 얼라이드, 위트브레드, 커리지, 스코티시앤드뉴캐슬(Scottish and Newcastle), 그리고 기네스다.

대기업의 주요 전략 중 하나는 수많은 펍과 전속 계약을 맺는 일이었다. 이를 '타이드 비즈니스'라고 부른다. 예컨대, 바스가 최전성기를 누리던 시기에 이 기업은 산하에 7,000개의 펍을 거느리고 있을 정도였다. 그러나 바스의 행복한 전성기 시절은 오래 가지 못했다. 이는 영국 공정거래위원회의 개입 때문이었다. 그들은 대기업의 독과점 체제를 무너뜨리기 위해 타이드 비즈니스 시스템에 본격적으로 제동을 걸기 시작했다. 그러면서 맥주 대기업들에 공문을 보내 전속 계약한 펍의 숫자를 대폭 줄일 것을 요청했다. 이에 바스는 최대 7,000개였던 펍의 숫자를 2,500개 정도까지 줄였다. 이런 상황에서 다른 대기업들도 바스의 후속 조치를 따를 수밖에 없었다. 사실 이는 '판매 실적이 좋지 않은 펍과 이 일을 핑계로 계약을 종료할 수 있어 오히려 잘됐다'는 대기업들의 속내가 반영된 결과이기도 했다.

당시 대기업으로 성장한 맥주 제조업체들은 중소 양조장을 매수하거나 합병하는 형태로 시장 지배력을 강화했다. 그 기업들은 투자를 늘려 최신 설비를 갖춤으로써 생산 효율화를 도모했고, 품종 수를 줄여 대량 생산 체제를 갖춰 나갔다. 이런 흐름 속에서 수작업에 의존하여 품이 많이 드는 소량의 특수 맥주를 더는 생산하기 어려운 상황에 내몰렸다. 펍에서 '비터 에일'이라는 이름으로 판매되던 맥주는 '나무통에서 숙성하는 고전적 에일'을 수작업으로 양조했기에 그 무렵 생산이 중지된 에일의 대표적 사례로 꼽을 수 있다. 이런 상황 속에서 맥주 대기업들은 펍에서 수작업에 의존할 수밖에 없는 고전적 에일 생산을 중단하고 최신 설비를 이용한 근대적 제조법에 따라 양조한 에일을 판매하기 시작했다.

그 와중에 전통적 제조법으로 양조하는 고전적 에일이 펍에서 차츰 자취를 감추는 상황을 우려하는 이들이 있었다. 런던의 신문 《플리트 스트리트(Fleet Street)》의 기자들을 중심으로 뭉치기 시작한 '에일을 사랑하는 사람들'이 바로 그들이었다. 그들은 '캄라(CAMRA)'라는 이름의 단체를 조직했는데, '고전적 에일을 지키자'라는 슬로건을 내세우고 활동했다.

이 단체의 타깃은 맥주 대기업들이었으며, 점점 더 많은 시민의 공감과 지지를 얻어 급기야 운동으로 확산하고 발전하게 된다. 『맥주라는 신세계 안내서』라는 책의 저자 마이클 잭슨은 캄라를 '20세기를 통틀어 전 유럽에서 사장 성공적인 소비자 운동'으로 규정하며 찬사를 보냈다.

캄라, 즉 CAMRA는 무슨 뜻일까? 이는 'Campaign for the Maintenance of Real Ale'의 약자로, 직역해 보면 '진짜 에일을 지키는 단체' 정도로 옮길 수 있다. 다시 말해, 이는 '나무통에서 자연스럽게 숙성시킨 전통적인 리얼 에일을 펍에서 마시자'를 모토로 내건 운동이다. 애초의 명칭은 '나무통에서 숙성시킨 맥주를 마시는 단체(Society for the preservation of Beers from the wood)'였는데, 얼마 후 '고전적 에일을 되살리는 모임(Campaign for the Revitalization of Ale)'으로 개명한 뒤 지금의 명칭으로 바뀌었다. 이는 1973년의 일이다.

『맥주를 사랑하는 벗(The Beer Drinker's Companion)』이라는 책의 저자 프랭크 베일리(Frank Baillie)는 이 책에서 캄라의 논리를 다음과 같이 밝혔다.

기업이 대량 생산하는 에일을 진짜 에일로 인정하기는 어렵다. 그들의 생산 공장의 천편일률적인 제조법은 발효가 끝나면 저장 탱크 안에서 가라앉힌 다음 침전물과 함께 효모를 모두 제거해 버린다. 그 후 그들은 여기에 탄산가스를 주입하여 가스압을 조정하고 상태를 보존하기 위해 안정화제를 첨가한다. 이 과정에 그들은 양조 중인 액체와 물질에 열을 가하여 케그라는 이름의 금속제 통해 넣어 '생맥주'라는 이름을 붙여 펍으로 보내 판매하기도 한다.

다시 강조하건대, 이는 진짜 에일이 아니다. 진짜 에일이란 전통적인 제조법에 충실하게 양조한 에일을 뜻하기 때문이다.

여기서 명심해야 할 점이 있다. 맥주 제조 과정에 여과기 살균을 통해 효모를 없애거나 줄여서는 안 된다는 점이 그것이다. 자연 맥주로 인정받으려면 반드시 효모가 살아 있어야 한다. 다음으로 명심할 점은 가스압을 조정할 목적으로 탄산가스를 사용해서는 안 된다는 점이다. 탄산가스는 양조 과정에 자연스럽게 발생한 것만 허용된다. 이 또한 자연 맥주가 갖춰야 할 필수 조건이다. 마지막으로 명심해야 할 점은 금속제 케그 대신 나무통에서 반드시 숙성시켜야 한다는 점이다. 왜냐하면 나무통 틈새마다 온갖 미생물이 살아 있는데, 이 미생물들이 나무통 맥주만이 지닌 독특한 맛과 향, 그리고 풍미를 살려 내기 때문이다.

사회 운동이 성공하려면 반드시 많은 사람의 공감을 끌어내야 한다. 그런 까닭에 이 운동의 리더 격인 사람들은 대중의 관심을 불러일으키기 위해 다소 과격한 논리를 펼치곤 했다. 캄라의 일부 급진적인 성향의 멤버가 바로 그들이었다.

맥주 양조기술자로 명성이 자자한 인물이자 '홈 브루어(home brewer, 가정에서 맥주를 직접 양조해 마시는 사람. 오늘날에도 유럽에서는 적정한 선에서 면세로 맥주 양조가 가능하다)에 관한 책 『맥주와 홈 브루잉에 관한 모든 것(All About Beer and Home Brewing)』(1983)을 집필, 출간한 밥 프리처드(Bob Pritchard)는 캄라의 급진 멤버들의 과격한 언동에 우려를 표했다.

> 나 역시 자연 숙성 에일 보급에 일생을 바치다시피 한 사람이다. 그러나 '캄라'는 자신들이 인정하는 생맥주만 진짜 에일이고 그 밖의 근대적인 제조법으로 양조한 맥주는 모두 가짜 에일이라는 식의 그릇된 신화를 만들고 유포하고 있다. 그들의 이러한 행동에 대해서는 절대 동의하지 않을 뿐 아니라 선을 넘어도 한참 넘는 행동이라고 나는 생각한다. 또 그들은 양조 과정에 안정제를 사용해 안정적인 상태로 만들고 탄산가스를 주입하는 대기업의 맥주를 '화학 맥주(chemical beer)'로 부르며 깎아내리기도 하는데, 이는 명백히 잘못된 주장이다. 왜냐하면 대기업의 양조기술자들은 이론과 실무를 겸비한 이 분야 최고의 전문가로서 발달한 근대 공업 기술을 활용해 자연스러운 데다 안전하기까지 한 품질 좋은 맥주를 생산하기 때문이다.

영국의 맥주 대기업들은 처음에 캄라 운동을 대수롭지 않게 여겼다. 그러나 시간이 지나도 그 기세가 꺾일 기미가 보이지 않고 오히려 더욱 거세어지는 양상을 보였다. 결국 대기업들은 두 손 들고 패배를 인정했으며, 고전적인 방법으로 맥주를 만들고 나무통에서 숙성시킨 비터 에일을 들고 펍에 다시 등장했다. 캄라의 완벽한 승리인 셈이었다.

언젠가 맥주 대기업 커리지의 양조기술자로 일하는 나의 지인은 이렇게 말했다.

> 캄라는 좀 더 제대로 양조 기술을 공부하길 바란다. 그런다면 그들은 왜 우리가 근대적 기술을 활용하여 맥주 제조 방법을 개선할 수밖에 없었는지 이해하게 될 것이다. 분명히 말하지만 우리는 캄라에 굴복한 것이 아니라 소비자의 요구에 귀 기울여 나무통 숙성 에일을 다시 양조하기로 한 것일 뿐이다.

나 역시 맥주 양조기술자의 한 사람으로서 위의 내용에 공감한다. 왜냐하면 세척하기 까다로운 나무통 대신 살균 처리한 스테인리스 통을 사용하는 이유는 소비자의 위생을 위해 꼭 필요한 과정이기 때문이다. 효모가 남아 있는 맥주가 살아 있는 진짜 맥주라는 주장도 하나는 알고 둘은 모르는 얕은 지식에서 나온 잘못된 생각이다. 이는 제 역할을 마친 효모를 남겨 두지 않고 없애는 일은 살아남은 효모가 자가분해하여 맥주 맛을 지키고 상태가 변질되지 않게 하기 위해 꼭 필요한 공정인 까닭이다. 그러나 나의 지인이 한 말 중 뒷부분은 수긍하기 어렵다. 맥주 대기업들이 소비자 단체의 강한 반발에 백기를 들고 그 요구를 받아들인 것은 명백한 사실이니 말이다.

아무튼, 캄라의 승리의 불길은 이내 북아메리카로 번져 나가 19세기의 많은 술집, 특히 소규모 양조 설비를 갖춘 '브루펍(brewpub)'을 부활하게 하는 촉매제가 되었다. 이로써 마침내 전 세계적으로 '지역 맥주의 시대'가 열렸다.

World History
of
BEER

⑧

중세 수도원은 왜 맥주 양조에 열을 올렸나

오르발 수도원 양조장이 시설을 완전 가동하지 않는 뜻밖의 이유는?

나는 벨기에 루뱅대학교 양조학부의 데리디린크스 교수가 소개해 준 헤드윅이라는 이름의 청년과 루뱅역에서 만나기로 돼 있었다. 그 청년의 안내를 받아 오르발 수도원(Abbaye d'Orval)을 방문하기 위해서였다. 1994년 11월 28일이었고, 때는 늦가을이었다.

철도 역무원이 파업으로 기차가 운행하지 않는다는 소식을 전해 주었다. 브뤼셀의 그랑플라스 인근에 있는 호텔을 나와 중앙역에 도착했을 때였다. 그 순간 나는 몹시 당황스러웠다. 어쩔 수 없이 한참을 고생한 끝에 간신히 택시를 잡아타고 루뱅역으로 향했다. 나를 태우고 택시가 출발한 곳에서는 여러 사람이 여전히 택시를 잡기 위해 실랑이를 벌이고 있었다. 오는 길에 우여곡절을 겪느라 약속 시간에 한참 늦었으나 헤드윅 조교는 루뱅역에서 나를 끈기 있게 기다려 주었다.

헤드윅 조교는 키가 훤칠했다. 그는 나를 자기 차에 태우고 남쪽을 향해 빠른 속도로 두 시간 남짓 달렸다. 가는 길에 숲이 보였고, 그 건너편으로 운치 있고 매력적인 누런 빛을 띤 흰색 건물들이 눈에 들어왔다. 드디어 오르발 수도원에 도착한 것이었다. 그러자 얼마 지나지 않아 한 젊은 여성이 얼굴 가득 웃음을 띤 채 우리 앞에 나타났다. 그의 이름은 앙 후라네이즈라고 했다. 그래 봬도 그는 그 수도원 양조장의 당당한 양조기술자였다. 양조학의 권위자인 데리디린크스 교수의 문하에서 맥주 양조학을 전수한 사람이니까.

오르발 수도원은 베네딕트회 수도사가 설립했다. 1070년의 일이다. 이 수도원은 벨기에와 프랑스의 국경이 있는 뤽상부르주에 있다. 오늘날의 건물은 로마네스크 건축 양식을 적용하여 증축한 것이다. 1926년부터 1948년의 일이다. 이 수도원의 맥주 양조는 1931년부터 시작됐다.

오르발 수도원 양조장의 담금 설비는 1회 담금 양이 1만 리터(10킬로리터) 수준으로 비교적 소규모다. 매주 여덟 번 담근다. 연간 3,700킬로리터를 생산하며 오직 한 종류의 맥주만 양조한다. 담금용 설비를 전부 가동하면 주당 25회 정도 만들 수 있으므로 연간 1만 킬로리터 생산도 가능하다.

주 발효에 필요한 시간은 3~4일이다. 섭씨 15도에서 21도 사이에 발효가 진행된다. 발효를 마친 미숙성 맥주(young beer)에 생(生) 홉을 섞어 넣는다. 이 방법을 '드라이 호핑'이라고 부른다. 이는 상면 발효에만 사용되는 색다른 방법이다. 오르발 맥주는 홉의 향이 맥주의 상쾌한 맛을 더해 준다. 이는 생 홉을 오그랑망태에 담아 저장 탱크에 넣는 공정 덕분에 생겨나는 이익이자 효과인 셈이다.

양조된 맥주를 5도의 온도에서 2주 정도 저장하면서 안정화시킨다. 냉온 저장이 끝나면 맥주에 당을 섞어 숙성시킨다. 그런 다음 다섯 종류의 효모를 넣고 병에 담아 밀봉한 뒤 온도가 15도로 유지되는 창고에서 6주 동안 숙성시킨다. 이때 전통적 에일이라면 절대 빼놓을 수 없는 '프라이밍(priming)' 공정을 거친다. 프라이밍이란 발효가 이루어진 미숙성 맥주에 제2차 발효 및 숙성을 위해 당을 첨가하는 작업을 말한다. 여기에 기억해야 할 점 하나 더, 전통 제조법에서 가장 눈에 띄는 점은 다섯 가지 종류의 효모를 사용한다는 것이다.

같은 맥주라도 여러 가지 특성에 따라 미묘한 차이가 난다. 여기서 '여러 가지 특성'이란 일테면 맛을 좌우하는 발효 생산물의 양이나 발효 중 효모가 뜨느냐 가라앉느냐 등을 꼽을 수 있다. 지금으로부터 30~40년 전만 해도 독일 라거 맥주 양조장 대다수가 미숙성 맥주에서 여러 종류의 효모를 따로 발효시킨 뒤 저장 탱크에서 혼합하는 방식을 사용했다. 이는 여러 가지 개성 넘치는 효모가 만들어 내는 각각의 독특한 맛과 향기를 버무리고, 그 과정에 생겨나는 다양한 결과로 색다른 맛을 내기 위한 노력의 일환인 셈이었다. 이때 놓치지 말아야 할 것은 효모를 별도로 배양해야 하고, 골고루 잘 섞어야 하며, 남은 효모를 깔끔하게 회수해 따로 보관해야 한다는 점이다. 사실 이는 지나치게 번거로운 작업이 아닐 수 없다. 그런 터라 이후 양조 기술자들의 노력으로 차츰 간소화되었고 지금은 한 종류의 효모만 사용하는 '단일 효모

방식'으로 정착되었다.

오늘날 효모는 대략 다음과 같은 과정을 거친다. 주요 맥주 제조 기업들은 세계 여러 나라에서 다양한 효모를 수집한다. 그것을 소형 설비에서 몇 차례 걸러 내고, 그중 다시 몇 가지를 선별한다. 이렇게 선별한 효모를 대형 시험 양조장 설비에서 연거푸 테스트한다. 그리고 그중 가장 좋은 효모를 선별해 제품으로 만든다. 최근 전 세계 유수의 기업 연구소에서는 미래를 준비하는 차원에서 효모 유전자를 조작하여 효모를 새롭게 생산하는 실험이 활발히 진행되고 있다.

병 숙성 맥주는 글자 그대로 병에서 숙성시킨 맥주다. 이 맥주는 효모가 병 바닥에 가라앉는다. 병 숙성 맥주를 따를 때는 효모가 같이 딸려 나오지 않도록 주의해야 한다.

오르발 수도원 양조장 시험실에서 잠시 맥주를 시음하는 시간을 가졌다. 앙 후라네이즈는 커다란 샴페인 글라스를 가져오더니 효모가 딸려 나오지 않도록 조심하며 따랐다. 우리가 각자 시음한 결과는 다음과 같다.

> 암갈색을 띠며 생 홉의 향이 난다. 생 홉을 첨가한 덕분인지 거품이 매력적이다. 에스터 냄새가 나고 효모 맛을 낸다. 산미와 진액의 달콤함이 하나가 되어 복잡 미묘한 맛을 낸다.

앙 후라네이즈에게 내가 물었다.

"충분히 감당할 수 있는데, 완전가동을 안 하시는 이유가 있나요?"

"맥주로 이윤을 남기는 일에 별로 관심이 없기 때문이에요. 그저 오르발 맥주를 대를 이어 가며 전통적인 방법으로 생산하고, 그 맛을 지키기 위해 최선을 다하는 것이 저희 의무라고 생각합니다. 물론 저희가 전통을 중시하기는 하지만 필요할 경우 양조법을 개선하기도 합니다."

완벽한 대답을 듣고 속물적인 질문을 한 것 같아 약간 머쓱해졌다. 그의 말을 액면 그대로 받아들인다면 참으로 멋진 사람들이 아닐 수 없다.

현대 사회의 자동화된 최첨단 공장에서 라거 맥주를 대량생산 하는 기술자라면 그의 마인드를 이해하기 힘들 것이다. 또한 그토록 단단한 마음과 확신이 없었다면 벨기에산 오르발 맥주와 같은 훌륭한 지역 전통 맥주는 이미 오래전에 명맥이 끊어졌을 것이다.

그의 귀엽기만 했던 얼굴에서 갑자기 연륜과 경건함이 느껴졌다. 그 느낌을 간직한 해 우리는 작별 인사를 하고 오르발 수도원 양조장을 떠났다.

오늘날 벨기에에는 오르발 수도원을 제외하고 전통적인 방식으로 수도원 맥주(Trappiste Beer)를 생산하는 수도원이 네 곳 더 있다. 시메이(Chimay), 성 식스투스(St. Sixtus), 로슈포르(Rochefort), 베스트말러(Westmalle)가 그 수도원들이다. 이 네 수도원은 세 종류의 맥주를 생산한다. 오르발 수도원은 딱 한 종류만 생산하는데, 이것이 예외적인 경우다.

중세 시대의 수도원들은 왜 맥주를 양조하게 되었을까

독일의 수도원 양조장은 한때 크게 번성했으나 지금은 대부분 사라지고 없다. 그런 상황 속에서도 뮌헨 근교의 클로스터 안덱스(Kloster Andechs) 수도원은 벨기에의 수도원과 마찬가지로 전통 수도원 맥주 생산 방법을 보존하고 있는 거의 유일한 독일의 수도원이다.

1884년, 일본의 육군 군의부는 육군 군의관으로 근무 중이던 모리 오가이를 독일에 파견했다. 이는 오가이가 당시 의학 선진국이던 독일의 공중위생학을 제대로 배우고 전수하게 하기 위함이었다. 모리 오가이는 라이프치히, 드레스덴, 뮌헨, 베를린 등의 도시에서 공부했다. 그가 독일 유학 시절 집필한 『독일 일기(独逸日記)』의 뮌헨 관련 부분에 의학도 친구들과 함께 방문한 안덱스 수도원 견학기가 나온다.

> 아홉 명의 의학도 친구들과 안덱스에서 즐겁게 지냈다. (중략) 우리는 안덱스 언덕에 도착했다. 언덕과 접해 있는 호수의 이름은 암머제(Ammersee)였다. 사원은 언덕 위에 있다. 우리는 수도사에게 부탁하여 수도원의 보물인 기물을 구경했다. 수도사 야코프가 우리를 맞이하기 위해 나왔다. 수도원 양조장에서 생산된 맥주를 음미하고 있을 때였다. 그는 이곳의 양조 책임자인 브라우마이스터다. 그는 통통하게 살이 쪘고 붙임성 있는

성격이었다. 다른 양조 일을 맡은 수도사들도 모두 검은색 옷을 입고 있었다. 우리는 모두 유쾌하게 웃고, 코가 비뚤어지게 술을 마시고, 얼큰하게 취했다.

— 1886년 4월 18일

모리 오가이는 의학도 친구들과 안덱스 수도원에서 즐겁게 지낸 추억을 글로 남겼다.

나 역시 안덱스 수도원을 두 번 방문한 경험이 있다. 맨 처음 방문했을 때만 해도 그곳은 옛날 방식 그대로 여전히 수작업을 고수하고 있었다. 그러나 두 번째 방문했을 때는 근대화의 쓰나미가 이곳까지 휩쓸고 지나간 듯했다. 낡고 오래된 양조장 시설은 박물관으로 개조돼 있었다. 사용할 수 있는 양조장에는 최신 설비가 갖춰져 있으나 수도원 맥주를 생산하지는 않고 있었다. 안타까운 마음이 들었으나 그것이 시대의 흐름이라면 받아들일 수밖에 없지 않을까.

그나마 다행스러운 것은 브라우마이스터가 안덱스 수도원 맥주의 명맥을 이어 가고 있다는 점이다. 그 덕분에 나는 운 좋게도 언덕 위의 비어홀에서 대대로 전해 내려오는 블랙 보크 비어를 맛볼 수 있었다.

아무튼, 사정이 이렇다 보니 지금은 얼마 남지 않은 수도원 양조장에서 맥주를 생산한다. 그러나 중세 시대에는 유럽의 대다수 수도원에서 맥주를 양조했다. 여기서 짚고 넘어가야 할 것이 하나 있다. 그것은 바로 '중세 수도원들이 왜 맥주를 양조하게 되었는가' 하는 근원적인 문제다.

이 문제를 파고들자면 고대 로마 시대로 돌아가야 한다. 고대 로마는 라인강을 건너 습격해 오곤 하는 북방 이민족 때문에 골머리를 앓았다. 로마인은 이들 이민족의 정체를 파악해야 제대로 대응할 수 있겠다는 생각에 광범위한 조사에 착수했다. 그 성과가 제5장에서 언급한 로마 역사가 타키투스의 역작 『게르마니아』로, 기원후 1세기 무렵의 일이다. 고대 로마인의 골칫거리이던 이민족은 게르만족이고 그들은 보리로 만든 술을 마시며 거기에 홉의 일종인 풀을 섞는다는 사실이 밝혀졌다. 물론 그들은 꿀로 빚은 밀주도 마셨다.

게르만족의 기세는 날로 강대해져 감히 저항할 수 없는 지경에 이르렀다. 이는 5세기에 펼쳐진 상황이다. 이후 9세기까지 유럽 전역이 게르만족의 영향권 아래 놓이면서 영국 또한 로마인이 물러간 자리에 게르만족의 한 분파인 앵글로색슨족이 들어와 새로운 시대를 이어 나갔다.

"로마인이 잉글랜드에 남긴 유산은 두 가지인데, 하나는 '와인'이고 다른 하나는 '도로'다"라는 말이 있듯이 와인은 로마인이 마시던 술이다. 그렇다 보니 정복자 카이사르 이후 로마인이 잉글랜드에 들어오며 선주민 켈트족이 마시던 에일은 저급한 술 취급을 당했다. 역사는 승자의 기록이다. 그 탓인지 로마가 잉글랜드를 다스리던 300여 년 동안 에일에 관한 기록은 없었다. 어딘가에 일부라도 남겨져 있을지 모르나 적어도 내가 조사한 바로는 그렇다.

당시 영국, 즉 브리튼에서 와인은 유럽 남쪽에서 배를 타고 바다를 건너온 값비싼 술이었다. 그런 터라 서민에게 와인은 감히 넘볼 수 없는 고급주였다. 밀주조차 마실 수 없던 그들은 그럼 무엇을 마셨을까? 곡물로 만든 값싼 에일을 주로 마셨다.

에일이 역사 기록에 다시 등장하게 된 것은 앵글로색슨족이 브리튼섬을 지배하는 시대가 열린 후의 일이다. 로마 교황 그레고리우스 1세는 아우구스티누스와 베네딕트회 수도사들을 이곳에 파견했다. 597년의 일로, 북방 이민족에게 기독교를 전파하기 위해서였다. 이때 그 수도사들이 장거리 여행 중 음료로 마시던 에일을 수도원에서 본격적으로 양조하게 된 것이 수도원에서 맥주를 만드는 직접적인 계기이자 출발점이었다.

저급한 술 취급당하던 맥주를 게르만인의 자랑스러운 술로 인정받게 한 카롤루스 대제

프랑크 왕국이 낳은 불세출의 영웅, '샤를마뉴(Charlemagne)'라고도 불리는 카롤루스 대제(Carolus magnus, 재위 768~814)는 사분오열로 갈라져 있던 게르만 민족을 통일하고 넓은 영토를 다스리는 대제국을 건설했다. 그 결과 그는 로마의 성베드로 성당에서 교황 레오 3세(Leo III, 재위 795~816)가 주관하는 대관식을 거쳐 서로마제국의 황제 자리에 오른다. 800년의 일이다. 이로써 그는 로마 교황의 세속적 보호자가 된다.

중국어에 '하이량(海量)'이란 단어가 있다. '엄청난 주량을 뽐내는 술고래'라는 의미다. 카롤루스 대제는 그야말로 '하이량'이라 할 만한 위인이었다. 그는 와인보다 맥주를 특히 사랑했는데, '맥주는 질보다 양'이라며 언제나 큰 잔으로 연거푸 마시곤 했다.

위의 내용과는 모순되어 보이지만 역사에는 이런 기록도 있다. '카롤루스 대제가 맥주를 좋아한 것은 맞지만 신하들과 백성 중 누구라도 과음하는 자는 용서하지 않았다'고 한다. 게다가 금주 정책을 시행한 적이 있을 정도라고 하니 그가 술을 얼마나 사랑하면서도 경계했는지 알 만하다.

그런데 이는 역사적 사실과 부합하지 않을 가능성이 높다. 왜 그럴까? 카롤루스 대제는 대표적인 정복 군주였다. 그런 터라 자신의 인생 대부분을 말 위에서 지냈다고 해도 지나치지 않을 정도로 다른 나라와 전쟁을 치르며 보내는 시간이 많았다. 고대 로마 시대, 아니 그보다 훨씬 전부터 전쟁에서 승리한 병사들은 무자비한 폭력과 약탈, 살인, 강간을 일삼았으나 대부분 용인되었다. 그도 그럴 것이 그런 행위를 엄격히 금지하고 단속해야 할 장군 등 지휘관이 물 만난 고기처럼 앞장서서 전리품을 챙기고 욕망을 채우는 일에 혈안이 되었기 때문이다. 그런 터라 정신이 올바로 박힌 총사령관이나 군주라면 그런 상황을 그냥 두고 볼 수가 없었다. 그랬기에 더욱더 엄격한 군율과 가혹한 형벌로 다스려야 했다.

카롤루스 대제는 정신이 바로 박힌 매우 유능한 총사령관이자 군주였으므로 항상 엄격한 군주로 군대를 통솔하고 장졸을 지휘했다. 그 맥락에서 그가 자칫 군기를 문란하게 할 수 있는 음주 행위를 엄격히 금지하고 단속했을 수는 있다. 그렇다 하더라도 전투에서 승리한 뒤 장졸들이 맘껏 술을 마시며 자축하고 즐거워하는 일조차 허락되지 않는다면 사기가 크게 떨어졌을 것이다. 카롤루스 대제는 전군을 통솔하는 유능한 총사령관으로서 그런 심리를 누구보다 잘 알았다. 그랬기에 그런 상황 속에서 그는 먼저 나서서 승리를 기념하는 술인 맥주를 잔뜩 마시고 취하곤 했다. 평소에는 카리스마 있는 리더의 면모를 보이다가도 어쩌다 한번 보여 주는 소탈한 모습에 장졸들은 그에게 친근감을 느꼈을 뿐 아니라 존경심을 가지고 우러러보았을 것이다. 이렇듯 카롤루스 대제는 자신의 군대 내에서 전쟁이나 전투의 승리를 기념하기 위해 연회의 음주에 대해 상당히 관대하고 마음 씀씀이가 후한 편이었다. 반면 훌륭한 군주의 자질도 갖춘 그는 궁정에서의 음주에 대해서는 매우 엄격했다.

이러한 카롤루스 대제 덕분에 그때까지 저급한 술 취급을 당하던 맥주는 게르만인의 자랑스러운 술로 인정받게 된다. 그는 프랑크 제국의 수도 아헨(Aachen, 벨기에와의 국경, 독일 쾰른시의 서부에 위치한 유서 깊은 도시)을 교육과 문화의 중심지로 만들기 위한 일에 전력을 다한다. 그 연장선에서 그는 교육 시설을 갖춘 교회를 지었고 제국 내 각 지역에 수도원을 세웠다. 그는 무슨 목적으로 그렇게 했을까? 두 가지 목적에서였다. 그중 하나는 '기독교 포교'의 일환이었고, 다른 하나는 '기독교 기반의 정치 조직'

을 만들기 위함이었다.

카롤루스 대제는 자신이 신뢰하는 신하를 수도원 원장으로 파견했다. 이때 그는 그 수도원장에게 '영주'라는 세속적 지위도 함께 부여했다. 이는 수도원이 지역의 정치적 거점으로 자리매김하게 해야 했기에 꼭 필요한 조치였다. 카롤루스 대제는 정기적으로 수도원을 순행했다. 황제의 순행이다 보니 수많은 수행원을 대동하고 다니는 것이 자연스러운 일이었다. 한데 수도원들이 대제를 영접하는 일이 녹록할 리가 없었다. 어쨌든 황제 일행을 시중드는 일도 수도원장에게 주어진 중요한 임무였다. 그는 황제 일행을 위한 숙박 시설, 먹을거리 등을 꼼꼼히 준비하게 하고 점검했다. 그런 다음 맥주를 만들도록 지시했다. 수도원장은 음식 준비 이상으로 맥주 양조에 신경을 썼다. 그런 터라 카롤루스 대제가 방문할 때면 수도원 양조장에서는 한바탕 소동이 벌어지곤 했다.

카롤루스 대제는 제국 내 모든 수도원에 학교를 부속기관으로 설립하라는 칙령을 내렸다. 789년의 일이다. 이런 과정을 거쳐 수도사는 교사가 되고, 수도원은 일종의 '상아탑'이 되어 지적 활동의 본산으로 자리매김했다. 이렇듯 당대의 수도원은 '싱크탱크'의 역할을 담당했다.

스위스의 장크트갈렌 수도원의 설계 도면은 서유럽의 위대한 문화유산으로 인정받는다. 이 수도원은 720~730년 무렵에 세워졌다. 한마디로 말해, 장크트갈렌 수도원은 공동체에 필요한 시설과 설비 등 모든 것을 완벽하게 갖춘 이상적인 수도원으로, 당대 수도원의 위상을 자랑한다.

힐데가르트 수녀원장이 맥주에 홉을 첨가한 최초의 양조기술자였다고?

수도사들은 왜 수도원에서 맥주를 양조했을까? 일차적으로, 자신들이 마시기 위해서였다. 하지만 그게 다가 아니었다. 여러 이유 중 '접대 목적'이 컸다. 이 시대에 셀 수 없이 많은 순례자와 방랑자가 수도원의 문을 두드렸다. 좀 더 구체적으로, 이는 12세기에 들어서서의 상황이다. 그들은 식사와 맥주를 제공해 달라고 요청했고, 수도원은 기꺼이 그 요청에 응했다. 방문객의 수는 상당히 많았는데, 하루 200명 넘는 사람이 찾아오는 경우도 드물지 않았다. 기록에 따르면, 바이에른에 있는 한 수도원에서는 연간 1만 명이 넘는 순례자와 방랑자들을 맞이해 대접했다고 한다.

수도사는 철저히 자급자족 생활을 해야 했다. 계율을 엄격히 지키고, 하루에도 여러 번 기도를 올리고, 땀을 흘려 일하면서 말이다. 그들은 이 과정에 남는 음식이나 물품을 다른 물건으로 교환하거나 나누어 주었다. 이것이 우리가 생각하는 제대로 된 수도원의 겉모습이다.

그러나 현실에서 자급자족을 실천하기는 쉽지 않았다. 오히려 이상과 달리 세속적인 현실이 그들의 삶을 뒷받침해 주었다. 레이 태너힐이 쓴 책 『음식의 역사』에는 다음과 같은 내용이 있다.

> 프랑스 북부의 피카르디(picardie) 지방 생리키에(Saint Riquier) 마을에서는 날마다 에일 60갤런, 매주 빵 100개, 지방이나 수지 30갤런, 와인 32갤런, 기름 1갤런을 지역수도원에 헌납해야 했다. 9세기 무렵의 상황이다.

독일 역사가 오토 보르스트(Orro Borst)는 자신의 책에서 중세의 수도원에 대해 다음과 같이 썼다. 『중세 유럽의 일상생활(Alltagsleben im Mittelalter)』(1983)에서다.

> 중세 수도원은 기독교식 겸손함을 배우고, 가난에 허덕이거나 절망에 빠진 이들을 구제하고, 예수의 가르침을 깨닫고 실천하기만 하는 곳이 아니다. 이곳은 종교 시설이면서 동시에 중세적 영토 확장 정책의 강력한 구심점이었다. 누구라도 거부하기 어려운 세속적 지위를 스스로 원해서 얻게 된 것은 아닐 것이다. 그렇기는 해도 사람들이 수도원에 헌납한 각종 물품이 기하급수적으로 늘어나면서 그것을 관리하는 것이 수도원장과 수도사들에게는 중요한 일이 되었다. (중략) 때에 따라서는 수도원장이 웬만한 백작이나 남작 등 귀족들보다 더 많은 마을과 농노를 재산으로 소유하는 일도 드물지 않았다.

좋든 싫든 원하든 원하지 않든 이 시대의 수도원장은 막강한

좋든 싫든 원하든 원하지 않든 이 시대의 수도원장은 막강한 세속적 권력을 가질 수밖에 없었다. 그들은 지역이나 마을 전체를 실질적으로 지배하기도 했다. 더러는 수도사 중 태만하고 불성실하여 훈계를 무시하고 인사불성이 되도록 맥주를 마시는 이도 있었다.

19세기 말~20세기 초에 활동한 독일 장르화가 에두아르트 폰 그뤼츠너의 〈식탁에 둘러 앉은 수도사들〉

세속적 권력을 가질 수밖에 없었다. 그들은 지역이나 마을 전체를 실질적으로 지배하기도 했다. 더러는 수도사 중 태만하고 불성실하여 훈계를 무시하고 인사불성이 되도록 맥주를 마시는 이도 있었다. 이런 자들에게는 엄격한 계율이 필요했다. 다음은 영국 수도원의 계율에 관한 내용이다.

> 교회에서 성가를 부를 때 혀가 꼬여 알아듣기 어려울 정도로 과음한 자는 12일간 빵과 물만 먹고 마시며 지내면서 속죄해야 한다. 맥주를 토할 정도로 마신 자는 30일간 참회해야 한다. 성스러운 빵을 토해 낼 정도로 맥주를 많이 마신 자는 90일간 속죄해야 한다.

이렇듯 수도원이 세속적이고 태만하며 타락한 모습만 보여 준 것은 아니었다. 땀 흘려 노동하는 행위야말로 신의 가르침을 제대로 실천하는 일이라 믿고, 엄격한 계율을 지키며, 하루하루 최선을 다해 사는 수도자도 많았다. 북유럽의 수도원은 겨울에 생활하기가 더 힘들었다. 때로는 한여름에도 한기가 느껴질 정도인데 제대로 된 난방기구 같은 것이 없었으니 그들이 겪어 냈어야 할 추위는 상상하기 어려울 정도였을 것이다. 당시 수도사들의 하루 평균 수면 시간은 4시간 정도였다. 그들은 아침 일찍 일어나 신께 기도를 드린 다음 고위 성직자의 「시편」 낭독을 듣고 문헌 공부를 시작했다. 당시의 수도원들은 자급자족을 원칙으로 삼았으므로 그날의 노동에 묵묵히 임했다.

수도사 집단은 당대 최고의 두뇌 집단이었다. 앞에서도 말한 대로, 그들은 싱크 탱크이자 맥주 양조 기술자였으며 새로운 기술자를 양성하는 일도 담당했다. 수도사들은 맥주 양조 기술자가 될 수밖에 없는 환경에 놓여 있었다. 그중에서도 수도사들의 리더 격인 수도원장은 특히 그랬다. 당대의 수도원장들은 학식과 경험, 교양이 풍부한 사람으로 고문서 해독이 가능했다. 그들은 고문서를 뒤적여 맥주 양조 기술과 비법을 찾아냈다. 그리고 그것을 제자인 수도사들에게 강의를 통해 가르치고 함께 실험하면서 맥주 양조 기술 발전을 이루고 체계화했다.

이런 유형의 대표적인 인물로 독일 빙겐 근처 수녀원의 힐데가르트 원장을 꼽을 수 있다. 좀 더 구체적으로, 그는 맥주에 홉을 첨가한 최초 양조 기술자였다. 그는 『자연 속의 본질에 대하여』라는 책을 통해 홉이 맥주 양조 과정에 무슨 역할을 하는지 밝혔다. 그리고 그는 많은 여자 양조 기술자를 양성했다. 이런 일들의 연장선에서 수도원 맥주의 품질이 매우 뛰어나다는 평판을 얻었으며 멀리 퍼져 나갔다. 실제로 과학적 근거를 바탕으로 양조한 수도원 맥주의 맛과 품질은 시중의 일반 맥주와 비교조차 되지 않을 정도로 탁월했다. 그 결과 수도원 맥주는 비싼 값에 팔려나갔고, 수도원의 중요한 재원이 되었다.

중세 시대 독일의 경우 바이에른주에만 300여 곳의 수도원 양조장이 가동되었다. 독일의 경계를 넘어 유럽 전역으로 범위를 넓혀 보면 실로 방대한 숫자가 나온다. 다음 장에서는 그 많은 수도원 중에서 가장 유명한 수도원 두 곳을 집중적으로 소개할까 한다.

World History
of
BEER

⑨

수도원 양조장에 부여된 맥주 양조권이 온갖 권리가 포함된 만능 증서로 인식된 까닭

바이엔슈테판 수도원

전 세계 맥주 양조가들의 성지와 같은 존재로 자리매김한 바이엔슈테판

바이에른주 프라이징(Freising)시 서쪽의 낮은 산마루에 바이엔슈테판(Weihenstephan) 수도원이 자리하고 있다. 이 수도원은 프랑크 왕국의 궁재(宮宰) 피핀(Pippin)이 성곽을 쌓으면서 세운 것으로, 『신약성경』에 등장하는 순교자 스테판(Stephan)을 기념하기 위한 목적에서였다. 8세기 초 무렵의 일이다. 독일어 단어 'weihen'이란 '축성(祝聖)하다, 신성하게 하다'라는 뜻을 지닌다. 그러므로 Weihenstephan이란 글자 그대로 '(순교자) 스테판을 축성하다'라는 의미가 된다.

이 수도원을 실제로 건립한 인물은 성 코르비니안(Korbinian)으로 베네딕트회 수도사였다. 725년의 일이다. 그는 그 전해인 724년 게르만인을 전도하라는 명을 받고 이 지역에 파견되었다.

9세기 무렵부터 바이엔슈테판 수도원은 맥주를 양조하기 시작했다. 그랬기에 당연하게도 이 수도원에는 홉을 재배하는 농장이 부속 시설로 딸려 있었다. 한 가지 흥미로운 점은 이 수도원이 전 유럽을 통틀어 최초로 맥주 양조에 홉을 첨가하는 일을 시도한 양조장 중 하나라는 사실이다.

당대 프라이징의 영주(그는 주교직을 겸직했다)는 바이엔슈테판 수도원에 맥주 양조권은 물론이고 판매권까지 부여했다. 1141년의 일이다. 이 수도원에 대해서는 지금은 고인이 된 야마모토 사치오(山本幸雄) 박사가 집필한 책 『맥주 예찬(ビール礼賛)』(1973)에 자세히 기록돼 있다.

수도원 양조장에 부여되는 맥주 양조권은 일반 양조업자에게 주어지는 그것과는 권력의 범위랄까 크기랄까, 그런 면에서 사뭇 달랐다. 한마디로 온갖 권리가 포함된 만능 증서였다고 해야 할까. 구체적으로 예를 들자면, 이 증서만 있으면 매우 저렴한 가격으로 원료와 노동력을 확보할 수 있었다. 게다가 맥주 금지령이 발령되어도 아무런 영향을 받지 않았다. 실제로 1292년 독일 남부 지방에 흉년이 들어 심각한 곡물 부족 사태가 빚어졌다. 흉년에 대한 후속 조치 차원에서 남바이에른 영주가 무기한 맥주 양조를 금지하고 대신 빵을 제조할 것을 명했으나 바이엔슈테판 수도원은 이 조치와 상관없이 맥주 양조를 지속했다.

이렇듯 특권이란 언제나 남용되기 마련이며 부패와 타락으로 귀결된다. 그리고 머지않아 당대의 교회와 수도원이 저질러온 악행이 하나둘 실체를 드러내기 시작했다. 그중 동기부터 불순한 면벌부 판매는 대표적인 악행이었다. 성직자 마르틴 루터의 인내심은 바로 그 지점에서 임계점을 넘어 폭발했다. 이로써 16세기에 유럽을 뒤흔든 종교개혁이 시작되었다. 그와 더불어 1618년에 발발한 30년 전쟁은 교회와 수도원의 힘을 빼앗고 영향력을 축소했다.

프랑스 황제 나폴레옹은 수도원을 국유화했다. 1803년의 일이다. 그 시대에 바이에른주에 있던 200개가 넘는 수도원이 문을 닫고 역사의 뒤안길로 사라졌다. 유서 깊은 바이엔슈테판 수도원의 양조장은 현재까지 뮌헨공과대학교의 양조학부가 계승해 운영해 오고 있다.

오늘날에도 독일인들은 뮌헨공과대학교 양조학부를 '바이엔슈테판'이라는 애칭으로 부른다. 그 바이엔슈테판은 독일은 말할 것도 없고 전 유럽, 아니 전 세계 맥주 양조가들의 성지와 같은 존재로서 자리매김해 있다. 그런 터라 운 좋게도 바이엔슈테판의 과정을 모두 이수하고 졸업한 사람에게는 국가가 공식적으로 인정하는 양조 기술자인 '브라우마이스터'의 칭호와 자격이 주어진다.

여기서 내가 '운 좋게도'라고 말한 데는 그럴 만한 연유가 있다. 즉, 학과 과정과 시험을 모두 통과하고 졸업하는 사람의 비율이 40퍼센트 정도밖에 되지 않기 때문이다. 참고로, 독일 맥주 회사에 입사해 기술 분야의 임원이 되고자 하는 사람이라면 '브라우마이스터'의 자격과 칭호는 필수 조건이다. 그런 까닭에 독일 맥주 회사의 임원은 거의 예외 없이 바이엔슈테판 졸업생이라고 말해도 지나치지 않을 정도다. 말하자면, 바이엔슈테판은 독일 맥주 업계의 최강 학벌인 셈이다.

맥주 양조 기술자를 양성하는 유서 깊은 교육 기관인 베를린 양조장 실험 및 교육 센터(Versuchs und Lehranstalt für Brauerei in

Berlin=VLB)가 베를린에도 있다. 다만 안타깝게도, 이 교육 기관은 구동독에 있어서 분단의 기간이 오래 이어지는 바람에 바이엔슈테판처럼 학생이 모이지 않고 정체 및 쇠락의 길을 걸었다. 그러는 동안 유능한 맥주 양조가를 꿈꾸는 학생들이 대부분 뮌헨으로 몰려들었다. 그러나 베를린 양조장 실험 및 교육 센터도 마침내 과거의 영광을 되찾을 수 있게 되었다. 베를린이 통일 독일의 수도로 결정되면서 베를린 양조장 실험 및 교육 센터에 대대적인 투자가 이루어지고 장래가 밝아졌기 때문이다. 이로써 향후 베를린과 뮌헨 두 맥주 양조학부가 치열한 선의의 경쟁을 펼치는 시대가 다가오고 있다. 최근 바이엔슈테판이든 베를린 양조장 실험 및 교육 센터든 이 두 교육 기관의 양조학부를 졸업한 이들 중에는 아시아나 남미의 맥주 회사에 취직하는 경우도 적지 않다. 그도 그럴 것이 독일 내의 맥주 회사 기술직 임원으로 올라갈 수 있는 자리가 정해져 있기 때문이다. 브라우마이스터 자격을 갖춘 사람이라면 누구나 다른 나라보다는 본국인 독일의 '수석 양조 기술자(Erste Braumeister, 기술직 임원과 공장장을 겸임하는 것이 일반적이다)'가 되기를 꿈꾼다. 부단히 노력해서 실력을 쌓고 탁월한 성과를 내면 다른 맥주 기업의 양조장에서 스카우트 제의를 받게 되기 때문에 자신이 원하는 더 좋은 자리에 오를 수 있다.

그러나 수석 양조 기술자가 되었다고 해도 방심은 금물이다. 판매가 부진하거나 맥주의 품질이 떨어졌다는 평가가 나오기 시작하면 어렵게 앉게 된 그 자리를 유지할 수 없기 때문이다. 사정이 이렇다 보니 브라우마이스터에게는 그야말로 총성 없는 전쟁터나 마찬가지다. 이 치열한 경쟁 체제가 독일의 맥주 기술과 위상을 세계 최고 반열에 올려놓았다고 말해도 지나치지 않다.

장크트갈렌 수도원에 보존돼 있는 '수도원 평면도'가 인류 문화유산이라 할 만한 보물로 인정받는 까닭

라인강은 알프스산맥에서 발원하여 독일과 국경이 맞닿아 있는 보덴호로 흘러 들어간다. 장크트갈렌이라는 도시는 이 호수의 남서쪽에 자리 잡고 있다. 그리고 이곳에 유서 깊은 장크트갈렌 수도원이 버티고 서 있다.

아일랜드 뱅거(Banger) 수도원의 명망 높은 수도사 콜룸바누스는 제자들을 이끌고 배를 타고 바다를 건너 유럽을 찾아왔다. 590년의 일이다. 장크트갈렌이라는 도시의 시발점이 된 인물은 당시 성 콜룸바누스를 따라 이곳까지 온 수도사 중 한 명인 성 갈루스다. 그는 유럽에 온 후 이 지역에 정착해 작은 오두막집을 짓고 은거 생활을 한 것으로 알려져 있다. 621년 무렵의 일이다. 이후 이 지역에 수도원, 즉 장크트갈렌 수도원이 세워졌을 때는 720년쯤이다. 얼마 후 장크트갈렌 수도원은 전 유럽을 통틀어 가장 유명한 수도원이 되었다. 이는 800년 무렵으로, 카롤루스 대제가 상당 부분의 유럽을 통치하던 시절이었다. 당대의 장크트갈렌 수도원에는 100명이 넘는 수도사가 보리, 귀리 등의 곡식

당대의 장크트갈렌 수도원에는 100명이 넘는 수도사가 보리, 귀리 등의 곡식을 재배했으며 각 수도사는 제자를 몇 명씩 거느리고 있었다. 10세기 무렵 이 수도원 안에 모두 40개의 건물이 있었으며, 그중 세 개의 맥주 양조장에서 세 종류의 맥주를 꾸준히 양조했다.

장크트갈렌 수도원

을 재배했으며 각 수도사는 제자를 몇 명씩 거느리고 있었다. 수도원 규모는 '유럽 최고의 수도원'이라는 명성에 걸맞게 어마어마했다. 10세기 무렵 이 수도원 안에 모두 40개의 건물이 있었으며, 그중 세 개의 맥주 양조장에서 세 종류의 맥주를 꾸준히 양조했다. 그 맥주를 소개하자면 다음과 같다.

> '셀리아(Celia)'라는 이름의 강하고 깊은 맛을 내는 스트롱 비어의 일종. 보통 보리를 주원료로 사용하지만 때로는 밀을 혼합해 양조하기도 했다. 이 맥주는 대표적인 1급 맥주의 하나로 수도원장·황제·영주 등의 최고 권력자들이 즐겨 마셨다.
>
> '세레비시아(Cerevisia)'는 수도사와 순례자들이 평소 마시는 용도로 양조하는 맥주로, 메귀리가 주원료였다. '셀리아'보다 한 등급 아래의 맥주.
>
> '콘벤투스(Conventus)'는 메귀리나 보리를 원료로 사용해 만드는 스트롱 비어용 맥아즙에서 두 번째로 추출한 내용물 일부와 세 번째로 짜낸 맥아즙으로 만드는 농도가 낮고 싱거운 맛의 맥주다. 이 맥주는 농부들이 평소 마시거나 가난한 순례자에게 제공되었다.

장크트갈렌 수도원에는 '수도원 평면도'가 보존돼 있는데, 이 도시와 스위스, 혹은 유럽만이 아니라 전 인류가 함께 노력하며 보존해야 할 공통의 문화유산이라 할 만한 보물이다. 이 평면도는 실제로는 건설되지 못했으나 이것을 그린 수도사가 이상적으로 여기는 수도원을 형상화한 것이다. 한데 흥미롭게도 이 평면도의 수도원 안에 세 개의 양조 시설이 포함돼 있다. 이는 당시의 맥주 양조 시스템과 메커니즘을 이해하는 데 큰 도움이 되며, 그런 연유로 이 평면도의 높은 가치를 인정받는다. 『수도원 속 유럽』이라는 책에서 저자 베르너 포글러는 이와 관련하여 다음과 같이 설명했다.

라이헤나우(Reichenau) 수도원장이자 훗날 바젤 주교가 된 하이토(Haito)라는 인물이 이 평면도를 그리고 건축을 설계했다. 820년 무렵의 일이다. 하이토는 이 평면도를 고츠베르트(Gozbert)라는 이름의 장크트갈렌 수도원 원장에게 바쳤다고 전해진다. 그는 도면에 다음과 같은 내용의 편지를 첨부했다.

"존경하는 고츠베르트 원장님. 원장님께 여러 가지 다른 물건과 함께 이 건물의 설계도(평면도)를 보냅니다. 원장님의 지식과 지혜를 총동원하여 이 건물을 완성해 주십시오. 그리고 저의 존경하는 마음도 받아 주시기를 바랍니다."

오늘날 장크트갈렌 수도원에 보존된 평면도에는 112×77센티미터 크기 양피지에 붉은색으로 수도원 도면이 그려져 있고 검

장크트갈렌 수도원 평면도(도면 1)

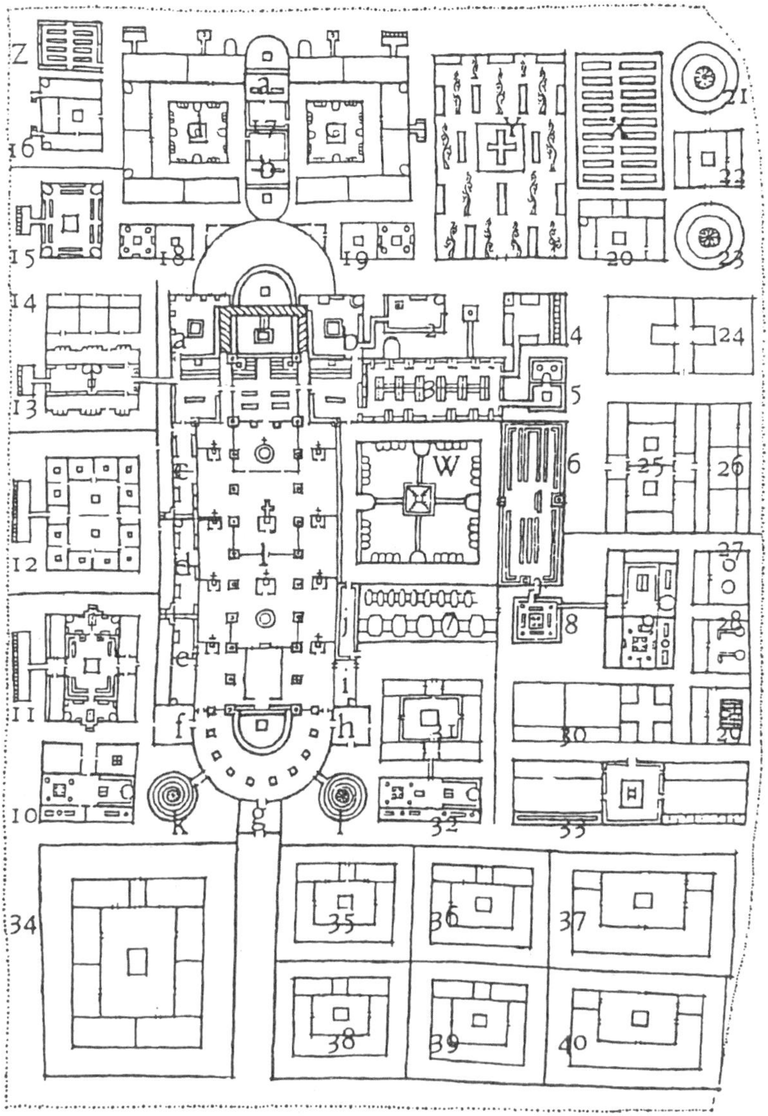

은색 잉크로 자세한 설명이 적혀 있다.

운 좋게도 나는 장크트갈렌 시에 있는 맥주 양조 설비 제조업체의 도움으로 장크트갈렌 수도원에 관한 연구 보고서를 복사본 형태로나마 제공받을 수 있었다. 이는 오랫동안 간절히 보고 싶었던 도면이었다. 흥분된 마음을 주체하지 못하며 나는 난해한 보고서를 한 자 한 자 해독해 나갔다. 이제 그 설계 도면의 핵심을 간추려 설명해 볼까 한다.

전체 수도원 배치도인 도면 1을 보자. 중앙을 기준으로, 왼쪽의 1은 성당이다. 이는 전형적인 십자형 성당으로 제단은 성당의 동쪽에 배치하는 것이 원칙이다. 이는 떠오르는 태양을 상징으로 삼는 기독교 교리에 따른 것이다. 그런 까닭에 도면 위쪽을 동쪽으로 보아야 한다. 그리고 성당 오른쪽의 클로이스터(cloister, 회랑) W는 성당의 남쪽에 자리 잡고 있다. 이는 어쩌면 당연한 얘기다. 왜냐하면 장크트갈렌 수도원은 오늘날의 스위스, 즉 북유럽에 있어 겨울에 특히 추우므로 클로이스터를 성당의 남쪽에 배치하는 것이 상식이기 때문이다. 또 설계자는 클로이스터를 기준으로 수도사들을 위한 창고(7), 부엌(8), 식당(6), 기숙사(3) 등의 시설을 배치했다. 그 밖에 '제빵실'과 '맥주 담금실' 세 곳이 배치되었는데, 9, 10, 32다. 주위 건물들로 미루어 볼 때 8의 오른쪽에 있는 9는 주요 양조실임을 한눈에 알 수 있다. 즉, 24는 창고, 27과 28은 분쇄기실, 29는 맥아 건조실, 30은 맥주 통 등을 수리하는 장소다. 33, 35~37, 39~40은 소와 돼지, 염소 등을 기르는 가축우리이고, 21~23은 가금류를 키우는 곳이다. 15~16은 의료시설과 약초원이다. 그리고 Y는 묘지와 과수원, X는 채소밭이다. 이로써 당시 식물 재배가 묘지 부근에서 이루어졌음을 알 수 있다. 34는 황제와 그 수행원들을 위한 숙박 시설이다. 한눈에 보기에도 엄청난 규모로 보아 당시 황제가 수도원을 순회 방문할 때 그 행렬이 얼마나 길고 장대했을지 짐작이 간다. 또한 그들을 맞이하고 접대하는 데 얼마나 큰 비용이 들었을지도 알 만하다. 마지막으로 13은 수도원장을 위한 거실이다. 대략 추정하건대, 부지의 총면적은 230×160미터, 전체 면적 3.68헥타르로 상당히 큰 규모다.

다음으로, 도면 2는 메인 양조 시설을 확대한 것이다. 이 도면을 자세히 살펴보면 맥주 양조실(brew room)과 제빵실(bake room)

장크트갈렌 수도원 평면도(도면 2)

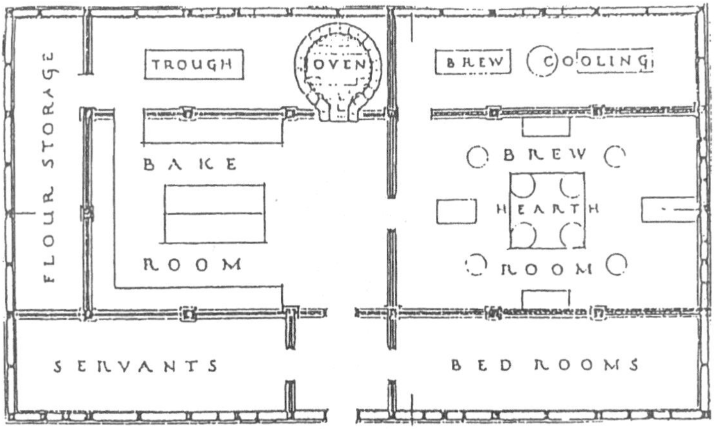

이 같은 방에 배치돼 있음을 알 수 있다. 그 왼쪽에는 빵 원료 저장실(flour storage)이 있고, 맥주 담금 및 발효실과 빵 반죽을 치대거나 모양을 빚는 작업장이 붙어 있다. 맥주 양조실 위쪽으로는 맥주나 효모를 식히기 위한 냉각실(brew cooling)을, 제빵실 위쪽으로는 빵 반죽 숙성용 트러프(trough)와 빵을 구울 때 사용하는 오븐(oven)을 배치했다. 그리고 맥주 양조실과 제빵실 아래에 수면실과 작업자 대기실이 있다. 맥주 양조실과 제빵실을 합한 넓이는 얼마나 될까? 25×14미터 규모로, 350제곱미터, 즉 106평 정도다.

맥주 양조와 제빵이 한 건물 안에서 이루어지는 것은 중세 대형 수도원의 일반적인 현상이자 트렌드였다. 이 두 시설을 별도로 배치하지 않고 나란히 배치한 데는 그럴 만한 연유가 있는데, 이를 알자면 고대 로마 시대로 돌아가야 한다. 이제, 그 이야기를 해 보자.

고대 로마 시대에 주부들은 제각각 자기 집에서 빵을 구워 먹었다. 빵의 주원료인 곡물가루는 전문적인 기술을 갖춘 제분업자가 당나귀나 노예 노동력을 이용해 갈아서 생산했다. 그 시절 로마의 주택들은 갈수록 높이가 높아졌고 도시도 거대해졌다. 사정이 이렇다 보니 이미 상당한 고층 건물이 된 건물의 높은 층에 사는 사람의 경우 집 안에 빵 구이용 오븐을 설치하는 것이 녹록지 않게 되었다. 그러므로 자연스럽게 방앗간 업자가 당시 곡물가루를 생산한 데서 직접 빵을 만들어 판매하는 구조로 바뀔 수밖에 없었다. 이후 제빵은 또 하나의 제대로 된 직업으로 분화하고 발전했다. 말하자면, 고대 로마 시대의 가옥 구조가 바뀜에 따라 제분업과 제빵업이 일원화한 것이다.

중세 시대에 접어들면서 제분업은 고도의 전문성이 뒷받침되어야 하는 직업으로 발전했다. 이는 물레방아가 등장해 주요 동력으로 사용되기 시작하면서 생산력이 크게 확대된 덕분이었다. 여기에 더해 영주에게 물레방아를 임대해 수리권(水利權)을 독점하는 업자도 출현했다. 이렇게 되자 제분업이 다시 제빵업에서 분화되어 독립하게 된다. 새로운 생산도구인 물레방아와 그 구조 덕분에 제분업만으로도 충분한 수익을 창출할 수 있었기 때문에 나타난 변화였다. 이후 제빵업은 '효모'라는 공통 분모, 즉 같은 원료를 사용하는 맥주 양조업과 긴밀한 협력 관계를 구축하게 된다.

이 장을 마무리하며, 독자 여러분의 이해를 돕기 위해 장크트갈렌 수도원 평면도에 나타난 각 공간을 좀 더 자세히 제시한다.

1. 교회당

a. 지하는 사본실(寫本室), 지상은 도서실

b. 지하는 성구실, 지상은 법의실

c. 외래 수도사 기숙사

d. (연수) 학교 교장 기숙사

e. 문지기 기숙사

f. 귀빈, 외래 수도사의 기숙사로 이어지는 현관

g. 모든 방문객을 위한 출입구

h. 순례자, 빈민을 위해 마련된 호스피스, 가축 취급자 등이 생활하는 기숙사 입구

I. 순례자, 빈민을 위해 마련된 호스피스를 관리하는 사람들이 생활하는 기숙사

j. 수도사 집회소

k-i. 성 미카엘 기념탑(k), 성 가브리엘 기념탑(i)

2. 성찬용 빵[聖餠]과 성유(聖油)를 준비하는 방

3. 지상은 수도사가 생활하는 기숙사, 지하는 휴게실

4. 수도사 화장실

5. 세탁장과 욕실

6. 지하는 수도사 식당, 지상은 의복(승의)실

7. 지하는 수도사용 창고, 지상은 수도사를 위한 식품 저장실

8. 수도사 조리실

9. 수도사를 위한 빵 제조실과 맥주 양조실

10. 귀빈용 음식 조리실, 제빵실과 맥주 양조실

11. 귀빈용 숙박 시설

12. 외래 수도사의 연구 시설

13. 수도원장의 기숙사

14. 수도원장을 위한 조리실, 창고와 욕실

15. 피를 뽑아내는 의료 시설

16. 의사의 기숙사

17. 견습 수도사의 기숙사와 진료 시설

a. 견습 수도사를 위한 예배당, b. 환자를 위한 예배당

c. 견습 수도사를 위한 회랑, d. 환자를 위한 회랑

18. 환자를 위한 조리실과 욕실
19. 견습 수도사를 위한 조리실과 욕실
20. 정원사의 기숙사
21. 거위 사육장
22. 가축 사육사의 기숙사
23. 닭 사육장
24. 곡식 창고
25. 단체 작업장
26. 기숙사
27. 보리 분쇄실
28. 맷돌실
29. 맥아 건조기실
30. 나무통 제조공과 자동차 수리공의 기숙사, 맥주 양조용 곡물 창고
31. 순례자와 빈민을 위한 숙박 시설
32. 순례자와 빈민을 위한 조리실, 제빵실과 맥주 양조실
33. 마구간과 황소 우리, 사육사의 기숙사
34. 수도원을 방문한 왕후의 가신이나 기사를 위한 숙박 시설
35. 양 우리와 양치기의 기숙사
36. 염소 우리와 사육사의 기숙사
37. 황소 우리와 사육사의 기숙사
38. 지방 고위직 관료의 수행원 숙박 시설

39. 돼지우리와 사육사의 기숙사

40. 번식용 암말을 키우는 마구간과 사육사의 기숙사

W. 수도사를 위한 대회랑

X. 채소 농원

Y. 묘지와 과수원

Z. 약초원

World History
of
BEER

⑩

유리 맥주잔의 대중화가 필젠 맥주 성공의 숨은 주역이었다?

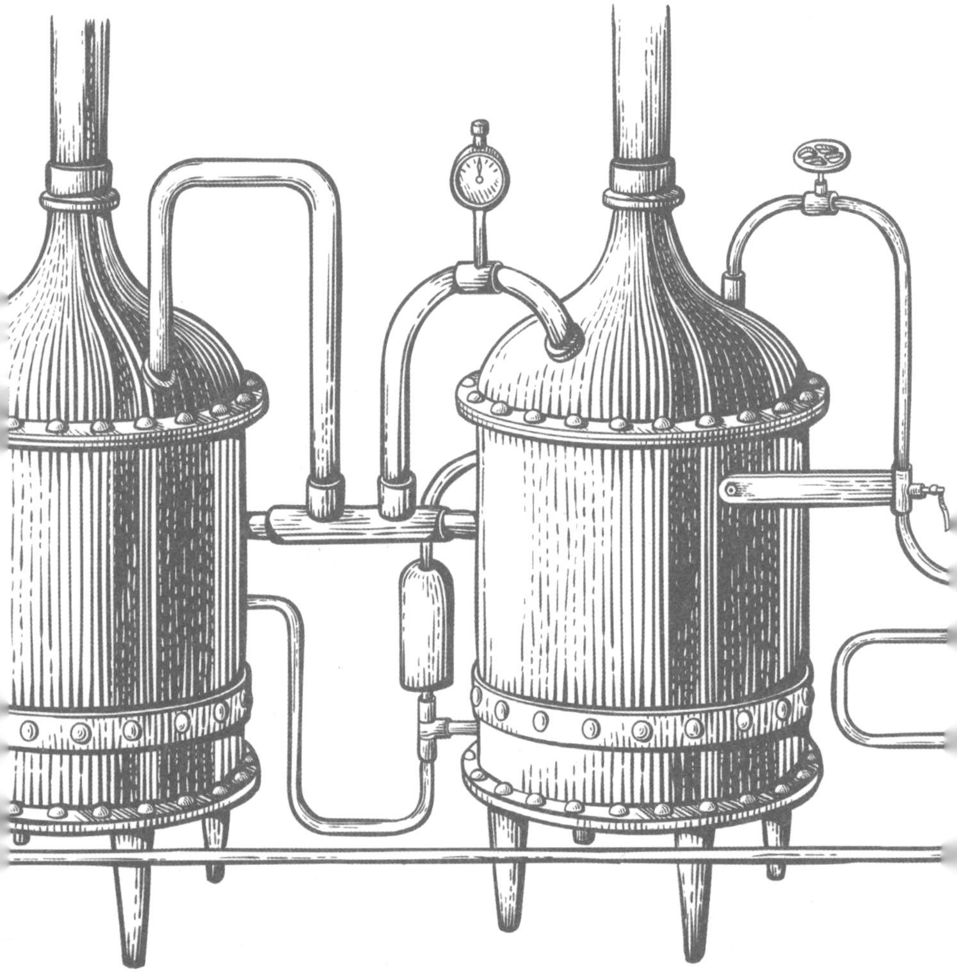

전 세계를 주름잡는 맥주 제조업체의 설립자이자 '라거 맥주의 아버지'로 칭송받는 제들마이어 2세와 안톤 드레어가 영국의 맥아즙을 훔친 산업 스파이였다고?

독일 작가 게르하르트 메르크(Gerhard Merk)는 『뮌헨 맥주(Das Münchner Bier)』라는 책에서 흥미로운 이야기를 들려준다. 이 책의 앞부분 「슈파텐 양조장의 역사」라는 장을 통해서다. 그 내용을 간략히 살펴보자.

> 양조장의 문이 조용히 열렸다. 멋진 프록코트를 입은 젊은 신사가 한 손으로 실크해트를 살짝 들어 올리는 순간에 일어난 일이었다. 이 신사는 러시아제 가죽 신발에 비단 스카프를 둘렀는데, 콧수염을 꽤 폼나게 기르고 있었다. 이 신사의 정체는? 놀랍게도 그는 '도둑', 아니 요즘 식으로 좀 더 정확히 말하자면 '산업 스파이'였다. 그는 양조장 안 여기저기를 둘러보고 재빠르게 눈알을 굴리며 기억에 담으려고 애를 쓰는 기색이 역력했다. 일테면 증기 제조기, 냉동설비, 발효실 등 모든 것을 말이다. 그는 여기서 한발 더 나아가 아무도 보지 않는 틈을 이용해 미리

준비해 간 특제 스틱을 갓 양조된 맥아즙에 넣고 아직 뜨끈뜨끈한 샘플을 채취했다.

이렇듯 대범하고도 파렴치한 스파이 행위를 한 그 젊은 신사는 누구였을까? 가브리엘 제들마이어 2세다. 그는 대체 왜 이런 짓을 저질렀을까? 그의 부친 가브리엘 제들마이어 1세가 맥주 양조에 관한 견문을 넓히고 기술을 습득하라는 취지에서 영국으로 유학을 보낸 일의 여파였던 셈이다. 1830년대의 일이다.

당시 영국 경제는 증기기관차가 등장하고 상용화하면서 엄청난 활기를 띠고 있었다. 이런 상황에서 버튼과 글래스고(Glasgow) 부근의 맥주 양조장은 고유의 기술을 훔치려는 뮌헨 양조가들의 주요 타깃이 되고 있었다. 그런 터라 영국의 맥주 양조가들은 독일인을 매우 경계하고 있었다.

주도면밀하게도, 당시 제들마이어 2세는 혼자 몸으로 그곳에 침투한 것이 아니었다. 그는 빈 출신의 친구 안톤 드레어와 함께 그 일을 모의했고 샘플을 몰래 채취해 밖으로 빼내는 데 성공했다.

가브리엘 제들마이어 2세는 아버지에게 편지를 보냈는데, 여기에 이렇게 적혀 있었다.

"아버지, 비밀리에 채취한 맥아즙 샘플을 작은 병에 담아 서둘러 가겠습니다."

제들마이어 2세의 맥주 샘플 훔치기 일화에 관한 다소 긴 내용을 여기에 인용한 데는 그럴 만한 두 가지 이유가 있다. 놀랍게도, 위의 인용문에 등장하는 가브리엘 제들마이어 2세와 그의 친구 안톤 드레어는 오늘날 전 세계를 주름잡는 맥주 제조업체를 일군 인물들이자 '라거 맥주의 아버지'라는 영광스러운 별칭이 과하지 않은 주인공들이기 때문이다.

에일은 2,000년 이상의 유구한 역사를 자랑하는 원조 격의 맥주로 영국 맥주를 대표하는 술이다. 그렇다 보니 북독일에서도 영국 스타일의 상면 발효 맥주가 활발히 생산되었다. 이는 12~15세기 무렵의 상황이다. 당대에 명성을 얻은 브레멘, 함부르크, 도르트문트, 쾰른 등의 북독일 도시들은 당시의 화려했던 역사를 오늘날에까지 전하고 있다.

그러나 상면 발효 맥주는 부작용도 만만치 않았다. 상온에서 발효시켜 양조하는 까닭에 자칫 유해균에 오염되어 부패하는 일이 자주 발생했기 때문이다. 양조가들이 가장 신경을 곤두세우며 경계한 일은 '산패'였다. 이는 맥주가 상해 맛이 시큼해져서 더는 마실 수 없게 되는 상태다. 왜 이런 일이 발생했을까? 당시의 양조 설비와 기술로는 잡균이 섞여 드는 일을 막을 방법이 없었기 때문이다. 하지만 설령 잡균이 운 나쁘게 섞여 들어간다 해도 치명적인 결함만 생기지 않는다면 크게 걱정하지 않아도 되었다. 그도 그럴 것이 당대의 맥주는 짙은 색에 다량의 홉이 첨가되어 상당히 쓴맛을 냈기 때문에 웬만큼 색이 탁해도 별로 티가 나지 않았다. 그러므로 맥주에서 약간 이상한 맛이 나고 냄새가 나도 그 강한 맛과 향이 막아 주어 사람들은 잘 눈치채지 못했다. 사정이 이렇다 보니 이따금 의도적으로 산패한 맥주를 판매하는 파렴치한 양조가들도 있었다. 다른 장에서 다루었지만, 이런 업자들은 대개 '맥주 순수령'으로 엄격한 처벌을 받았다.

어찌 됐든 당대의 양조장들은 치명적인 유해균에 노출되고 감염되면 그즈음 생산된 모든 맥주를 폐기 처분해야 했다. 그들은 산패의 정확한 원인을 알지 못했기에 달리 손을 써 볼 도리가 없었다. 그런 터라 상당수 양조장은 도산의 막다른 길로 내몰릴 수밖에 없었다. 이런 처지의 양조업자들은 대개 자신의 불운을 악마의 저주 탓으로 돌렸다. 당시의 맥주 양조업은 그 정도로 위험부담이 큰 사업이었다.

유럽의 날씨는 대륙성 기후로, 여름엔 덥고 겨울엔 추웠다. 그렇다 보니 유럽의 여러 나라에서는 여름철이면 애써 담근 맥주가 산패될 위험에 자주 노출되곤 했다. 그런 상황에서 독일 바이에른의 한 양조업자가 추운 겨울에 생산한 맥주가 더 맛있다는 사실을 많은 시행착오 끝에 깨닫고 실용화시켰다. 이는 15세기의 일이다. 그는 먼저 산에 맥주 저장용 굴을 팠다. 그런 다음 강에 나가 잘라 온 얼음을 채워 저장고를 만들고 그 안에 아직 숙성되지 않은 맥주가 담긴 나무통을 보관했다. 추운 겨울에 맥주를 담아 차갑게 보관하는 이 방식은 산패 방지에 탁월한 효과를 보였다. 이렇게 양조되고 저장, 보관된 맥주는 이후 다가오는 무더운 여름을 거뜬히 넘기고 그다음 겨울 맥주를 새로 담그는 시기까지 신선한 상태를 유지했다. 그 결과 이 맥주는 과거의 상면 발효 맥주에서는 상상조차 하기 어려웠던 성공을 거두었다.

바이에른에서는 이 뜻밖의 성공 경험을 바탕으로 심혈을 기울여 특제 맥주를 개발했다. 양조업자들은 겨울의 막바지에 해당하는 3월 즈음 생산하는 맥주가 가을까지 가뿐히 버틸 수 있도록 항균 작용이 뛰어난 홉을 예전보다 더 많이 첨가했다. 이 맥주가 시장에서 좋은 반응을 얻고 높은 평가를 받으며 고가에 불티나게 팔려 나간 3월 맥주, 메르첸비어다. 참고로, 오늘날 메르첸비어는 맥아를 사용해 양조한 적갈색 프리미엄급 맥주를 의미하며 바이에른 지방에서 주로 소비된다. 한데, 아이러니하게도 바이에른 지방에서는 겨울에 양조된 맥주를 '여름 맥주(Sommer Bier)'라고 불렀다. 이는 생산된 시기보다 소비자들이 주로 마시게 되는 계절에 주목해서 지은 명칭이 아닌가 싶다. 앞에서 언급한 대로, 바이에른 공작은 여름 맥주의 품질을 유지하기 위한 방침의 하나로 법령을 공포했다.

유리 맥주잔의 대중화가 필젠 맥주 성공의 숨은 공신이었던 까닭

뮌헨이 자랑스러워해 마지않는 '여름 맥주'도 영국의 양조가와 소비자들의 눈에는 평범한 시골 맥주의 하나에 불과했다.

19세기에 영국 빅토리아 왕조는 번영을 구가했다. 당대에 산업혁명의 거센 파도가 영국에 밀어닥쳤는데, 그 여파가 맥주 제조업에까지 밀려든 것이었다. 절묘하게도 당시는 영국의 맥주업계가 대단한 인기를 누린 포터로 막대한 이익을 거두고 있을 때였다. 그 덕분에 영국 맥주 제조 대기업들은 탄탄한 경영 기반을 다질 수 있었다. 게다가 기네스의 경우 서서히 하락세에 접어들던 포터를 대신할 신제품 스타우트 포터를 성공적으로 개발, 발매함으로써 블랙 에일 시장을 거의 독점하다시피 했다. 그야말로 영국·아일랜드계 맥주가 세계 맥주 시장을 선도하는 상황이었다.

그런 한편 영국의 대표적인 맥주 제조업체 버튼이 양조한 담색 페일 에일은 유럽의 여러 나라와 신대륙, 인도를 비롯한 아시아의 나라 등 전 세계로 수출되며 성공을 거두었다. 그런 터라 아일랜드의 기네스나 버튼의 바스 공장은 세계 최대 규모의 첨단 설비를 갖추고 있었다. 당대에 유럽의 대다수 양조 기술자는 거의 예외 없이 영국에서 유학하며 기술을 습득했다. 앞에서 소개한 가브리엘 제들마이어 2세와 안톤 드레어가 영국 맥주 양조 기술을 훔친 일화는 당시 이 나라의 맥주 기술이 얼마나 대단했는지를 잘 보여 준다.

한편 유럽 대륙에서는 뮌헨의 하면 발효 맥주야말로 새 시대를 이끌어 갈 맥주라고 여기는, 나름대로 선견지명을 가진 양조업자가 많았다. 굳이 예를 들자면, 독일 뮌헨 슈파텐 양조장의 가브리엘 제들마이어 부자, 오스트리아 빈 슈베하트(Schwechat) 양조장의 안톤 드레어, '체코 맥주의 아버지'로 칭송받는 프란티셰크 포우페(František Poupě)에게 기술을 전수받은 필젠의 양조가들이 대표적이다. 그리고 덴마크 칼스버그(Carlsberg)의 야코브 야콥센(J. C. Jacobsen)도 그중 하나였다.

제들마이어 부자 밑에서 일하며 기술을 익힌 야콥센은 하면 발효 맥주 양조법을 누구 못지않게 깊이 연구했다. 그는 오랜 인내의 시간을 거쳐서 마침내 뮌헨 효모를 얻어 낸 후 말을 거세게 채찍질해 마차를 달려 고국에 돌아가서 수많은 시행착오 끝에 덴마크 사상 최초의 라거 맥주를 양조하는 데 성공한다. 이는 1845년의 일이다. 오늘날에도 유명한 칼스버그 양조장은 그렇게 탄생했다. 덴마크에 가져간 하면 발효 효모의 그 후 상황에 대해서는 뒤에서 좀 더 자세히 살펴보자.

뮌헨 슈파텐 양조장의 가브리엘 제들마이어 2세는 아버지 제들마이어 1세의 기술을 전승했다. 이후 그는 안톤 드레어와 협력 체제를 갖추어 비록 완벽하지는 못할지라도 하면 발효 효모를 분리하는 데 성공한다. 1840년의 일이다. 필젠의 양조가들이 상면 발효 맥주를 대체할 뮌헨 하면 발효 맥주를 개발하자는 데 뜻을 모은 것은 그 직후였다. 그들은 하나가 되어 '시민 양조장(Burgher Brewery)'을 만들었으며, 바이에른의 맥주 양조장을 초빙해 하면 발효 맥주 개발에 착수했다. 바이에른 지방의 동쪽 작은 마을 필스호펜(Vilshofen) 출신 요제프 그롤(Joseph Groll)이라는 이름의 장인이 동료들과 함께 필젠에 파견되었다. 그곳에서 그들은 맥아, 홉, 필젠의 깨끗한 물, 뮌헨 맥주 효모를 재료로 맥주 양조를 담당했다.

필젠의 양조가들이 숙성을 끝낸 1842년 11월의 일이다. 그곳에 모인 사람들은 유리잔에 담긴 맥주 색을 보고 깜짝 놀랐다. 그도 그럴 것이 새롭게 선보인 맥주가 진한 색깔의 뮌헨 맥주와 달리 밝고 옅은 호박색을 띠고 있었기 때문이다. 이는 그전까지 아무도 예상하지 못한 색깔이었는데, 기존의 중후한 맛을 내는 뮌헨 맥주와 달리 시원하고 상쾌한 맛을 냈다. 그곳에 모인 사람들은 처음엔 깜짝 놀랐으나 이내 그 놀라움은 기쁨으로 바뀌었다. 이렇게 완성되고 대중에게 선보인 맥주는 사실 애초 기대하던 상태는 아니었으나 실패작은 아니었다. 게르하르트 메르크의 『바이에른 맥주(Bayerns Bier-Burgen)』(1987)라는 책에 당시의 상황이 생동감 있게 묘사돼 있다.

> 그 옅은 황금색을 띠며 눈처럼 새하얗고 진하며 풍성한 거품을 지닌 맥주가 대중의 손에 건네졌을 때 그들이 느끼는 감동은 말할 수 없이 컸다. 곧이어 강렬하면서도 맛 좋은, 지금껏 경험하지 못한 전혀 새로운 맛을 보는 순간 일제히 "와우"하고 탄성을 자아냈다.

필젠 맥주 성공 신화가 시작되는 순간이라고나 할까! 사실 자세히 살펴보면 이 성공의 가장 중요한 요인이 양조업자의 기술력에 있지 않다는 걸 알 수 있다. 그럼 무엇이 첫째 성공 요인일까? 그 비법은 '필젠의 물'이었다. 사실 이 놀라운 비밀이 밝혀지기까지 무려 반세기에 가까운 긴 시간이 걸렸다. 말하자면, 필젠의 고유한 연수(軟水, 칼슘 및 마그네슘과 같은 미네랄 이온이 들어 있지 않은 물—옮긴이)가 그 탁월한 품질의 담색 맥주를 탄생시킨 주역이라는 의미다. 그에 반해 런던이나 뮌헨의 중탄산염을 함유한 일시경도(一時硬度, 물에 탄산염이나 중탄산염의 형태로 존재하는 칼슘, 마그네슘 성분의 양을 의미함—옮긴이)가 높은 물은 다크 라거 양조에 적합하다.

앞에서 나는 에일에 관해 설명하면서 19세기에 대중이 담색 맥주를 찾기 시작했다고 이야기했다. 이제 조금 다른 방향의 이야기를 해 보자.

영국에서 병맥주는 아직 대중화되지 않고 있었다. 1840년대의 상황이다. 이유가 뭘까? 당시의 영국 정부가 유리라는 소재에 높은 세금을 부과했기 때문이다. 그러다가 1845년 유리에 부과된 세금을 대폭 낮추자 생산과 소비가 획기적으로 늘어나고 대량 생산 시스템이 갖춰지면서 저렴한 가격의 유리 용기를 선보이기 시작했다. 어쩌면 당연하게도 이 무렵부터 유리로 만들어진 맥주잔이 대중적으로 사용되기 시작하면서 맥주에 관한 대중의 관점도 크게 달라졌다. 즉, 기존에 맥주의 맛과 향에만 쏠리던 사람들의 관심이 색깔에도 모이기 시작한 것이다. 이러한 흐름은 그 당시 유럽 여러 나라의 도시들에서 나타나는 일반적인 현상이자 경향이었다.

필젠 맥주는 당대의 트렌드와 잘 맞아떨어졌다. 그런 터라 필젠 맥주에 대한 평판은 점점 더 좋아지고 널리 확산하여 유럽 전역으로 퍼져 나갔다. 그러다 보니 자연스럽게 수요량이 가파르게 증가하고 런던, 파리 등 유럽 여러 나라의 대도시로 수출되었다.

한편으로, 빈의 안톤 드레어는 독특한 맥아 제조법을 개발하여 본격적으로 빈 맥주를 생산하기 시작했다. 그리고 그는 여기서 한발 더 나아가 맥아를 사용해 하면 발효로 적갈색 빈 맥주를 완성했다.

'라거 맥주'라고 하면 발효 맥주를 통칭하는 용어다. 이 이상야릇한 단어의 정확한 유래는 밝혀지지 않았다. 다만 '저장하다'라는 의미의 독일어 단어 'lagern'에서 따온 'lager'가 제품명이 되었다는 것이 정설로 알려져 있다. 그도 그럴 것이 뮌헨에서 탄생한 하면 발효 맥주는 저온에서 오랫동안 저장하는 것이 주요한 특징이기 때문이다. 여기서 한 가지 의문이 생긴다. '하면 발효 맥주가 뮌헨에서 탄생했으니 '뮌헨 맥주'라고 부르면 될 텐데, 왜 그렇게 하지 않았을까?'라는. 그 이유는 단순하다. 즉, 뮌헨 맥주의 역사에 오욕의 시기가 존재했기 때문이다. 이에 관해서는 뒤에서 좀 더 자세히 살펴보자.

앞에서 언급한 대로, 하면 발효 맥주는 잡균으로 인한 오염 방지에 탁월한 효과를 볼 수 있기에 양조가들의 관심을 불러 모을 수 있었다. 상면 발효 맥주와 하면 발효 맥주의 가장 큰 차이는 '온도'에서 생겨난다. 좀 더 구체적으로, 상면 발효 맥주가 상온에서 발효되는 데 반해 하면 발효, 즉 라거 맥주는 많은 양의 얼음을 사용해 저장고를 차가운 상태로 유지해야 한다. 하면 발효에 사용되는 얼음의 양은 실로 엄청나서 "맥주 1킬로리터를 양조하는 데 1톤의 얼음이 필요하다"고 할 정도였다. 이는 루이 파스티르가 자신의 책 『맥주 연구』에 적은 내용이다.

하면 발효 맥주 양조에는 막대한 자금이 필수적이다. 그도 그럴 것이 이 맥주 양조를 위해서는 오랫동안 저온을 유지하기 위해 거대한 저장고가 필요하기 때문이다. 그리고 같은 맥락에서 많은 양의 얼음이 양조장과 저장고 가까이에 있는 장소여야 했다. 그런 터라 예컨대 적도 부근의 열대지역에서 하면 발효 맥주 생산은 가능하지 않다. 그 대신 카리브해 주변의 열대 지방에 위치한 나라들에서는 기네스가 개발하고 유행시킨 '웨스트 인디스 포터', 즉 '트로피컬 포터'가 집중적으로 생산되었다. 참고로, 이 포터는 기네스의 프리미엄 맥주인 '포린 엑스트라 스타우트(Foreign Extra Stout)'의 초기 제품이다.

1876년, 독일 공학자 카를 폰 린데(Carl von Linde)는 암모니아를 냉매로 사용하는 냉동기를 발명했다. 이는 시대에 한 획을 굵직하게 그은 기술 혁신이라 할 만한 발명이었다. 린데는 자신이 발명한 냉동기 제1호기를 슈파텐 양조장에 설치했다. 이 일에 슈파텐 양조장의 주인 제들마이어 2세가 적극적으로 협력했음은 두말할 필요도 없다. 슈파텐 양조장은 오늘날까지 린데의 암모니아식 냉동기 제1호기를 잘 보존해 방문객을 위해 전시하고 있는데, 당시의 일을 기념하기 위해서다.

맥주의 역사에서 냉동기 발명은 어떤 의미를 가질까? 뮌헨의 라거 맥주를 전 세계적으로 사랑받는 제품으로 자리매김하게 한 라거를 맥주의 왕좌에 올리는 원동력이 되었다는 의미가 있다. 그도 그럴 것이 린데의 냉동기는 라거 맥주를 전 세계의 어느 나라 어느 도시에서든 계절이나 날씨와 상관없이 원한다면 언제든 양조할 수 있게 해 주었기 때문이다.

당시 유럽의 상황은 가장 강력하면서도 독특한 개성으로 무장한 세 라거 맥주가 치열하게 경쟁하는 삼파전 구도였다. 그 세 라거 맥주란 뮌헨 맥주, 빈 맥주, 필젠 맥주였다. 그러나 삼파전 구도는 오래가지 않았다. 밝은 호박색 필젠 맥주가 차츰 두각을 나타내다가 급기야 다른 두 맥주를 압도해 버렸기 때문이다. 이후 1880년대에서 1890년대에 접어들면서 빈 맥주와 뮌헨 맥주는 쇠퇴를 거듭하다가 마침내 완전히 자취를 감추게 된다. 이는 20세기 초엽 제1차 세계대전의 패배로 합스부르크 왕가의 오스트리아-헝가리 제국이 붕괴했을 즈음의 상황이다. 뮌헨 맥주는 완전히 사라지지는 않고 간신히 명맥을 유지하기는 했으나 이후 바이에른 지역 맥주의 하나로 위상이 떨어졌다.

뮌헨의 양조업자들은 너도나도 담색 맥주 시험 양조에 뛰어들었다. 한때는 경쟁자였던 필젠 맥주의 인기에 편승하고자 자존심마저 다 팽개친 듯한 모습이었다. 그 결과 뮌헨의 파울라너 양조장과 슈파텐 양조장이 연이어 담색 맥주 개발에 성공했다. 그러나 이후 뮌헨의 맥주 기업들과 필젠 맥주 사이에 분쟁이 발생한다. 이는 파울라너와 슈파텐 등 뮌헨의 맥주 기업들이 자신이 개발한 담색 맥주에 '필스너(Pilsner)'라는 이름을 붙였기 때문이다. 이에 필젠이 상표권 침해를 주장하며 반발하고 나선 것이었다. 그러나 뮌헨의 맥주 기업들은 영문을 모르겠다는 반응이었다.

그들의 주장은 이랬다. '애초 뮌헨의 양조 기술자 요제프 그롤을 필젠에 파견하여 뮌헨 맥주 기술을 전수해 주었기에 필젠 맥주는 뮌헨 맥주의 하위 범주에 속한다'는 것. 결국 이 분쟁은 소송이 제기되어 재판까지 갔는데, 재판부는 필젠의 이의신청을 라거 맥주는 많은 양의 얼음을 사용해 저장고를 차가운 상태로 유지해야 한다. 하면 발효에 사용되는 얼음의 양은 실로 엄청나서 "맥주 1킬로리터를 양조하는 데 1톤의 얼음이 필요하다"고 할 정도였다.

체코 플젠에 있는 필스너 우르켈 양조장

받아들이지 않았다. 그 이유는 재판부가 '필스너'라는 상표명을 고유명사가 아닌 일반명사로 판단했기 때문이다. 참고로, 이후 독일에서 필스너 타입의 맥주를 필스너가 아닌 '필스(Pils)'라고 부르는데, 이는 필젠과의 마찰을 조금이나 줄여 보려는 뮌헨의 의도에서 나온 결과다. 또한 이는 필젠에 대한 뮌헨의 배려 혹은 조심스러움이 드러나는 처사이기도 했다.

어찌 됐든 스승 격이었던 뮌헨은 제자 격인 필젠에게 행랑을 빌려 주었다가 결국 안방까지 빼앗겨 버린 딱한 처지가 되었다. 그건 그렇고, 하면 발효 맥주는 뮌헨에서 탄생했으니 '뮌헤너'로 부르는 게 합리적이지만 그렇게 되지는 못했다. 왜일까? 위에서 언급한 대로, 뮌헨이 개발한 하면 발효 맥주는 뮌헨, 빈, 필젠의 삼파전 구도를 형성했다. 그러다가 결국 그중 담색의 필젠 맥주만 살아남았다. 그런 터라 하면 발효 맥주를 '뮌헤너'라고 부르면 이미 사라져 버린 다크 라거의 뮌헨 맥주를 지칭하는 게 돼버리는 셈이라 뭔가 맞지 않았다. 바로 그 이유로 뮌헨의 하면 발효 맥주를 대표하는 상표명이 될 수 없었다. 또 그런 까닭에 뮌헨의 하면 발효 맥주는 그 맥주들을 포괄적으로 상징하는 이름, 즉 '저장하는 맥주', '라거 맥주'로 불리게 된 것이다. 세계 곳곳에서 맥주용 용수를 연수화하여 필스너 맥주를 양조하는 시대가 열렸다. 20세기에 들어서서의 상황이다. 이 시대에 맥주 대기업들은 막대한 자본을 투자하고 대규모 공장을 세워 좀 더 효율적으로 대중 판매용 맥주를 대량 생산하기 시작했다. 바야흐로 맥주는 과거의 수공업에서 명실상부한 산업으로 비약적인 도약을 했다.

보헤미아 군주 페르디난트 1세가 사랑한 부데요비체 맥주가 최고의 베스트셀러 맥주 '버드와이저'의 원류다?

1997년 가을, 유럽에 갔을 때 나는 체코를 방문했다. 당시 쓴 여행기 내용을 참고하여 체코 맥주를 소개할까 한다. 참고로 '필스너 우르켈(Pilsner Urquell)'이라고 하는 것은 독일어식 발음이며, 체코어로는 '플젠스키 프라즈드로이(Plzeňský Prazdroj)'다.

• 1997년 9월 8일(월) 저녁, 프라하

호텔에서 체크인을 마치고 곧장 호텔 바로 달려가 맥주를 시음.

☞ 부드바이저 부드바르(Budweiser Budvar)-체코 맥주 특유의 다이아세틸(Diacetyl) 냄새가 남. 쓴맛이 강하면서도 진하고 부드러운 맛이 어우러져 특유의 감칠맛을 냄.

부드바이저 부드바르는 체코가 최고라고 자랑하고 홍보하는 수출용 맥주로, 보헤미아 남부 지방의 유서 깊은 도시의 유명 제품이다. 독일에서 생산하는 모든 맥주를 통틀어 세 개의 손가락 안에 드는 맥주다.

• 9월 9일(화) 날씨 맑음, 플젠과 프라하

고속도로가 개통된 덕분에 플젠(필젠)으로 향하는 버스 여행이 편안하고 즐거워졌다. 버스는 한 시간 남짓 달려 플젠에 도착했고, 기린 맥주 뒤셀도르프 지점의 마쓰자와 씨가 동행해 주었다. 마쓰자와 씨에 따르면, 지난 몇 년간 진행된 미국 안호이저 부시(Anheuser-Busch) 사와 체코의 부드바이저 부드바르의 교섭이 결렬되었다고 한다.

이 이야기의 맥락을 제대로 이해하자면 보충 설명이 있어야 한다. 미국의 안호이저 부시는 세계 최대 맥주 제조회사다. 이 회사의 최고급 상품이자 주력 아이템은 버드와이저인데, 통상 '버드'로 불린다. 버드는 단연 전 세계에서 가장 많이 판매되는 식품이다. 체스케부데요비체(České Budějovice)는 체코 보헤미아 남부의 도시다. 이곳에서는 중세 시대부터 맥주가 생산되었는데, 품질이 좋기로 정평이 나 있었다. 참고로, '부드바이저'는 부데요비체의 독일식 발음이다.

19세기 말쯤 부드바르(Budvar) 양조장은 이 도시의 이름을 딴 '부드바이저 부드바르(Budweiser Budvar)'를 판매하기 시작해 대성공을 거두었다.

에버하르트 안호이저(Eberhard Anheuser)는 독일을 떠나 미국에 이민 온 사람 중 한 명이었다. 그는 미국 미주리 주의 도시 세인트루이스에서 폐업한 양조장을 싼값에 사들였다. 그런 다음 자신과 마찬가지로 독일 이민자이자 사위이며 맥주 원료를 취급하던 아돌푸스 부시(Adolphus Busch)를 비서 겸 임원의 자리에 앉히고 안호이저 컴퍼니 맥주 협회(E. Anheuser Company's Brewing Association)를 세운다. 1875년의 일이다. 그로부터 4년 뒤인 1879년에 회사명을 안호이저 부시 맥주 협회(Anheuser-Busch Brewing Association)로 바꾼다.

부시는 장인이 사망하던 1880년에 이 회사를 인수한다. 당시만 해도 미국에서는 보헤미아의 필스너 우르켈이 엄청난 인기를 끌고 있었다. 그런 터라 시장에는 아메리칸 필스너가 넘쳐났다. 아직 보헤미아 남부 도시 부데요비체 맥주는 미국에서 별로 알려지지 않았다. 부시는 우르켈보다 좀 더 달콤한 맛을 내는 황금색 부데요비체 맥주에 주목했다. 그러고는 새롭게 개발한 자사의 맥주에 '버드와이저'라는 이름을 붙여 판매했다. 참고로, 제품명에 원어를 길게 덧붙인 까닭은 훗날 버드와이저의 상표가 문제가 되었기 때문이다.

체코는 버드와이저 상표에 대해 안호이저 부시에 정식으로 이의를 제기했다. 이는 불과 얼마 전인 21세기 초 무렵의 일이다. 양측은 여러 차례 협의 끝에 '체코는 부드바르를 미국에 수출하지 않는 대신 유럽 독점 판매권을 보장받는다'라는 조건으로 협상을 타결했다. 이는 안호이저 부시가 자사의 주력 상품인 버드와이저의 유럽 판매를 포기한다는 의미였다.

초거대기업 안호이저 부시는 비교적 늦게 본격적으로 국제 시장에 진출하기 시작했다. 이는 미국 내 맥주 업계에 먹구름이 드리워지기 시작하면서 나타난 변화였다. 안호이저 부시의 입장에서 참 다행스럽게도 같은 북아메리카 국가인 캐나다와 중남미, 아시아에서 미국 맥주, 특히 버드와이저의 맛이 인기를 끌며 날개 돋친 듯 팔려 나갔다. 문제는 유럽이었다. 체코와 이미 체결한 계약이 결정적인 걸림돌이 되어 유럽만은 버드와이저를 수출할 수 없었다. 이에 안호이저 부시는 체코의 부드바르와 재협상을 시도했다. 재협상의 상대는 체코 정부였다. 협상은 난항에 빠졌고 결국 결렬되었다. 정황으로 미루어 볼 때 체코 정부의 고심도 깊었던 것을 알 수 있다. 그도 그럴 것이 협상이 꽤 길어졌기 때문이다. 그런데도 체코 정부는 결국 협상 결렬을 선언할 수밖에 없었는데, 이는 체코의 전통과 자존심을 그리 간단히 팔아넘길 수 없다는 국민의 강한 반발에 맞닥뜨렸기 때문이다.

그러나 이 문제가 이것으로 끝난 것은 아닐 것이다. 전 세계로의 진출은 전략적인 측면에서 정력적으로 추진해 온 안호이저 부시가 이만한 걸림돌에 좌절해 유럽 시장을 포기할 리 없기 때문이다.

부드바이저 부드바르 상표의 기원이 궁금한 독자는 마쓰다이라 마코토(松平誠) 씨가 집필한 책 『프라하의 모든 술집(プラハの浮世酒場)』(1994)에서 인용한 아래 문장을 참고하기를 바란다.

> 체스케부데요비체의 이름은 1526년부터 세상에 널리 알려지게 되었다. 이는 체코 왕국이 합스부르크 왕가의 지배를 받게 된 이후의 일이다. 체코 왕국의 초대 군주 페르디난트는 부데요비체 맥주의 우수성을 간파하고 이 맥주를 왕실에 납품하도록 명했다. 이는 페르디난트가 왕위에 오른 지 얼마 지나지 않은 1531년의 일이다. 이 일을 계기로 부데요비체 맥주는 '보헤미아가 낳은 걸작'으로 세상에 널리 알려졌다. 그리고 이때부터 부데요비체

맥주는 '부드바이저'라는 이름으로 불리기 시작했다.

'부데요비체' 대신 '부드바이저'라는 제품명이 붙은 연유에 대해서는 다음과 같은 해석이 있다. 페르디난트 왕은 체코어가 아닌 독일어를 주로 사용했다. 그도 그럴 것이 그는 합스부르크 왕실의 한 사람이었기 때문이다. 그런 까닭에 궁정의 식사 시간에도 그는 부데요비체를 독일어식 발음인 '부드바이저'로 표현했다. 그 탓에 부데요비체 양조장도 페르디난트 왕의 발음을 따라 자신들의 전략 상품인 부데요비체 맥주를 '부드바이저'라고 부를 수밖에 없었다. 이후 양조장 이름은 '부드바르'로, 맥주의 제품명은 '부드바이저'로 불렀고, 정식 명칭으로 정착했다.

신성로마제국 황제 카를 5세는 아버지 필리프 1세(Felipe I, 재위 1506.7.12~1506.9.25)를 여섯 살의 어린 나이에 여의었다. 당시 필리프 1세는 부르고뉴의 공작 신분이었다. 카를 5세는 열다섯 살이 되던 해에 부르고뉴 공이 되었다. 그리고 그는 자신의 어머니 후아나(Juana I de Castilla)의 아버지, 그러니까 자신의 외조부인 스페인 왕 페르난도 2세(Fernando II, 아라곤 왕 재위 1479~1516, 카스티야 연합 왕 재위 1475~1504)가 서거한 직후 카를로스 1세로 즉위했다. 그 후 그는 친조부 막시밀리안 1세(Maximilian I, 신성로마제국 황제 재위 1508~1519)가 1519년에 서거하자 이듬해인 1520년에 신성로마제국 황제로 선출된다.

카를에게는 네 명의 여자 형제와 남동생 페르디난트 1세(Ferdinand I, 신성로마제국 황제 재위 1556~1564)가 있었다. 1522년에 열린 브뤼셀 협약에서 형인 카를은 신대륙을 포함한 스페인 전체와 이탈리아(나폴리왕국 포함), 네덜란드(오늘날의 폴란드, 벨기에, 룩셈부르크를 아우름)를 다스리기로, 그리고 동생 페르디난트는 오스트리아, 헝가리, 보헤미아를 통치하기로 합의했다. 이 일을 계기로 합스부르크 왕가는 스페인계와 오스트리아계로 나뉘게 된다. 보헤미아의 군주가 된 페르디난트 1세는 부데요비체 맥주를 각별히 사랑했다. 비록 그는 스페인에서 태어나 어린 시절을 그곳에서 보냈으나 그의 모국어는 어디까지나 독일어였다. 그가 체스케부데요비체 맥주를 체코어 '부데요비체'가 아닌 '부드바이저'라고 부른 데에는 이런 연유와 맥락이 있다.

1842년 이후 플젠(필젠)은 단숨에 필젠 타입의 맥주 탄생지로 명성이 높아진다. 이는 보헤미아 중서부 플젠에 '필스너 우르켈'이 탄생하고 밝은 담색의 이 맥주가 대단한 인기를 끌면서 나타난 현상이었다. 이는 부인할 수 없는 역사적 사실이지만, 시대를 초월해 보헤미아에서 가장 좋은 평가를 받는 맥주는 체코의 남부 도시 체스케부데요비체에서 생산된 '부드바이저' 맥주가 아닌가 싶다.

여기서 한 가지 궁금점이 생긴다. 오늘날 안호이저 부시를 세계 최대 맥주 기업으로 일군 아돌푸스 부시는 왜 플젠이 아닌 부데요비체 맥주를 주요 전략 상품이자 상품명으로 선택했을까? 그 이유는 아마도 그가 합스부르크 제국과 체스케부데요비체의 역사에 매료되었기 때문일 것이다.

필스너 우르켈 양조장으로 다시 돌아가자. 1892년은 필스너 우르켈 양조장 창립 50주년이다. 양조장에 도착하면 이 해에 세운 유명한 문이 눈에 들어온다. 내가 이곳을 맨 처음 방문했던 23년 전 무렵만 해도 양조장 안은 비교적 한산한 편이었다. 그러나 다시 이곳을 방문했을 때는 분위기가 사뭇 달랐다. 제품 수송용 트럭이 연이어 운행하며 양조장 내의 도로를 점거하다시피 하고 있었다. 이는 필스너 우르켈의 맥주 판매가 잘 이루어지고 있다는 의미였다.

이곳에서 나는 맥주 생산 공정에 관한 설명을 들었다. 담금 공정의 하나인 '삼중 달임(triple decoction)'에는 변화가 없었지만 발효 공정 이후의 메커니즘은 크게 개선되었다. 탱크는 CCT이고, 발효 탱크 용량은 180킬로리터로 펜슬 타입이며, 저장 탱크는 300킬로리터 용량의 유니 탱크 타입이다. 발효와 저장 모두 과거의 나무통 대신 스테인리스 재질의 수직형 탱크에서 이루어진다. 이 모든 것이 필스너 우르켈 양조장으로서는 대변혁을 이룬 셈이다.

23년 전 맨 처음 이 양조장을 방문했을 때만 해도 여전히 사용하고 있던 낡은 나무통 발효 용기는 지하 박물관에 전시되어 있었다. 지하 깊은 곳의 발효 및 저장실은 규모가 어마어마했다. 이를 통해 19세기 말쯤 유럽 여러 나라에서 필스너 우르켈의 인기가 얼마나 대단했을지 짐작이 간다.

필스너 우르켈 양조장에서는 관광객을 위한 대형 비어홀이 갖춰져 있었다. 이 비어홀의 규모는 엄청나서 동시에 1,000명 이상의 고객을 수용할 수 있을 정도였다. 내가 그곳에 도착했을 때 빈

체코 필스너 우르켈 양조장의 맥아즙 양조 구리 탱크

테이블이 거의 눈에 띄지 않을 정도였고, 맥주 관련 상품과 선물 용품이 가지런히 진열된 가게의 안과 밖은 발 디딜 틈이 없을 정도였다. 이는 첫 번째 방문 시에는 전혀 볼 수 없었던 광경이었는데, 이는 유럽이라기보다는 미국의 전시장이나 행사장 같은 느낌이었다.

체코 인구는 1,000만 명 정도지만 연간 관광객 수는 9,000만 명이나 된다고 한다. 놀랄 만한 숫자가 아닐 수 없다. 필스너 우르켈 양조장은 필스너 맥주의 성지(참고로, 필스너 우르켈은 '필스너의 원천'이라는 의미다)와도 같은 곳이다. 그렇다 보니 마치 순례자가 최종 목적지인 성지를 순례하듯 체코를 찾는 관광객들이 이곳으로 몰려드는 것은 어쩌면 당연한 일이 아닐까. 전 세계 맥주 업계는 지금 거센 변화의 소용돌이 속에 있고, 맥주 강국 체코도 그 흐름에 발맞추어 눈에 띄게 변화하고 있다.

체코의 맥주 생산량은 연간 182만 킬로리터, 1인당 소비량은 160리터로 세계 1위다. 이는 1996년 통계 기준이다. 체코 맥주 기업들의 순위는 다음과 같다. 필스너 우르켈이 연간 약 40만 킬로리터로 1위, 라데가스트(Radegast)가 2위, 프라하 양조장이 3위다. 부드바르는 연간 50퍼센트 성장이라는 놀라운 성장률을 매년 달성하고 있기에 머지않아 5위에서 4위로 순위가 바뀔 것으로 예측된다. 지난 5년간 체코의 맥주 기업 수는 80개에서 65개로 줄었다. 향후 머지않아 3~4개의 맥주 대기업이 전체 시장의 90퍼센트를 차지하는 과점 형태를 띠게 될 것으로 보인다. 그 과정에 많은 중소기업이 대기업에 인수 합병되는 일이 끊임없이 일어날 것이다.

다른 한편으로 서유럽 열강들은 맹수가 먹잇감을 노리듯 체코 시장을 예의 주시하고 있다. 그 연장선에서 영국의 바스, 오스트리아의 브라우 유니온(Brau Union), 독일의 빈데크(Windeck)는 막대한 자금을 체코의 맥주 기업에 투자하고 있다. 향후 5~10년 사이에 체코의 맥주 업계 판도는 큰 변화를 맞이할 것으로 예측되는데, 개인적으로 필스너 우르켈이 다시금 세계 최정상의 자리를 차지하게 되길 기원한다.

나는 필스너 우르켈의 매력적인 맛을 조용히 음미한다. 이 맥주에서는 특유의 α-아세토젖산 냄새가 난다. 사실 이는 필스너 우르켈만이 지닌 특성이라기보다는 체코 맥주가 대부분 공통으로 지닌 특성으로 보는 것이 맞다. 아마도 이는 효모 그 자체가 지닌 특성이 아닌가 싶다. 필스너 우르켈 맥주는 순하면서도 부드러운데, 그런 만큼 강렬하고 중후한 맛은 덜하다. 어쨌든 부드럽고 깔끔한 맛이 필스너 우르켈의 주요한 특징이며 바로 그 점 때문에 전 세계의 많은 이들이 이 맥주를 즐겨 찾는 게 아닐까. 또 한 가지 필스너 우르켈의 특성을 꼽으라면, 씁쓸하면서도 상쾌한 맛이 나는 이 맥주에서는 목이나 혀를 죄는 듯한 떫은맛이나 쓴맛을 의미하는 '하시 비터(harsh bitter)'는 전혀 느낄 수 없다는 점이다. 양조 과정에 꽤 많은 영의 최고급 사츠(saaz) 홉이 첨가됐음을 염두에 둘 때 이는 선뜻 믿기 힘들 정도다. 아무튼, 필스너 우르켈은 그 오랜 세월과 수많은 경쟁을 이겨내고 여전히 존재감을 뽐내고 있다.

다이아세틸은 효모는 물론이고 젖산균 등의 세균도 생성한다. 이 세균은 천연 버터 덩어리를 칼로 잘랐을 때 나는 냄새로 존재를 확인할 수 있다. 마가린 등에 다이아세틸을 첨가하는 이유도 이 냄새를 나게 하기 위한 인위적인 노력의 결과다. 낙농 제품을 일상적으로 먹고 마시는 유럽인들의 경우 이 냄새를 그다지 신경 쓰지 않는다. 그도 그럴 것이 그들은 이 냄새를 일상적으로 맡으며 생활하기 때문이다. 그러나 한국, 중국, 일본 등 아시아인의 경우는 다르다. 같은 발효 식품이라도 된장을 비롯한 각종 염장 식품에서 나는 냄새에 좀 더 익숙하기 때문이다.

체코 맥주는 사회주의 계열의 정권이 통치하던 시절에는 모든 면에서 서유럽의 자본주의 국가들에 비해 한참 뒤처져 있었다. 그러던 중 해방과 함께 체코는 맥주의 수준 면에서 비약적으로 성장할 수 있는 절호의 기회를 맞이했다. 그러면서도 섣불리 대응했다가는 자칫 서구 열강들에게 잡아먹힐 위험성이 있다는 우려가 여기저기서 나왔다. 이는 1999년 가을 무렵의 상황이다. 깜짝 놀랄 뉴스가 전 세계를 강타한 것은 그즈음이었다. 일본 최대 증권사 노무라 증권의 네덜란드 주재 투자 법인이 체코의 1위 기업인 필스너 우르켈과 2위인 라데가스트를 매수 합병하여 새로운 회사를 창립한다는 소식이었다. 게다가 그들은 이 회사를 전 세계 제5위의 맥주 제조업체인 SAB, 즉 남아프리카공화국 맥주회사(South African Breweries)에 매각해 버린 것이었다. 한데 더욱 놀라운 점은 체코 정부가 이 매각을 승인했다는 사실이다. 이에 관해서는 뒤에서 좀 더 자세히 살펴보기로 하자.

• **9월 9일(화) 저녁, 프라하**

여행도 거의 끝나 가고 있었다. 뮌헨 플라츠와는 확연히 다른 분위기의 '우플레쿠(U Fleků)'라는 이름의 프라하 비어 & 레스토랑에서 저녁 식사를 했다. 나는 스파이시한 체코 요리를 주문했는데, 예전에 이곳을 방문했을 때보다 더 맛있었다. 그런 다음 나는 우플레쿠가 자랑으로 여기는 '다크 비어'를 추가 주문해서 마셨다.

우플레쿠의 다크 비어에서는 꽃향기가 난다. 뭐랄까, 이는 꽃향기는 꽃향기이되 불쾌한 느낌의 에스터 향이 아닌 시원하고 상쾌한 향이라고 할까. 또 이 맥주의 특징으로는 풍성한 거품을 꼽을 수 있다. 단맛이 나는데, 거슬리는 단맛이 아니다. 쓴맛도 어우러져 있는데, 밋밋한 느낌은 전혀 아니다. 기본적으로 목 넘김이 편안한 맥주라고 할 수 있다. 우플레쿠 맥주는 다크 비어로서는 최고봉이라고 단언할 만하다.

맥주가 맛이 있는지 없는지 마셔 보기 전에 알 수 있는 방법이 있다면? 간단하다. 그 맥줏집을 찾는 고객들이 맥주잔을 비우는 속도를 보면 단번에 알 수 있다. 우플레쿠 비어 & 레스토랑의 고객들이 너도나도 빠른 속도로 맥주를 마시고, 하나둘 맥주잔이 비어간다.

호프브로이하우스에서 그랬듯, 우리 일행은 흥에 겨워 자연스럽게 〈아인 프로지트〉를 함께 부르기 시작했다. 왜 그랬을까? 술에 취한 탓이었을까? 아마도 마지막 밤이라서 그랬는지도 모르겠다. 3인조로 구성된 연주팀이 2층 복도 쪽에 자리 잡고 앉은 우리 테이블로 다가왔다. 그리고 그들이 연주하는 음악과 우리의 노래가 한데 어우러져 놀라운 하모니를 만들어 냈다. 흥이 오를 대로 오른 가와바타 씨가 갑자기 자리에서 일어나 춤을 추기 시작했다. 그때 그는 전혀 일본인스럽지 않게 매우 즉흥적이었다. 아무튼, 그날 밤 우리는 마지막 날 저녁에 꽤 잘 어울리는 근사하고도 유쾌한 시간을 보냈다.

우플레쿠의 역사는 유구하다. 그도 그럴 것이 이 비어 & 레스토랑의 개업 연도는 무려 1499년이다. 내가 이곳을 맨 처음 방문한 때는 1985년 가을 무렵이었다. 내가 기억하기로, 당시 우플레쿠의 연간 맥주 생산량은 약 600킬로리터였다. 한데 그때도 이미 수요가 폭발적으로 늘어나 양조장을 증설하고 있었다.

15세기 말이라는 시점은 뮌헨에서 하면 발효 맥주가 개발되고 생산되기 시작한 시기와 겹친다. 고전적 뮌헨 맥주, 즉 뮌헤너는 진갈색이라기보다는 오히려 흑갈색에 더 가깝다. 이 맥주는 맥아가 본래 지닌 순한 맛이 특징적인데, 강렬함보다는 깊고 중후한 맛이 인상적이었다. 그 후 합스부르크 지배를 받게 된 체코는 다른 많은 영역과 마찬가지로 맥주에서도 오스트리아 빈과 독일 뮌헨의 강한 영향을 받아 새로운 다크 비어를 개발했다.

담색을 띤 강렬한 보헤미아 필젠 맥주가 유럽의 맥주 시장을 석권하기 시작했다. 그에 따라 전통적인 뮌헨 맥주는 서서히 쇠락의 길로 접어들었다. 이는 19세기 말 무렵의 상황이다. 이후 뮌헨의 맥주 기업과 양조장들도 담색 라거 맥주를 개발해 성공을 거두었음에도 뮌헤너는 바이에른 지역 맥주로 위상이 떨어졌다.

이런 상황 속에서도 우플레쿠는 전통을 지닌 이 고전적 뮌헨 맥주를 오늘날까지 지키고 유지해 왔다. 그러면서 오랜 세월 동안 품질 개선에 온힘을 기울여 매력적인 뮌헤너 타입의 다크 비어로 되살려 냈다. 이런 맥주를 지금 이렇게 내가 마시고 있다니, 분더바(wunderbar, 최고)!

효모의 대표 격인 카를스베르겐시스의 위상을 추락시킨 미생물학자 한센의 치명적인 실수

지금 얘기할 내용의 소제목을 다소 자극적으로 잡은 데에는 양조 기술자의 뼈아픈 실수와 안타까운 마음이 담겨 있다. 그 이야기를 해 보자.

술을 만드는 데 사용되는 효모에는 어떤 종류가 있을까? 우선, 오랜 세월을 거치며 맥주 양조에 사용돼 오면서 우리와 친숙해진 사카로미세스 세레비시아(Saccharomyces cerevisiae)와 사카로미세스 카를스베르겐시스(Saccharomyces carlsbergensis)를 꼽을 수 있다. 앞의 것은 다양한 일본 전통주, 미주, 소주, 상면 발효 에일이나 스타우트, 위스키 효모와 알코올 발효 효모 등으로 주로 사용된다. 그리고 뒤의 것은 하면 발효 라거 맥주의 효모로 사용된다.

카를스베르겐시스라는 효모 이름은 어떻게 붙여졌을까? 이 이름에 관한 역사 이야기를 한토막 해 볼까 한다. 이를 위해 우리는 시대를 조금 거슬러 1845년으로 돌아가야 한다. 야코브 야콥센은 슈파텐 양조장의 가브리엘 제들마이어 2세에게 하면 발효 효모가 담긴 작은 병 두 개를 받아든 채 자신의 고향 덴마크 코펜하겐을 향해 마차를 몰아 바람처럼 달려갔다. 그도 그럴 것이 발효 탱크에서 추출한 효모가 정상적인 상태를 유지할 수 있는 시간은 섭씨 0도에서도 길어야 일주일 정도이기 때문이었다.

온도가 높아지면 효모는 눈에 띄게 활력이 떨어지고 죽게 될 확률이 기하급수적으로 높아진다. 그런 터라 야콥센은 코펜하겐을 향해 달려가는 도중에 중간중간 한 번씩 마차를 세운 다음 차가운 우물물을 퍼다가 효모가 담긴 병을 식히곤 했다. 천만다행하게도 뮌헨의 하면 발효 효모는 코펜하겐 양조장의 신선한 맥아즙에 섞여 들어 건강한 상태로 되살아났다. 이로써 덴마크에서도 처음으로 라거 맥주가 탄생하게 되었는데, 그 이듬해인 1846년의 일이다. 이것이 바로 그 유명한 칼스버스 맥주의 탄생에 얽힌 흥미로운 일화다.

야콥센은 라거 맥주를 대량생산하고 판매하는 일을 자신의 꿈이자 목표로 정했다. 그 연장선에서 그는 수질이 좋은 풍부한 수원을 확보할 수 있는 코펜하겐 근교 작은 언덕에 땅을 매입하고 공장을 지었다. 그는 이렇게 세워진 자신의 맥주 회사에 자기 아들의 이름 '카를'과 '산' 또는 '언덕'을 의미하는 '버그'를 붙여 '칼스버스(Carlsberg, '칼스버그'는 영어식 표기이고 덴마크 현지어로는 '카를스베르'로 발음한다)'라는 이름을 짓는다. 맥주 기업 칼스버스는 마침내 맥주 양조를 시작했다. 1847년 11월 10일의 일이다. 이는 덴마크 맥주가 수공업에서 벗어나 본격적으로 산업이자 공업의 길을 걷게 되는 역사적인 날이었다.

칼스버그 연구소에서 화학·미생물을 담당했던 초기 연구소장들은 덴마크 과학사에 눈부신 업적을 남겼다. 실제로 그때 이루어진 '켈달(Kjeldahl) 질소 분해법'은 생명의 근원인 유기질소 화합물(단백질, 펩티트, 아미노산) 분석법으로 오늘날까지 사용된다.

에밀 크리스티안 한센(Emil Christian Hansen)은 미생물학자다. 그는 쉼 없는 노력과 연구 끝에 자신만의 고유의 방법으로 효모 단세포 분해에 성공하고 효모 순수배양법을 확립했다. 이로써 그는 맥주 산업은 물론이고 미생물 관련 산업을 근대화하는 데 크게 공헌했다. 그리고 이후 그가 발명한 효모 순수 배양 장치는 오염되지 않은 깨끗한 맥주를 양조하는 것을 목표로 하는 맥주 공장에 미생물 관리라는 신기원을 이루었다.

한센은 순수하게 분리해 낸 하면 발효 효모에 공장 이름을 따서 '사카로미세스 카를스베르겐시스'라는 이름을 붙여 주었다. 이는 1883년의 일이다. 이는 우리가 이미 잘 알고 있듯이 그 후 라거 맥주의 효모로, 맥주 양조업에 종사하는 모든 사람에게 매우 중요하고도 친숙한 이름으로 자리 잡았다.

그해에 한센은 맥주에 불쾌한 쓴맛과 냄새가 나게 하고 탁하게 만드는 오염 효모를 분리하고 정화한 뒤 '사카로미세스 파스토리아누스(Saccharomyces pastorianus)'라고 이름 지었다. 이 효모는 마치 길고 가느다란 소시지처럼 생겼는데, 현미경으로 살펴보면 매끈한 달걀형의 세레비시아(Cerevisiae)와 확연히 구분된다.

그런데 한센은 한 가지 치명적인 실수를 저지른다. 카를스베르겐시스를 분리하고 정화해 명명한 사실을 시간이 한참 지나 뒤늦게 보고한 것이다. 좀 더 구체적으로, 하면 발효 효모의 명칭이 카를스베르겐시스로 공식 인정받았을 때는 1908년이다. 그리고 파스토리아누스가 보고된 시점은 1904년이다. 이는 카를스베르겐시스 효모를 파스토리아누스보다 4년이나 늦게 보고했다는 의미다.

그로부터 몇 년 전 최신 분류법(DNA 상동법 분석법: DNA를 구성하는 염기 배열의 유사성 정도를 특정하는 분석법)에 의해 두 효모가 같은 종이라는 판정이 나왔다. 이런 경우 가장 먼저 보고된 종이 그 종 전체를 대표하게 된다. '파스토리아누스'가 그 종을 대표하는 명칭이 된 것은 이런 맥락에서였다. 이와 같은 흐름에서 한때 양조 공정상에서 발생하는 오염 혐오로 낙인찍혔던 파스토리아누스가 그 종을 대표하는 효모로서 위상이 높아지고, 진정한 하면 발효 효모의 대표 격이었던 카를스베르겐시스는 그 하위의 명칭으로 위상이 낮아졌다. 카를스베르겐시스는 파스토리아누스의 동생 격으로 그 아래에 편입되어 종의 대표 자격을 빼앗긴 것이었다.

네 번째 개정된 효모 분류법의 최신판 『효모-분류학상 연구(The Yeasts - A Taxonomic Study)』(4th. ed.)에는 사카로미세스 속 14가지 종이 정리돼 있다. 그중에서 카를스베르겐시스는 별도로 돼 있지 않고 9번째로 등장하는 파스토리아누스의 이명에 포함돼 있다. 이 사실을 알고 나니 개인적으로 안타까운 마음이 들었다.

1950~60년대에 라거 맥주의 저장 기간 단축이
맥주 양조가들에게 중요한 화두가 될 수밖에 없었던 이유

체코의 양조 기술자 호무루카 씨는 맥주에 관해 모르는 게 없다. 그는 내게 필스너 우르켈의 '12 원칙'을 알려 주었다. 1985년 말쯤 내가 필스너 우르켈 양조장을 방문했을 때의 일이다.

1. 원맥 즙 농도, 12퍼센트
2. 담금 시간, 12시간
3. 주 발효 기간, 12일
4. 저장 기간, 12주
5. 저장하기 시작한 뒤 12시간이 지나면 미숙성 맥주를 추가한다(저장 탱크에 미숙성 맥주를 추가하는 작업을 '크레진'이라고 한다. 미숙성 맥주란 주 발효 단계의 초기에 진액 양이 넉넉히 남아 있는 맥주를 말한다. 크레진은 이 미숙성 맥주를 저장 탱크에 넣어 후발효를 유도하는 양조법 중 하나인데, 후발효를 활성화하는 방법으로도 알려져 있다).
6. 12잔을 마셔도 또 마실 수 있다.

신기하게도 '12 원칙'은 전통적인 필젠 맥주 양조법과 흡사하다. 구체적으로, 12일 발효와 12주 저장 항목은 고전적 필젠 맥주의 양조 기간과 일치한다. 맥주 양조가들은 1950년대 무렵까지만 해도 12주 동안 섭씨 0도에서 저장하는 방법이 부드럽고 향기로울 뿐 아니라 강한 맛을 내는 필젠 맥주를 양조하는 비결이라고 확신했다.

1974년에 나는 플젠을 맨 처음 방문했다. 그때 필스너 우르켈 양조장에서는 전통적인 양조법을 충실히 지키며 필젠 맥주를 생산하고 있었다. 그곳에서는 10킬로리터 남짓 무게의 나무통에서 주 발효했다. 놀랍게도 그곳에서는 1,500여 명의 노동자가 일하고 있었다. 그도 그럴 것이 당시만 해도 발효 공정은 물론이고 그 밖의 모든 공정을 수작업으로 해야 했으니 그야말로 '인해전술'에 의지할 수밖에 없었던 탓이다.

라거 맥주와 에일의 가장 큰 차이점은 뭘까? 하면 발효로 양조되는 라거 맥주는 저온에서 오랫동안 저장하고 숙성시킨다는 점이 특징이다. 앞에서 살펴본 대로, 하면 발효 맥주는 15세기 무렵 독일 뮌헨에서 맨 처음 양조되기 시작했다. 그 후 이는 라거 맥주라는 이름으로 불리며 19세기 후반에 놀랍게 성장했는데, 하면 발효법의 '저온 장기 저장 기술'이 그 원동력이 되어 주었다.

저온에서 이루어지는 하면 발효법은 과거의 상면 발효법과 비교할 때 유해 미생물에 의한 맥주 산패의 위험성이 거의 없다고 파스퇴르는 주장했다. 이는 그가 자신의 책 『맥주 연구』에서 자세히 밝힌 내용이다. 이 내용은 에일의 입장에서는 사형선고를 받은 것이나 다름없는 충격적인 일이었다. 그도 그럴 것이 당시 미생물학에 관한 한 단연 세계 최고의 학자가 밝혀낸 사실이었기 때문이다.

이와 더불어 라거 맥주는 뮌헨의 카를 폰 린데가 발명한 암모니아식 냉동기, 파스퇴르의 저온살균법, 베를린의 세균학자 코흐(Heinrich Hermann Robert Koch)와 코펜하겐의 한센이 개발한 미생물 관리법 등의 신기술에 힘입어 순풍에 돛을 단 듯 거침없이 항해한다. 이런 흐름 속에서 라거 맥주는 19세기 말엽 세계 맥주의 왕자 자리를 차지했으며, 20세기에 들어서서는 더욱더 무서운 기세로 전 세계로 퍼져 나간다. 그리고 마침내 오늘날에 이르러서는 맥주 하면 누구나 라거 맥주, 특히 담색의 '필젠 타입'을 떠올릴 정도로 세계 최고의 브랜드로 자리매김했다.

제2차 세계대전이 끝난 이후 전쟁 기간에 군수용으로 개발되고 사용된 첨단기술이 모두 일반 산업용으로 전환된다. 이재에 밝은 각 나라의 산업계가 이런 절호의 기회를 놓칠 리가 없었다. 그들은 다양한 혁신 기술을 적극적으로 도입하여 비약적으로 성장할 계기이자 전환점으로 삼았다. 이에 관한 몇 가지 예를 들자면 이런 것들이다.

우선, '스테인리스 스틸'의 등장을 예로 들 수 있다. 이는 마치 거울처럼 표면을 연마한 부식되지 않는 신소재다. 당시의 산업계는 이 신소재를 위생 관리 측면에 적용하여 식품 제조 설비를 근본적으로 변화시켰다. 또한 그 무렵 군사 물자의 품질을 보증하기 위해 미군이 최초로 개발한 밀리터리 스탠더드(Military Standard)가 공장의 통계적 품질관리법(Standard Quality Control=SQC)으로 번역돼 사용되면서 민간 기업들이 생산하는 제품의 품질이 획기적으로 향상됐다.

이런 흐름에서 맥주 업계도 예외는 아니었다. 맥주 업계에 종사하는 사람들도 제2차 세계대전 이후 다양한 신기술을 도입하여 좀 더 효율적이고 효과적으로 맥주를 생산할 수 있는 시스템과 메커니즘을 갖추기 위해 노력했다. 이런 흐름 속에서 맥주 공장들은 기존의 개방형 설비를 밀폐형으로 바꿨는데, 그와 더불어 대대적인 기계화가 진행되며 위생 관리가 향상되었고 품질도 크게 향상되었다. 이는 1950년대 후반부터 1960년대 초반 무렵의 상황이다.

그즈음 전통 라거를 양조하는 데 드는 비용(저온 장기 숙성에 필요한 저장 설비 투자비, 냉장실을 냉각하는 데 드는 막대한 에너지 비용 등)이 만만치 않은 문제로 떠올랐다. 이는 맥주 공장의 효율화와 합리화를 추진하는 과정에서 자연스럽고도 필연적으로 나타난 현상이었다. 이는 하면 발효 맥주, 즉 라거 맥주를 양조하는 데 꼭 필요한 공정인 저온 장기 저장이 공장의 효율성과 합리성을 떨어뜨리는 치명적인 걸림돌이라는 사실을 확인한 것이기도 했다. 거듭해서 말하지만, 당시에는 맥주 양조가들이 저온 장기 저장만이 부드럽고 향기로우면서도 강한 맛을 내는 필젠 타입의 라거 맥주를 양조하는 유일한 방법이라고 굳게 믿고 있었다. 그런 터라 그들에게 저온 저장 기간은 쉽게 넘볼 수 없는 하나의 성역과도 같은 것이었다.

자본주의 사회에서 기업 간에 벌어지는 경쟁은 필연적이며 가장 기본적인 원칙의 하나다. 사실 필스너 우르켈이 전 세계적으로 대대적인 산업화가 이루어진 1980년대까지 전통적인 양조법을 고수한 배경에는 공산권이라는 특수한 경제 환경이 무겁고 거대한 바위처럼 자리하고 있었다. 경쟁력을 갖추기 위해서는 원가 절감이 그 무엇보다 중요한 요소다. 그렇다 보니 '품질을 최소한 유지하거나 향상하면서 양조 기간을 단축하는 것'이 비록 두 마리 토끼 잡기처럼 여겨질 수는 있겠으나 어쨌든 당대의 라거 맥주 양조 기술자가 반드시 해결해야 할 난제 중 하나로 떠오를 수밖에 없었다. 이런 맥락과 분위기 속에서 마침내 '저온 장기 저장은 라거 맥주의 가장 중요한 원칙'이라는 하나의 성역이 무너지기 시작했다.

앞에서 우르켈의 '12 원칙'을 언급하며 지적했듯이, 1950~1960년대에 라거 맥주의 평균 양조 기간은 12주였다. 한데 만약 이 기간을 그 절반으로 줄일 수 있다면 추가 투자 없이 두 배에 달하는 양을 생산할 수 있다는 의미다. 이런 상황에서 '저장 기간 단축'이 맥주 양조가들에게 매우 중요한 화두가 된 것은 당연한 일이었다.

양조 기술자들이 맥주 양조 기간을 단축하기 위해 혼신의 노력을 기울인 결과 공정 시간(주 발효+저장 기간)이 단계적으로, 확실히 단축되었다. 이렇게 되자 필스너 우르켈의 '12 원칙'은 전통적인 양조법으로 인식되며 생산 현장에서 밀려났다. 그러다가 최근 필스너 우르켈 양조장이 전통적인 양조법에서 벗어나 공정의 효율성과 효과성, 합리성을 추구하며 재기에 나섰다. 이런 모습이 나의 플젠 공장 견학기에 잘 드러난다. 그 내용을 인용하며 이 장을 마무리하자.

요즘 독일은 물론이고 전 세계 유력 양조장의 공정 시간은 통상 2주 혹은 그보다 짧다.

용기 있는 맥주 연구가들이 '저장 기간'이라는 성역에 조심스럽게 들어갔다. 그리고 그 결과 그들은 이 성역과도 같았던 원칙에 과학적인 근거가 전혀 없다는 사실을 깨닫게 되었다. 그저 '숙성 효과'라는 모호한 관념만 있었을 따름이다. 그들은 최첨단 분석 기기와 계산기를 동원해 방대한 분석 결과를 해석했으며, 분자생물학과 효소화학 외에도 생물화학, 식품화학 분야의 발전이 숙성 기간에 나타나는 각 성분의 인과 관계를 밝혀냈다. 그럼으로써 저장 온도를 높이면 숙성 기간을 크게 줄일 수 있다는 사실을 증명했다.

이전까지는 대다수 맥주 양조가, 주류 연구가 등의 전문가들이 효모의 대사 부산물 중 황화수소, 메틸메르캅탄, 에틸메르캅탄 등의 유황 화합물과 알데하이드류, 에스터류, 고급 알코올류, 다이아세틸 등을 미숙성 성분으로 인식해 왔다. 그러나 이번 연구를 계기로 그중 대부분이 저장 초기에 역치(閾値, 인간의 후각이 감지할 수 있는 농도의 최소한을 의미한다. 다만, 다이아세틸 0.08ppm은 훈련된 검사원에게 적용되는 수치로, 제대로 훈련받지 않은 이는 0.1ppm이나 그 이상이 아니면 감지하기 어렵다) 이하 수치까지 눈에 띄게 감소하는 것을 발견했다. 위의 여러 종류 중 예외적으로 오랜 숙성 기간이 필요한 성분은 다이아세틸뿐이다.

연구팀은 다이아세틸이 역치 이하 수치로 떨어지는 때가 바로 숙성 종료 시점이라는 결론을 내렸다. 이는 그들이 오랜 시간과 많은 시행착오를 거친 끝에 비로소 얻은 결론이었다. 다이아세틸의 역치는 0.08ppm인데, 대개는 이 농도의 2배, 그리고 때에 따라서는 10배가 주 발효 종료 시점에 검출되기도 했다. 이때 다이아세틸의 감소 시간과 온도는 반비례했다.

이와 관련해 좀 더 구체적으로 예를 들자면, 섭씨 0도에서는 다이아세틸 수치의 감소가 더디게 진행되나 미숙성 맥주를 12~13도 이상으로 유지할 경우 며칠 만에 역치 이하로 수치가 떨어진다. 그런 터라 최근에 개발된 양조법에서는 발효가 끝난 뒤 다이아세틸 양을 줄이기 위해 일정 온도에서 며칠 동안 맥주를 보관하는 방법을 적용한다. 이렇듯 다이아세틸 양을 줄이는 기간을 '다이아세틸 레스트(Diacetyl rest)'라고 부른다. 이와 더불어 다이아세틸 생산량을 억제하는 양조법도 개발되었다. 3개월이나 걸리는 숙성 기간을 10분의 1도 안 되는 단 며칠 내로 줄인 획기적인 이 기술의 개발은 어떻게 이루어졌을까? 이는 다이아세틸 대사 기제가 명확히 밝혀졌기에 가능한 일이었다.

효모 세포 내의 '발린(valine)'이라는 이름의 아미노산은 합성 과정 중에 α-아세토젖산(α-Acetolactate: [$CH^3COC(CHO^3)(OH)COOH$])을 생성한다. 이 물질은 곧 세포 밖으로 방출되는데, 방치하면 산화적 탈탄산반응을 일으켜 다이아세틸[$CH^3COCOCH^3$])을 생성한다. 이것이 바로 미숙성 맥주의 냄새가 나는 결정적인 원인이다. 다만 그 안에 효모가 있으면 다이아세틸은 효모 세포 안으로 환원되어 아세토인(Acetoin)을 거친 다음 2, 3 부탄디올(2, 3-Butanediol:

[$CH^3COHCOH-CH^3$])이 되면서 냄새가 거짓말처럼 사라진다. 이는 일본인 연구자가 역사상 최초로 증명해 낸 것이다. 그리고 이 연구 성과로 인해 맥주 제조 현장에 '다이아세틸 레스트' 기법이 도입되었고, 이후 단 며칠 만에 다이아세틸을 역치 이하로 떨어뜨리는 일을 가능하게 만들었다.

맥주 역사의 아이러니라고 해야 할까? 하면 발효의 라거 맥주는 상면 발효의 에일을 무시하고 저온 장기 숙성 방식만을 고집하며 19세기 말엽에 대내외적으로 승리를 선언했으나 그로부터 100여 년 후인 20세기 말에는 결국 에일의 특징인 고온 단기 숙성 방식으로 돌아가게 되었으니 말이다. 자연스러운 시대의 흐름이라고는 하나 맥주의 역사를 아는 사람에게는 감회가 새롭고 감동적이기까지 한 장면이 아닐 수 없다.

World History
of
BEER

⑪

오늘날
전 세계적으로
사랑받는 맥주가 된
평범한 시골 맥주,
라거

오늘날 세련된 상면 발효 맥주로 사랑받으며 확고한 지위를 누리고 있는 알트비어

독일 바이에른주의 도시 뮌헨은 하면 발효 맥주가 탄생한 곳이다. 그리고 이 도시에서 탄생해 필젠에서 활짝 꽃피운 라거 맥주는 오늘날 맥주의 대명사가 되었다. 사정이 이렇다 보니 흔히 사람들은 독일에는 하면 발효 맥주인 라거 맥주만 생산된다고 생각하는 경향이 있다. 그러나 그렇지 않다. 독일에는 상면 발효 맥주도 분명히 존재한다.

그렇다면 상면 발효 맥주는 주로 어디에서 만들어지며, 어떤 제품들일까? 뒤셀도르프의 알트비어(Altbier), 쾰른의 쾰슈비어(Kölschbier), 바이에른의 바이첸비어, 베를린의 베를리너 바이세(Berliner Weisse) 등이 대표적이다. 지금부터 이 네 종류의 상면 발효 독일 맥주에 대해 대략 살펴보자.

뒤셀도르프는 라인강변에 자리 잡은 아름다운 도시로, 독일 중부의 공업 지대에 위치한 상업 도시다. 특이한 점은 이 도시에 일본 기업이 집중돼 있고 일본인도 많다는 사실이다. 그러나 뭐니 뭐니 해도 이 도시가 가장 자랑할 만한 것은 알트슈타트

(Altstadt, 구시가지)에서 마시는 '알트비어'다.

언젠가 뒤셀도르프의 알트슈타트를 방문한 적이 있다. 8월 한여름의 어느 주말 저녁 무렵이었다. 아직 6시가 안 된 시간인데도 알트슈타트의 거리는 인파로 넘쳐났다. 이곳 알트슈타트에는 중세의 술집, 태번을 그대로 계승하고 있는 펍 양조장(Gasthaus-Braurerei, brewpub)이 있다. 이곳이야말로 원조 비어&레스토랑이라고 할 만하다. 그중에서도 가장 대표적인 펍 양조장인 춤위리게(Zum Uerige)에 가면 그 앞 도로에 많은 테이블이 놓여 있어 그곳에 앉아 맥주를 마시는 젊은이들로 북적인다.

좁은 입구를 지나 양조장 안쪽으로 들어가다 보면 통로가 점점 좁아지는데, 내 가슴 높이 정도의 벽을 따라 폭 20센티미터 남짓의 바가 이어져 있다. 고객은 그 바에 팔을 걸친 채 자리에 앉아 맥주를 마신다. 이곳은 매우 좁아서 두 사람이 나란히 서 있어도 그 틈을 지나갈 수 없을 정도다. 나는 사람들 사이를 비집고 어렵게 중앙 홀에 도착했다. 천장은 높지만 가로세로 7~8미터 정도로 그리 넓은 편은 아니다. 홀의 정면에는 바 카운터가 있고 여러 개의 맥주 통이 나란히 세워져 있다. 뒤쪽에 있는 구리로 만든 담금 솥이 순금이라도 되는 듯 반짝반짝 빛을 낸다. 용량이 적어도 10킬로리터는 될 것 같다.

그곳에 고객이 선 채로 맥주를 마실 수 있도록 직경 80센티미터 정도의 키 높은 탁자 몇 개가 비치돼 있다. 전체적으로 둘러본 뒤 중앙 테이블에 자리를 잡고 앉았다. 그러자 흰색 가죽 앞치마를 몸에 두른 뚱뚱한 체형의 중년 남자가 주문을 받으러 왔다. 나는 고민할 필요 없이 알트비어를 주문했다.

알트비어 전용 잔은 한눈에 보기에도 독특했다. 원통형 글라스인데, 직경 6센티미터 정도에 높이 10~12센티미터 정도 크기다. 1리터가 표준인 뮌헨 비어홀의 맥주잔 비어 크루크(Bier Krug)보다 약간 커 보였다.

알트비어는 매력적인 색깔을 뽐냈다. 좀 더 구체적으로 붉은빛이 감도는 구리색인데, 자홍색에 구릿빛 갈색을 섞은 듯한 색감이었다. 당시 내가 남긴 메모를 아래에 인용한다.

> 상면 발효 맥주의 특징인 에스터 향은 약간 미흡한 느낌이지만 상큼하다. 맥아 특유의 단맛이 살아 있으며 부드럽고 묵직하다. 홉이 지닌 강한 쓴맛이 남으면서도 기본적으로 달콤한 맥주다.

춤위리게 못지않게 오랜 역사와 전통을 자랑하는 태번이 알트슈타트에는 몇 개 더 있다. 춤슐뤼셀(Zum Schlüssel), 임퓌셴(Im Füchschen), 페르디난트슈마허(Ferdinand Schumacher) 등이다. 이 중 춤슐뤼셀은 〈로렐라이(Lorelei)〉를 지은 시인 하인리히 하이네(Christian Johann Heinrich Heine)의 생가 부근에 있다. 그리고 페르디난트슈마허는 알트슈타트에서 그리 멀지 않은 곳에 자리 잡고 있다.

알트슈타트의 나무통 맥주는 영국의 비터 에일을 벤치마킹해 개발한 맥주다. 일반적으로 이 맥주에는 탄산가스를 사용하지 않고 잔에 맥주를 따를 때 높이로 인한 낙차를 이용하는데, 그 덕분에 톡 쏘는 맛을 낸다. 그런 연유로 탄산가스의 자극이 강하지 않고 부드러운 맛을 낸다.

맥주의 역사에서 살짝 비껴나 독자적인 길을 개척해 온 양조장도 있다. 예를 들어 뒤셀도르프 교외의 작은 마을 이쑴(Issum)에서 생산되는 디벨스(Diebels) 양조장이 그것이다. 매년 급성장을 거듭하다가 최근 연간 10만 킬로리터를 생산하는 최대 알트비어 제조업체로 거듭났다.

비록 상면 발효 맥주를 생산하지만 제조 설비만 보면 라거 맥주를 생산하는 양조장과 흡사하다. 말하자면, 수직형 옥외 탱크를 설치한 완벽하게 자동화된 양조장이다. 이곳에서는 상면 발효 맥주에 라거 맥주의 양조법을 적극적으로 도입하여 강하고 시원한 알트비어가 생산된다.

전통과 역사를 자랑하는 디벨스는 시대 변화를 따라가지 못하는 듯한 알트비어의 안 좋은 이미지와 품질을 과감히 바꾸는 일을 시도했다. 그 결과 맥주의 품질을 높이고 제품 포장을 바꾸는 등 다방면의 노력을 통해 잠재 소비자인 젊은층에게 어필하는데 성공했다는 평가를 받았다. 사실 과거의 디벨스는 시대에 뒤떨어진다는 이미지를 벗지 못하고 있었다. 이는 영국의 고전 에일이 전통을 지킨다는 명목으로 낡은 것에 연연하다가 결국 젊은이들에게 외면받은 사례와 대조적이다.

아무튼, 그렇기는 해도 알트비어는 '오래된 맥주'라는 이미지가 남아 있다. 여기서 드는 의문점 한 가지, '역사가 깊은 것으로만 따지면 훨씬 오래된 맥주도 적지 않은데, 왜 하필 이 맥주에만

'알트비어'라는 이름이 붙은 것일까?' 이에 관해 간략히 살펴보자. 알트비어는 12세기 무렵 탄생했다. 우선, '알트'의 의미를 이해하자면 그 당시로 돌아가 이름과 관련된 일화를 살펴보는 것이 좋겠다.

30년 전쟁은 유럽 전역을 전쟁의 화염에 휩싸이게 했다. 이 전쟁은 1648년에 종지부를 찍었으며 그해에 노르트라인베스트팔렌주의 뮌스터(Münster)에서 강화회의가 열렸다. 그에 따라 뮌스터 시로 유럽 여러 나라의 제후 등 귀빈들이 너도나도 모여들었다. 뮌스터 시는 자신들이 자랑하는 알트비어를 대접했다. 사실 이 시는 그보다 400여 년 전인 1200년대부터 이미 알트비어 산지로 명성이 자자했다.

13세기에 북독일의 자유도시들은 한자동맹을 결성하여 발트해와 스칸디나비아의 여러 국가, 그리고 네덜란드(오늘날의 네덜란드, 벨기에, 룩셈부르크를 아우름)와 영국을 상대로 활발히 무역 활동을 벌였다. 당시 맥주는 한자동맹 도시들을 포함한 많은 도시의 주요 수출 품목이었다. 그런 터라 노르트라인베스트팔렌주에서는 곳곳에서 알트비어를 양조했다. 이런 흐름의 연장선에서 알트비어는 17세기에 이미 품질이 크게 개선된 최고급 지역 맥주로 자리 잡고 있었다. 참고로, 뒤셀도르프는 노르트라인베스트팔렌주의 주도다.

알트비어는 바티칸 대표로 참석한 추기경에게도 제공되었다. 그는 평소에 와인을 주로 마신 탓에 맥주에 대해서는 잘 모르고 있었는데, 두세 번 신중하게 맛을 본 뒤 다음과 같이 말했다고 한다.

"맛이 꽤 괜찮지만 여기에 유황이 조금 들어가면 훨씬 맛이 좋아질 텐데……."

여기서 추기경이 말한 '유황'은 무엇일까? 전해 오는 기록이나 근거 자료가 부족하여 정확히 밝히는 데는 한계가 있다. 그러나 나름대로 치밀한 조사를 거친 결과 추기경이 '유황'이라고 말한 것은 바로 '야생 로즈메리'였을 것으로 추측해 볼 수 있다.

남독일은 좀 달랐지만, 당시 북독일에서는 홉 대신 구르트, 즉 각종 향료를 맥주에 첨가해서 마셨다. 이 지역의 당대 지식인이라면 누구든 향료에 정통했다. 그런 까닭에 당시 그 자리에 있는 사람 중 유황이 '야생 로즈메리'를 의미한다는 것을 모르는 사람은 아마 거의 없었을 것이다.

그 추기경은 아마 야생 로즈메리를 유난히 좋아했을 것이다. 아무튼 야생 로즈메리가 아닌 실제 '유황'이 맥주에 첨가됐다고 해도 당시에는 그리 놀랄 일은 아니었을 것이다. 그도 그럴 것이, 당시에 기록된 문헌에 따르면 실제로 구르트 이외에 각종 기묘한 물질들이 맥주 맛을 개선한다는 명목으로 무분별하게 추가되었기 때문이다. 몇 가지만 예를 들자면 아스팔트, 소 쓸개즙, 분필, 매연, 석탄 등이다.

어쨌든 13세기 무렵부터 시작된 오랜 전통의 알트비어는 오늘날 세련된 상면 발효 맥주로 가장 사랑받으며 확고한 지위를 누리고 있다.

마지막으로 '알트'라는 명칭이 왜 생겼는지 핵심을 짚어 보자.

알트는 '오래되다'라는 의미를 지닌 독일어 단어다. 그렇기는 해도 알트비어가 오랫동안 묵힌 맥주를 의미하는 건 아니다. 오히려 그와 정반대로 신선하지 않으면 알트비어 특유의 맛과 향을 제대로 즐기기 어렵다.

'알트'라는 이름의 유래는 당시 알트비어가 영국의 전통적인 제조법에 따라 생산된 맥주라는 데서 찾을 수 있다. 그도 그럴 것이, 당대에 영국 맥주는 맥주의 본가이자 양조법의 기술적 종주국으로서의 위상을 가지고 있었기 때문이다. 이런 맥락에서 알트비어는 '상면 발효 방식으로 양조한 정통 맥주'의 의미로 받아들여졌다. 그러므로 여기서 알트는 '오래된'이라는 의미보다는 '정통'이라는 의미로 해석하는 것이 타당하다.

오늘날 전 세계적으로 사랑받는 맥주는 하면 발효 맥주, 즉 라거 맥주다. 그러나 이 맥주는 15세기 바이에른에서 탄생한 지 얼마 지나지 않았을 무렵만 해도 평범한 시골 맥주의 하나에 지나지 않았다. 그런 터라 당시에는 영국식 정통 맥주인 알트비어와 비교하면 역사가 매우 짧은 풋내기 맥주라는 의미에서 '노이 비어(Neu Bier)'라는 이름으로 불렸다.

오늘날 알트비어는 독일에서 가장 많이 팔리는 상면 발효 맥주다. 과거에는 뒤셀도르프 외에도 쾰른, 부퍼탈(Wuppertal) 같은 곳에서도 이 맥주가 생산되었다. 참고로, 뮌스터와 뒤셀도르프의 알트비어는 사뭇 다른 맛을 낸다. 좀 더 구체적으로, 뮌스터 알트비어는 오스트리아 빈 스타일에 가까운데 산미가 있고 좀 더 붉은색을 띤다.

**알트비어와 함께 상면 발효 맥주의 일종인 쾰슈비어가
'알트' 대신 '쾰슈'를 고집할 수밖에 없었던 역사적 연유는
한자동맹까지 거슬러 올라간다?**

대성당으로 유명한 쾰른은 라인강변에 위치한 오래된 도시다. 쾰른 대성당은 북유럽 최대의 전형적인 고딕 건축 유산이다. 이 성당은 고딕 양식 건축물답게 좌우 대칭의 첨탑이 솟아 있는 구조에 157미터에 달하는 상당한 높이를 자랑한다.

대성당 앞에는 광장이 자리 잡고 있고 광장의 정확히 반대편에는 성당과 마주 보며 대규모 비어홀이 서 있다. 이 비어홀은 '프뤼암돔(Früh am Dom)'이라는 이름의 '쾰슈비어'를 마실 수 있는 맥줏집이다.

광장에 놓여 있는 40~50개의 테이블은 거의 언제나 자리가 차 있다. 그런 터라 어렵사리 자리를 잡고 앉아 쾰슈를 주문했다. 백발의 한 남자가 가운데에 손잡이가 달린 특제 쟁반에 잔을 올린 채 들고 왔다. 큰 덩치의 그 사내는 앞치마를 두른 근사한 모습이었다. 쾰슈의 맥주잔은 알트비어 잔보다 약간 큰데, 알트비어 잔처럼 얇고 긴 원통형으로 돼 있다. 당시 나는 쾰슈비어를 맛본 후의 느낌을 메모해 두었다.

밝고 옅은 황갈색 맥주에 새하얀 거품이 인상적이다. 상큼한 에스터 향이 절묘하다. 효모가 본래 지닌 약한 유황 냄새에

쾰른 대성당

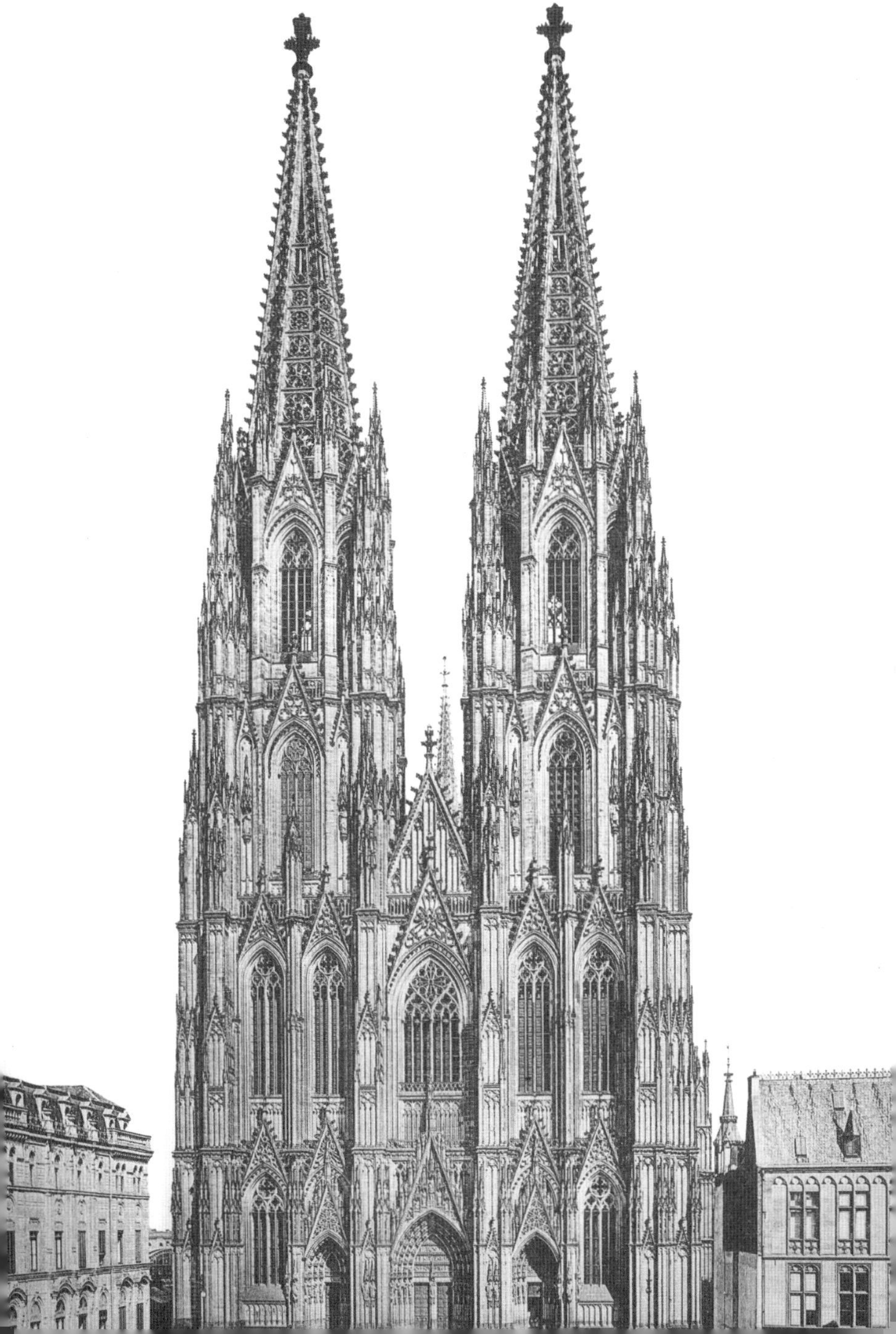

신선함이 느껴진다. 쓴맛은 약하고 목 넘김이 부드럽다. 강한 맛의 독일의 필스 탓에 혀가 무뎌진 게 아닌가 싶다. 그래서 한 모금 더 마셔 본다. 특별히 이상한 맛은 나지 않는다. 뭐랄까, 아메리칸 라거 느낌이 나는, 목 넘김이 좋은 맥주라고나 할까!

필스와 비교하자면, 쾰슈는 색이 좀 더 연하고 쓴맛도 약한 편이다. 원맥 즙 진액 농도 11~12퍼센트, 알코올 함유량 4퍼센트 정도로 낮은 편이다.

'효모'와 '발효 온도' 이 두 가지는 상면 발효와 하면 발효 맥주의 확실한 차이점이다. 두 맥주는 제각각 다른 특성의 효모를 사용한다. 하면 발효 맥주의 경우, 10도 정도의 저온에서 일주일간 주 발효를 한 다음 섭씨 0도로 냉각하여 오랫동안 저장, 보관한다. 그에 반해 상면 발효 맥주인 쾰슈는 18~22도의 온도에서 4~5일 정도면 주 발효가 끝난다. 이 맥주는 최고 온도가 25도를 넘어 28도에 달할 때도 더러 있다. 상면 발효 맥주의 풍부한 향은 효모와 높은 발효 온도 덕에 만들어진다. 0~4도 온도에서 2~4주일간 안정화 과정을 거친다.

상면 발효 맥주인 쾰슈는 가벼운 라거 맥주와 비슷하게 뒷맛이 깔끔하다. 특히 알트비어가 그렇다. 이는 아마도 최근 라거 맥주 제조법으로 저장하고 관리하는 공장 수가 많이 늘어났기 때문이 아닌가 싶다.

쾰슈를 양조하는 공장은 열 곳이 넘으며 소규모 업체가 대부분이다. 물론 여기에도 예외는 있는데, 시내에 있는 퀴퍼스쾰슈

(Küppers Kölsch A.G.)가 그렇다. 이곳에서는 라거를 생산하던 자동화 양조 설비를 그대로 사용하여 쾰슈를 만든다. 그런 터라 깔끔한 맛의 퀴퍼스쾰슈는 '새로운 모습으로 재탄생한 전통 맥주'의 느낌이 난다.

앞에서 언급한 쾰른 대성당 맞은편의 비어홀 '프뤼'는 중세 태번의 모습을 고스란히 간직하고 있으며 이곳의 부속 양조장에서 생산한 맥주를 판매한다. 요즘 들어서는 직접 양조해 판매하는 것을 자랑스럽게 여기던 예전의 술집들이 맥주 생산을 중단하고 전용 비어홀로 바꾸어 가는 추세다. 안타까운 현실이 아닐 수 없다. 뒤셀도르프 알트슈타트의 상황도 이와 별 차이가 없다.

알트비어와 마찬가지로 쾰슈도 상면 발효의 일종으로, 둘 다 노르트라인베스트팔렌주에서 생산된다. 알트라는 이름은 앞에서 얘기한 대로 '정통 상면 발효 맥주'에서 유래했다. 이런 맥락에서 보면 상면 발효 맥주도 '알트'라는 이름으로 부르는 것이 타당할 텐데, 왜 알트 대신 '쾰슈'라는 이름이 붙었을까? 이는 쾰른의 역사와 관련 있는 것으로 보인다. 본(Bonn), 코블렌츠(Koblenz), 마인츠와 함께 쾰른은 라인강 유역의 도시로서 그 기원을 찾아 거슬러 올라가면 고대 로마 시대에 다다를 정도로 유서 깊다. 고대 로마 시대의 쾰른이라는 명칭은 '콜로니아 아그리피넨시스(Colonia Agrippinensis, 아그리피나의 식민지라는 의미)'였다. 이를 줄여서 '콜로니아'라고 부르던 것이 쾰른(독일어로 Köln, 영어·프랑스어로는 Cologne)의 어원이 된 셈이다.

북독일에 상업 활동으로 부를 일군 시민 계급(주로 지방에 광대한 토지를 소유한 지주층)이 출현했다. 11~12세기가 되면서 일어난 현상이다. 이 계급의 사람들은 도시 상공업에 강력한 영향력을 미쳤는데, 이는 그들이 수공업자를 휘하에 거느린 채 활발한 상업 활동을 벌여 막대한 이익을 거둔 덕분이었다. 상황이 이렇게 되자 도시를 다스리는 영주가 시민 계급의 활동에 개입하고 제동을 걸기 시작한다.

시민 계급의 사람들이 자유로운 활동을 갈망할수록 영주와 시민 간 대립은 점점 더 격렬해졌다. 그들이 영주의 지나친 개입을 제한하고 자치권을 얻어 그야말로 '자유 도시'로 바꾸기까지 피비린내 나는 치열한 투쟁의 과정이 있었다. 어쨌든 그 피의 투쟁을 거친 결과 라인강 유역의 모든 도시가 자치권을 얻게 되었다. 이는 14세기의 상황이다. 그리고 마침내 14세기가 몇 년 남지 않은 1396년에 쾰른은 선거로 선출된 시의 참사회가 시정 전반을 관리하고 통솔하는 새로운 콘셉트의 자유도시로 재탄생했다.

제5장에서 살펴보았듯, 쾰른의 영주는 대주교이면서 신성로마제국의 선제후 중 한 명이었다. 선제후는 신성로마제국의 많은 제후 가운데 신성로마제국 황제 선거권을 가지는 특별히 선발된 제후 일곱 명을 가리킨다. 일곱 선제후는 세 명의 성직자, 곧 쾰른, 마인츠, 트리어 대주교와 네 명의 세속 제후인 보헤미아 왕, 작센공, 브란덴부르크 변경백, 라인 팔츠백으로 구성되었다. 말하자면 쾰른의 영주는 라인강변의 여러 도시 중에서도 종교적 권위와 세속적 권력을 모두 거머쥔 막강한 제후였으니, 이런 영주에 맞서 싸운 쾰른 시민의 용기에 감탄하지 않을 수 없다.

쾰른은 북독일을 대표하는 자유도시의 하나였다. 13세기 무렵, 북독일에서는 맥주 붐이 거세게 불었다. 당시 거의 모든 사람이 맥주에 열광하고 맥주를 즐겨 마셨다. 북독일 최고의 맥주 도시를 꼽으라면 어디일까? 단연 브레멘이다. 브레멘은 북독일에서 가장 오래된 맥주 양조 도시로 명성이 자자했다. 게다가 13세기에 이미 스칸디나비아, 영국, 네덜란드, 벨기에로 많은 양의 맥주를 수출했다. 위에 언급한 도시들은 서로 경쟁이나 하듯 맥주를 생산했으며 그 결과 함부르크는 판매율 면에서 브레멘을 능가하기도 했다.

북독일의 맥주 양조 역사에서 절대로 빼놓아서는 안 될 중요한 요소가 한 가지 있다. 그게 뭘까? 바로 '한자동맹(중세 북독일의 모든 도시와 그 도시에서 활동하는 독일 상인들의 연합체로서 무역상의 이익 보호를 목적으로 결성됨)'이다. 한자동맹이 최전성기를 맞이했을 때는 13~15세기였으며, 북유럽 상업 역사에서 매우 중요한 역할을 담당했다.

한자동맹은 크게 두 가지 흐름으로 구분할 수 있다. 하나는 발트해를 독점한 뤼베크로 대표되는 북부 도시들이다. 또 하나는 쾰른을 중심으로 하는 베스트팔렌의 여러 도시로, 이들은 오늘날의 벨기에와 영국을 아우르는 서부 무역을 담당했다. 당시 상인들은 상호 간에 생활 물자가 원활히 공급될 수 있도록 노력했고 긴밀히 협력했다. 일테면 런던에서는 폴리네시아의 겨자를, 벨기에 브루게(Brugge)에서는 터키의 건포도를, 노르웨이 베르겐(Bergen)에서는 이탈리아의 무화과를 자유롭게 구매하고 먹을 수 있을 정도였다.

맥주는 한자동맹이 취급하는 모든 물품을 통틀어 가장 중요한 수출 품목이었다. 그런 터라 한자동맹에 속한 모든 도시는 맥주 양조에 사활을 걸었다. 그러다가 급기야 경쟁이 격화되어 지나치게 배타적으로 바뀌거나 경쟁 상대의 영업을 방해하는 도시까지 생겨날 정도였다. 한자동맹에 가입하지 않은 나라인 네덜란드 도시의 경우 함부르크나 도르트문트 등지에서 생산된 맥주 수입 금지 조치를 단행하기도 했다. 이런 상황 속에서 한자동맹의 각 도시는 맥주 운송과 안전한 판매를 위해 용병을 파견하기도 했다. 쾰른을 비롯한 몇몇 도시가 대표적이었다.

쾰른은 한자동맹의 빛나는 별과도 같은 존재였다. 이 도시 역시 다른 도시들과 마찬가지로 1475년 시민들이 흘린 값진 피로써 당시 영주이자 대주교였던 통치자에게 자치권을 얻어 냈다. 시민 계급이 영주 겸 대주교와 격돌한 첫 번째 사건은 '보링겐 전쟁(Battle of Worringen)'이었는데, 1288년에 발발했다. 이 전쟁에서 쾰른 시민은 대주교의 세력과 맞서던 제후들과 연합하여 통쾌한 승리를 거두었다. 이 일을 계기로 쾰른의 대주교는 모든 세속적 권리를 포기하겠다고 선언했다. 또한 전쟁 승리의 부차적인 효과로, 그때까지만 해도 시골 마을에 지나지 않던 뒤셀도르프가 당당한 도시로 승격되고 발전하기 시작했다. 그리고 그 연장선에서 알트비어가 탄생했으며 주목받았다.

오랜 역사와 전통을 자랑하는 쾰른의 길드는 도르트문트, 함부르크, 그리고 새내기 격인 뒤셀도르프의 맥주와 확실히 선을 긋고 싶어 했다. 그도 그럴 것이, 당대에 쾰른의 맥주 양조 길드는 한자동맹 도시들을 대표하는 위상을 가지고 있었기에 여타의 도시들과는 격을 달리하는 이름으로 불리고 싶었을 것이다. 그렇기는 해도 쾰슈라는 이름이 정확히 언제 붙여졌는지는 분명치 않고, 다만 일반적으로 불리던 명칭이 인정받기 시작했을 때는 그보다 한참 뒤다.

30년 전쟁의 여파로 북독일의 도시들은 대부분 몰락하고 맥주 양조업도 쇠락의 길을 걸었다. 이후 쾰른 맥주가 부흥과 재도약의 시기를 맞이했을 때는 20세기에 들어서서였다. 오늘날 우리가 알고 있는 쾰슈의 밝고 옅은 호박색에 경쾌한 맛을 지닌 맥주가 개발된 것 또한 20세기 중반의 일이다. 참고로, 중세에는 다른 도시들과 마찬가지로 쾰른 역시 묵직한 다크 라거가 주력 상품이었다. 오늘날의 쾰슈 스타일의 맥주가 완성되었을 때는 1960년대였다. 현대의 쾰른 맥주 양조장 조합은 쾰른 길드의 후예인 셈인데, 이 조합은 '쾰슈라는 제품명을 쾰른산 맥주에만 붙일 수 있다'고 선언했다.

그러나 정부는 그와 다른 결정을 내렸다. 우여곡절 끝에 1985년, 애초부터 쾰슈를 양조하던 지역의 경우 자유롭게 쾰슈라는 제품명을 사용할 수 있도록 하고 그 외의 다른 지역은 이 명칭을 사용하지 못하도록 했다. 아무튼, 이런 일련의 상황의 연장선에서 쾰슈는 와인과 마찬가지로 맥주로서는 유일하게 원산지 통제 명칭(Appellation d'Origine Controlee=AOC)을 허가받았다.

평화로운 한낮에 나는 호텔 테라스에 앉아 라인강을 유유히

항해하는 유람선을 배경 삼아 쾰슈비어를 마시며 중세 시대를 상상한다. 그러면서 문득 한자동맹의 중심도시로서 해외무역에서 눈부신 활약을 했으며, 한때 엄청난 번영을 이룬 찬란한 도시국가 쾰른의 자긍심이 '쾰슈'라는 제품명과 그 품질에 오롯이 투영돼 있다는 사실을 깨닫는다.

밀 맥주는 어떻게 독일 바이에른주를 대표하는 맥주로 자리매김했을까

최근 바이에른에서는 밀을 사용해 양조한 바이스비어의 판매가 잘 이루어지고 있다. 구체적으로, 1997년 독일의 전체 맥주 생산량은 전년 대비 0.5퍼센트 증가하는 데 그쳤으나 밀 맥주 생산량은 4.5퍼센트나 증가했다. 그러나 독일 전체 맥주 생산량 대비 밀 맥주의 비율은 5퍼센트가 채 안 된다. 그렇기는 해도 바이에른주의 밀 맥주 생산량은 전체의 4분의 1, 즉 25퍼센트에 달할 정도로 비율이 높다.

바이에른주의 최대 맥주 제조업체인 파울라너의 경우, 연간 맥주 생산량이 약 25만 킬로리터인데, 그중 밀 맥주가 40퍼센트, 즉 10만 킬로리터를 차지한다. 바이에른주 뮌헨의 명문 맥주 제조업체인 슈파텐은 밀 맥주 브랜드인 프란치스카너(Franziskaner)에 대한 의존도가 70퍼센트에 달할 정도다. 게다가 에딩거(Erdinger)의 경우 밀 맥주만 전문적으로 양조하는 업체로서 연간

13.5만 킬로리터의 밀 맥주를 생산한다. 이 회사는 독일 전체에서 단연 밀 맥주 생산 및 판매 1위를 차지한다.

이렇듯 독일 밀 맥주 판매량 상위 10위권 기업은 대부분 바이에른주의 양조장이 차지한다. 이런 상황의 연장선에서 오늘날 밀 맥주는 바이에른주를 대표하는 맥주로 자리매김했다.

바이에른주에서는 밀 맥주를 '바이첸비어(Weizenbier, Weizen은 독일어로 '밀'을 의미함)'라고 부른다. 최근에 들어서서는 특히 전통 바이첸이 대중에게 큰 인기를 끌고 있다. 한마디로 말해 바이첸비어는 숙성 맥주다. 주 발효가 끝난 뒤 당분을 첨가하고, 효모를 넣은 다음 병에 담아 병 속에서 후발효 하는 방식으로 생산된다. 완성된 맥주에 효모가 남아 있고 가스압이 높아 탁한 빛깔을 띤다. 이 제품을 '효모가 들어간 바이첸(Hefe Weizenbier 또는 Weizenbier mit Hefe)'이라고 부른다. 여과 과정을 거치며 효모를 걸러내어 투명한 바이첸을 '크리스탈 바이첸(Kristal Weizen)'이라고 부른다. 그리고 보크 비어의 담금법으로 생산한 바이첸은 바이첸 보크(Weizen bock)다.

바이스비어(Weissbier)가 왜 갑자기 인기를 끌게 되었는지는 명확히 알기 어렵다. 아마도 맛과 향이 약하고 탄산가스로 인해 만들어진 자극적인(gassy) 상쾌함에 고객이 열광적인 반응을 보인 게 아닌가 싶다.

오늘날 미국의 맥주 시장은 라이트가 대세를 이룬다. 그러나 이는 미국만의 추세는 아니다. 참고로 라이트 타입의 코로나가 멕시코에서 급성장하고 있고 한국에서는 아메리칸 타입의 하이트(Hite)가 오랫동안 시장을 독점하다시피 했다. 맥주가 시나브로 라이트해진다는 점에서 독일도 예외는 아니다.

밀은 맥주 양조에 사용되는 여러 원료 중 가장 오래된 곡물이다. 역사적으로 거슬러 올라가 보면 냉해 등으로 기근이 들 때마다 '밀은 빵을 만들 때만 사용해야 한다'라는 법령이 수없이 내려졌다. 그 탓에 맥주의 주원료는 차츰 밀에서 보리로 대체되기 시작해 결국 보리가 밀을 완전히 밀어냈다.

독일, 벨기에 등의 나라에서는 전통적으로 밀 맥주가 양조되었다. 그 밖의 나라들, 특히 19세기 이후 라거 맥주를 도입한 신흥 맥주 생산국에서는 밀 맥주를 제대로 만들어 본 경험이 거의 없었다. 그리고 사실 바이에른주에서 주로 생산되는 바이첸이 지닌 밀 특유의 맛과 향은 일부 국가에서 분명한 호불호의 차이를 나타내기도 한다.

투명한 유리잔의 대중화가 하얀 맥주로 불리는 밀 맥주의 판매에 날개를 달아 주다

우선, 밀 맥주의 개념 정의를 되짚어 살펴보자. 일반적으로 밀 맥주는 '바이스비어(Weissbier)'라는 이름으로 불린다. 독일어 단어 'Weiss'란 '하얗다'라는 의미이므로, 바이스비어는 글자 그대로 '하얀 맥주'가 된다. 그런데 여기서 의아한 점은 바이에른주의 바이스비어는 흰색보다는 황금색에 가깝다는 것이다.

밀 맥주를 '하얀 맥주'로 부르는 이유가 뭘까? 사실 19세기 말엽까지만 해도 뮌헨 맥주는 하얀 맥주와는 거리가 멀었다. 그보다는 오히려 짙은 색 다크 비어에 가까웠다. 그리고 19세기 중엽 필젠에서 뮌헨 맥주를 벤치마킹해서 개발한 하면 발효 맥주는 뮌헨 맥주와는 사뭇 다른 밝은 호박색을 띠었다. 사람들은 반짝이는 하얀빛에 열광했다. 그리고 그때 마침 본격적으로 보급되기 시작한 투명한 유리잔이 하얀 맥주의 판매에 날개를 달아 주었다. 이때부터 맥주 애호가들은 맥주의 맛과 품질만이 아니라 빛깔과 외양에도 주목하게 되었다. 이런 추세와 맞물려 다크 비어, 즉 흑맥주는 차츰 외면당하게 되었다.

뮌헨은 아무리 쇠락의 길을 걷더라도 원조로서의 자존심을 잃지 않았다. 그런 터라 그들은 원조이자 본가로서의 다크 비어를 기준으로 삼아 바이스비어를 '색이 옅은 맥주' 혹은 '담색 맥주'로 불렀다. 이 점에서 영국도 독일의 뮌헨과 사정이 비슷했다. 영국 역시 전통 맥주는 다크 비어였다. 좀 더 구체적으로 '스타우트'가 그 전형이었다. 영국의 경우 흑색이나 흑갈색의 맥주를 기준으로, 버튼 에일을 '페일(담색)'이라고 불렀다.

필스너의 등장은 뮌헨의 양조업자들에게 엄청난 충격을 안겨 주었다. 뮌헨의 양조장들은 서로 경쟁하듯 담색 맥주 개발에 뛰어들었지만 모두 실패한다. 그들은 왜 담색 맥주 개발에 실패할 수밖에 없었을까? 그 원인은 바로 '물'에 있었다. 그러나 당시만 해도 담금 공정에서 일어나는 물질 변화가 과학적으로 밝혀지지 않던 시대였기에 정확한 실패 원인이 맥아가 아닌 물에 있다는 사실을 알지 못했다.

뮌헨의 양조장 중 담색 맥주를 맨 처음 개발한 곳은 슈파텐 양조장이다. 1894년의 일이다. 그 후 색이 진한 뮌헨 맥주는 자신의 의무를 다했다는 듯 맥주의 역사에 작별을 고하게 된다. 사실 이는 좀 더 시간이 지난 1920년대에 파울라너 양조장이 담색의 '헬레스(Helles)' 개발에 성공하고 시장에 출시하면서 나타난 현상이다. 참고로, 헬레스란 '투명' 혹은 '담색'이라는 의미다.

뮌헨을 포함하는 독일의 바이에른주나 영국의 전통 맥주는 예외 없이 짙은 색을 띠었다. 새롭게 시장에 등장한 호박색·황금색 맥주는 모두 '담색'이라는 단어를 사용해 불렀으며, 약간 극단적인 표현이지만 밀 맥주는 '하얀 맥주'가 되었다.

막시밀리안 1세의 전쟁 비용을 충당하고도 남을 만큼 막대한 수익을 안겨준 바이스비어 독점 판매권

역사상 최초로 바이스비어를 개발한 이는 누구일까? 기록에 따르면, 데겐베르크(Degenberg) 가문이 그 주인공이며 15세기 후반 무렵의 일이라고 한다. 이후 이 가문은 바이에른과 보헤미아 양측에서 바이스비어 양조권을 인정받았다. 이로써 이 가문은 바이스비어를 자유롭게 양조하고 판매함으로써 이익을 챙길 수 있었는데, 이는 바이에른 공작 빌헬름 4세의 전

폭적인 지원이 있었기에 가능한 일이었다. 그러나 그의 뒤를 이어 공작이자 영주가 된 알브레히트 5세는 지원은커녕 바이스비어 판매분에 만만치 않은 세금을 부과했다. 그러자 데겐베르크 가문의 수장인 한스 지그문트(Hans Sigmund)는 알브레히트 5세의 세금 납부 요구에 단호히 거부 의사를 밝혔고, 이 가문과 영주는 첨예하게 대립하면서 관계가 악화 일로를 걸었다.

양측의 갈등은 한스 지그문트가 갑자기 사망하면서 해결된 셈이었다. 1602년의 일이다. 이로써 데겐베르크 가문의 양조권이 영주에 의해 몰수되었기 때문이다. 이후 양조권은 바이에른 영주 비텔스바흐 왕가(Haus Wittelsbach)의 소유가 된다.

막시밀리안 1세는 바이에른의 영주가 되었다. 그때 공교롭게도 30년 전쟁이 벌어졌고, 그는 신성로마제국에 충성을 맹세했다. 이는 17세기 초 무렵의 상황이다. 당시 그는 반 프로테스탄트 군대를 지휘해 용맹하게 싸우며 가톨릭의 근거지 바이에른의 위상에 걸맞은 능력을 발휘했다. 그리고 이후 그는 그 공적을 인정받아 선제후 자리에 올랐다. 당시 막시밀리안 1세가 군비를 걱정하지 않고 30년 전쟁을 치러낼 수 있었던 데에는 바이스비어 판매로 들어오는 막대한 수익이 있었다.

막시밀리안 1세는 사업 면에서도 탁월한 수완을 발휘했다. 그는 영주가 된 후 바이스비어의 양조권을 궁정이 독점하도록 했고 일반 민중이 이것을 양조하는 일을 엄격히 금지했다. 그런 다음 그는 뮌헨에 궁정 양조장을 짓고 데겐베르크 가문의 양조 기술자를 영입해 바이스비어를 독점적으로 양조하겠다는 계획을 세웠다. 당시 그곳에는 이미 궁정 직속의 브라운 비어(바이스비어의 흰색에 비하면 갈색에 가깝다는 의미에서) 양조장이 있었다. 이것이 바로 그 유명한 호프브로이하우스로, 북독일의 아인베크 비어, 즉 보크 비어를 양조하기 위해 1591년 빌헬름 5세가 지은 양조장이다. 그러므로 실제로는 호프브로이하우스에서도 바이스비어가 자연스럽게 생산되었다.

바이스비어는 판매 실적이 좋았다. 그랬기에 데겐베르크 가문이 지은 각지의 양조장은 빠짐없이 궁정의 소속이 되어 지역 양조의 거점으로 자리 잡았다.

막시밀리안 1세가 지은 궁정 양조장은 그의 예상대로 생산을 시작한 지 10년도 지나지 않아 500만 굴덴(Gulden, 독일어권의 금화 단위—옮긴이)이라는 막대한 수익을 거두어들였다. 이는 당시로서는 그야말로 천문학적인 숫자라 할 만한 것이었다. 이렇게 바이스비어의 독점 판매로 벌어들인 수익은 막시밀리안 1세의 전쟁 비용을 충당하고도 남을 만큼 엄청난 액수였다. 그 후로도 바이에른의 바이스비어 양조권은 1808년에 이르기까지 궁정의 독점 소유로 남아 있었다.

1516년 4월 23일, 바이에른 공작 빌헬름 4세는 맥주 순수령을 공포했다. 이 순수령에는 “맥주의 원료로 보리, 홉, 물 이외에 다른 어떤 것도 사용해서는 안 된다”라고 돼 있다. 그래 놓고 정작 빌헬름 4세 자신은 (보리가 아닌) 밀을 사용해 바이스비어를 양조했다. 말하자면 그의 궁정은 재원을 마련하기 위해 권력을 이용하여 바이스비어의 양조권을 독점한 것이었다. 그리고 다만 이때에도 수도원만은 예외를 인정해 주었다. 그도 그럴 것이 수도원에는 일찍부터 밀 맥주를 양조해 온 유구한 역사가 있었기에 막강한 권력을 가진 영주라 해도 섣불리 금지령을 내릴 수는 없었기 때문이다.

애초 귀족을 위한 맥주였던 것이 17~18세기가 되면서 일반 서민에게도 판매되기 시작했다. 궁정은 왜 귀족을 위한 맥주였던 바이스비어를 서민에게 판매하기 시작했을까? 이는 바이스비어와 관련된 혜택을 보지 못한 서민들이 분노하여 자칫 바이스비어를 불법적으로 양조하거나 양조권 쟁취 투쟁 방향으로 험악한 분위기가 조성될 우려가 있었기 때문이다. 그토록 막대한 수익을 보장해 주는 매력적인 사업을 궁정이 순순히 포기할 리가 없었다.

바이스비어의 인기는 점점 높아지다가 18세기가 되면서 그야말로 정점에 달한다. 그 과정에 뮌헨의 바이스비어 양조장은 1802년 서민들에게 넘어갔다가 1808년 브라운 비어에 흡수 합병되었다. '바이스비어의 아버지'라는 이름으로 불린 게오르크 슈나이더(Georg Schneider)가 등장했을 때는 아이러니하게도 바이스비어가 시나브로 사라져 갈 무렵이었다. 그는 바이스비어의 미래에 자신의 모든 꿈을 걸고 양조권 사유화를 이루기 위해 매진했다. 그리고 마침내 그는 실적 부진으로 허덕이던 호프브로이하우스의 사용권을 손에 넣는 데 성공한다. 이로써 그는 궁정 양조장의 유력한 세입자가 된 것이었다.

바이에른 궁정은 사용권 대신 바이스비어의 독점권을 슈나

이더에게 넘겼다. 1872년의 일이다. 이후 슈나이더의 노력 덕분에 바이스비어는 예전의 인기를 회복했다. 그러나 바이스비어의 진정한 부흥기는 제2차 세계대전 이후 찾아온다. 실제로 슈나이더가 창립한 양조장의 후계자 격인 G. 슈나이더 운트 존(G. Schneider & Sohn)은 오늘날 3.2만 킬로리터의 바이스비어를 생산하며 독일에서 바이스비어를 생산하는 제조회사 중 5위에 올라 있다(1995년 통계 기준).

현재 바이에른, 바덴뷔르템베르크(Baden-Württemberg)와 오스트리아까지 망라해 200곳이 넘는 양조장이 바이스비어를 생산하고 있으며, 스위스나 독일의 다른 여러 주에서도 생산된다. 또한 1970년대에 미국에서 탄생해 지금은 전 세계적인 유행으로 자리 잡은 펍 양조장에서라면 예외 없이 만날 수 있을 정도로 바이스비어의 인기는 대단하다.

북독일의 도시 베를린에도 '베를리너 바이세(Berliner Weisse)'라는 이름의 바이스비어가 있다. 한데 이는 바이에른의 바이첸과는 약간의 차이가 있다. 구체적으로 살펴보면 그 차이는 다음과 같다.

- 원맥 즙 농도는 바이첸이 베를리너 바이세보다 12~14퍼센트 정도 높다.
- 베를리너 바이세는 밀 맥아즙 사용량이 원료의 4분의 1 정도인데 반해 바이첸은 3분의 1 또는 보리의 거의 두 배에 달할 정도로 많다.

베를리너 바이세는 왜 신맛을 낼까

베를리너 바이세는 베를린에서만 양조되는 상면 발효 맥주다. 이는 독일 맥주로는 매우 드물게 '갈증을 해소해 주는(thirst-quenching)' 맥주로 정평이 나 있다.

베를리너 바이세는 왜 시큼한 맛을 낼까? 이는 밀 맥주인 까닭에 밀 맥아가 들어가는 데서 연유를 찾을 수 있다. 참고로 보리 맥아와 밀의 혼합 비율은 다양한데, 기본적으로 보리 맥아 75퍼센트에 밀 맥아 25퍼센트가 첨가된다. 그러나 시중에 판매되는 맥주 중에는 밀 맥아의 비율일 더 높은 것도 있기는 하다. 예를 들면 베를리너킨들(Berliner Kindl) 사는 밀 맥아가 3퍼센트 이하이고, 슐타이스(Schultheiss) 사는 50퍼센트로 편차가 크다. 원맥 즙 농도는 7~8퍼센트, 알코올 농도는 약 3퍼센트이고, 홉 첨가량이 적어 쓴맛의 추정치는 10비유(BU: Bitterness Units, 쓴맛의 단위)다.

이 맥주에서 신맛이 나는 이유는 뭘까? 당연하게도, 양조 과정에 산이 생성되기 때문이다. 베를린대학교 양조학부의 델브뤼크(Max Dellbrück) 교수의 이름을 딴 젖산균(Lactobacillus delbrueckii)을 상면 발효 효모와 혼합한 뒤 접종하여 젖산 발효를 촉진하면 산이 생성되는 것이다. 그 밖에 젖산균으로는 불가리쿠스(L. bulgaricus)도 사용된다. 여름에는 선갈퀴(Waldmeister)의 허브 에센스를 첨가한 녹색 맥주, 아무것도 첨가하지 않은 황금색 맥주, 나무딸기(raspberry, 독일어로는 Himbeere)즙을 첨가한 붉은색 맥주 등 녹색, 노란색, 빨간색 신호등 색깔을 내는 세 가지

다채로운 맥주를 즐길 수 있다.

'슈스(Schuss)'라고 하는 나무딸기즙이나 허브 에센스는 고객이 주문한 맥주를 마실 때 그 앞에서 직접 넣어 준다. 밀 맥아를 사용하면 원래 거품이 잘 일어나는데, 즙이나 에센스에도 풍성한 거품이 일게 하는 속성이 있어서 맥주 위로 수북이 거품이 쌓인다. 베를리너 바이세 전용 잔은 와인 잔처럼 아가리가 넓고 다리가 달린 형태가 일반적이다. 그런 터라 주로 빨대를 이용해서 마시게 되는데 그 덕분에 청량음료를 마시는 듯한 기분이 든다.

무더운 여름날 옥외의 그늘진 테이블에 앉아 호수에서 불어오는 시원한 바람을 맞으며 슈스가 들어간 베를리너 바이세(Berliner Weisse mit Schuss)를 마신다. 이국에서 찾아온 여행자가 베를리너가 되는 순간이라고 할까.

World History
of
BEER

⑫

유럽의 '맥주 왕자국'으로 누구나 벨기에를 꼽는 이유

만약 유럽에 '맥주의 왕자'가 산다면 그는 벨기에인일 것이라는데, 이유는?

이런 상상을 해 보자. '만약 유럽에 '맥주의 왕자'가 산다면 그는 어느 나라 사람일까?'라는. 단언하건대, 그는 벨기에인일 것이다. 그도 그럴 것이 벨기에는 그 어디 못지않게 맥주를 사랑하는 사람들이 사는 나라이며 고전 맥주의 보고이기 때문이다. 또한 유럽이 아무리 넓다 해도 벨기에처럼 전국 각 지역에 제각각 개성 넘치는 맥주를 전통적인 방법으로 양조하는 나라는 찾기 어렵기 때문이다. 벨기에는 오늘날 전 세계적으로 인기를 끌고 있는 '지역 맥주'의 원류와도 같은 곳이다. 그런데 주목할 점은 벨기에 맥주 산업 관련 통계를 유심히 살펴보면 이 나라에서도 다른 나라와 마찬가지로 라거 맥주가 강세를 보인다는 사실이다. 좀 더 구체적으로, 벨기에에서 소비되는 맥주의 약 70퍼센트가 라거 맥주라고 보면 된다.

그렇기는 해도 최근 들어 벨기에의 맥주 시장은 다시 전통으로 돌아가는 추세다. 말하자면 수도원 맥주, 프루트 람빅(Fruit Lambic), 밀 맥주 등 고전적인 맥주의 판매율이 꾸준히 늘어나고 있다는 얘기다. 좀 더 구체적으로, 필스너 맥주가 여전히 벨기에 맥주 시장 점유율 71퍼센트로 1위를 지키고는 있으나 특수 맥주가 15퍼센트, 수도원 맥주가 6퍼센트, 자연 발효 맥주 괴즈(Gueuze, 오래 숙성시켜 생산한 람빅과 새로 양조한 람빅을 한데 섞어 병에 담은 뒤 코르크 마개로 밀봉하고 숙성하는 방식, 혹은 그렇게 만든 맥주)가 3퍼센트, 무알코올(Non-Alcohol) 음료가 1.5퍼센트로 정통 맥주의 비율이 낮지 않다. 최근 들어 벨기에를 비롯한 유럽의 많은 나라가 상면 발효 맥주를 재조명하고 있다. 사정이 이렇다 보니 예컨대 네덜란드의 경우 수입 맥주 1위가 벨기에 전통 맥주일 정도다.

최근 유럽의 맥주 시장은 오랜 침체에서 벗어나지 못하고 있다. 크고 작은 기업들이 글자 그대로 끝도 없는 생존 경쟁을 벌이고 있다. 이런 상황 속에서 유럽의 많은 맥주 제조 업체가 고심 끝에 찾아낸 돌파구가 바로 '저가 맥주 시장'에 뛰어드는 일이다. 오늘날 유럽 맥주 시장의 경향은 유명 제품을 주축으로 하는 프리미엄 시장과 저가 시장의 양극화 현상이라고 말할 수 있다.

벨기에의 맥주 산업 역시 유럽연합의 오픈마켓에서 벌어지는 치열한 경쟁에서 살아남자면 반드시 구조조정의 쓰라린 과정을 겪어야 할 것이다. 그렇게 되면 전통적인 지역 맥주를 생산하는 양조장들은 더욱 큰 압박을 받을 수밖에 없을 것이다. 브뤼셀 근교의 한정된 지역에서만 양조할 수 있는 자연 발효 맥주 람빅은 무려 2년 동안의 숙성 과정이 필요하다. 이 맥주가 '와인에 가까운 술'로 불리는 것도 그런 연유에서다. 제조 원가가 비쌀 수밖에 없는 것은 당연하다. 이런 맥주가 라거 맥주와 가격 경쟁을 하면 어찌 상대가 되겠는가. 그러니 저가 맥주와는 더더욱 가격 경쟁이 불가능하다. 전 세계적으로 유명한 람빅 맥주 '모르쉬비트'를 생산하는 드케이르스마커(De Keersmaeker) 사가 벨기에 2위 알켄마스(Alken Maes) 사의 산하에 들어간 것 역시 이런 추세에서 버티는 데 한계를 느꼈기 때문으로 볼 수 있다.

그건 그렇고, 드케이르스마커의 람빅 맥주는 맥주라는 사실이 믿기지 않을 만큼 산미가 강하고 복잡하면서도 오묘하고 깊은 맛을 낸다. 이는 말이나 글로는 다 표현하기 힘든 경지다. 이런 맛은 오랜 세월을 들여 배양한 독자적인 미생물의 도움을 받지 않고는 절대로 얻을 수 없는 맛이다. 그런 터라 라거 맥주를 생산하는 신입 양조 기술자는 결코 범접할 수 없는 고도의 기술이라고 말할 수 있다. 세계의 문화유산이라는 이름에 부족함이 없는 이 람빅만큼은 무슨 일이 있어도 살아남고 명맥을 이어 가길 간절히 바란다.

람빅을 비롯한 벨기에 전통 맥주가 어떻게 하면 이 경쟁 체제에서 사라지지 않고 버틸 수 있을까? 이런 명품 맥주의 가치를 제대로 평가하고 사랑하며 소비해 줄 소비자에게 전적으로 달려 있다. 독자 여러분도 오묘하고도 기적적인 전통 맥주 람빅을 한 번쯤 맛보기 바란다. 장담하는데, 누구든 일단 그 맛을 한 번 보고 나면 람빅의 팬이 될 것이다. 더불어 앞으로 더 많은 사람이 벨기에 전통 맥주와 이 맥주를 생산하는 양조가들에게 많은 응원의 박수를 보내 주기를 바란다.

벨기에 에일의 대표 주자 다섯 가지 총정리

앞에서도 언급했듯이, 오늘날 벨기에 맥주 시장의 71퍼센트를 라거 맥주가 차지하고 있다. 그렇기는 해도 이 장에서 나는 라거 맥주 대신 벨기에 맥주의 진수라 할 수 있는 상면 발효 맥주를 소개하고자 한다. 문제는 벨기에의 상면 발효 맥주의 종류가 너무도 많아서 단순히 분류하기도 어렵고 지면이 부족해서 일일이 다 소개할 수도 없을 정도라는 것. 그러므로 우선 벨기에산 에일부터 시작해 유형마다 대표 주자 다섯 가지만 소개하는 방식으로 정리해 볼까 한다. 우선 벨기에 맥주는 다음의 I부터 IV로 나눌 수 있다.

I. 라거 맥주: 생략

II. 벨기에산 에일

① 벨기에 에일: 안트베르펜(Antwerp)의 유명 브랜드 '드코닉(De Koninck)'

② 붉은 맥주: 서 플랑드르의 루셀라레(Roeselare)에서 양조하는 '로덴바흐(Rodenbach)', '로덴바흐 알렉산더(Rodenbach Alexander)'

③ 하얀 맥주: 루뱅에서 남동쪽으로 18킬로미터 떨어진 곳에 있는 호가든(hougaarden)의 '화이트 비어(Wit bier)'

④ 브라운 에일: 벨기에의 겐트(Gent)를 기점으로 남쪽 20킬로미터 남짓 지점에 있는 아우데나르더(Oudenaarde)의

'브라운 에일'

⑤ 벨기에 스트롱 에일: '듀벨(Duvel)', '구덴 카롤루스(Gouden Carolus)'

III. 수도원 맥주인 트라피스트 맥주와 수도원의 이름을 빌려 표기한 '애비 비어(Abbey Beers)'

IV. 자연 발효 맥주인 람빅과 괴즈: 자연 발효 맥주 람빅은 다음 장에서 좀 더 자세히 살펴보자.

안트베르펜의 '드코닉'

벨기에 에일은 20세기 초 영국에서 도입한 기술로 양조한 상면 발효 맥주다. 여기에 벨기에의 전통적인 양조 기술을 접목해 독자적으로 개발한 기술로, 영국의 에일이나 스타우트와는 전혀 다른 새로운 차원의 맥주 장르를 개척했다는 평가를 받는다. 그러므로 이를 '벨기에산 특수 맥주'로 부르는 것이 합당하다고 본다.

이 맥주들의 경우 대부분 원료의 일부를 약간 태운 캐러멜맥아를 사용한 브라운 에일인데, 브라반트(Brabant) 지방에서 큰 성공을 거두었다. 시장에는 이 유형의 맥주가 60가지나 출시돼 있지만, 거의 예외 없이 라벨에는 '에일'로 표기된다. 위에 잠깐 언급한 '드코닉'은 그중에서도 군계일학과도 같은 존재라 할 만하다.

드코닉 사는 벨기에 제2의 도시 안트베르펜이 자랑하는 유일한 양조장이다. 그리고 이 양조장에서 생산되는 단 하나의 제품이 바로 '드코닉'이다. 참고로, '코닉(koninck=koning)'은 네덜란드어로 '왕'을 의미한다.

명품 맥주 드코닉 양조가들은 양조 과정에 알코올 함유량 5.2퍼센트에 맥아 100퍼센트로 담금한다. 또한 홉은 체코산 사츠를 사용하고, 15~20도 정도의 상온에서 발효시킨다. 발효가 끝난 뒤에는 냉온에서 저장하고 관리한다. 제품은 가열 살균을 거치지 않고 여과만 한 생맥주다.

공장 앞에는 드코닉 전매 카페 펠그림(Pelgrim)이 있다. 이곳에서는 양조한 지 얼마 안 된 신선한 맥주를 마실 수 있다. 드코닉사를 방문하고 돌아오는 길에 펠그림에 들르면 영국의 유서 깊은 펍의 세련된 분위기를 즐길 수 있다. 단골손님이 많은 듯 고객의 발길이 끊이지 않는다. 이곳에서는 바텐더가 샴페인 글라스를 그대로 키워 놓은 것처럼 보이는 발 달린 맥주잔에 드코닉을 시원하게 따라 준다.

큰 잔에 거품이 풍성하게 차오른다. 새하얀 거품 때문에
적갈색의 맥주 빛깔이 한층 더 선명하게 느껴진다. 적절한
에스터 향이 나고, 너무 진하지 않은 맥주의 목 넘김이 훌륭하다.
이 맥주에서는 미묘하게 이질적인 맛이 난다. 향신료가 내는
맛일까? 아무튼, 무척 맛있다.

그 후 나의 벨기에 친구 중 맥주에 대해 해박한 지식을 가진 이가 말하기를 "맥주를 아는 사람들은 드코닉에 공장에서 직송해 준 신선한 액체 효모를 첨가해서 마신다"라고 했다. 진짜 고수들

은 효모를 입안에 살짝 머금은 채 잠시 있다가 맥주와 함께 삼킨다나 뭐라나. 맥주 양조 일을 하다 보면 효모를 실제로 맛볼 기회가 더러 생기는데, 독특한 떫은맛이 나기에 그다지 맛있다고 말하기는 어렵다. 그렇기는 해도 이다음에 기회가 되면 꼭 한 번 벨기에 친구가 권해 준 대로 드코닉을 마셔 보고 싶다.

루셀라레의 붉은 맥주 '로덴바흐'

당시 내가 회사에 제출한 보고서에 다음과 같은 내용이 있었다. 이는 1976년 9월 20일 자 보고서 내용의 일부다.

> 벨기에의 맥아 제조 회사 사장의 안내를 받아 아는 로덴바흐의 공장을 방문할 기회를 얻었다. 이곳에서 양조되는 맥주는 와인빛이 나는 맥주로, 모양과 빛깔만 보면 전혀 맥주 같지 않다. 다만 에스터 향이 매우 향기롭다. 특이한 점은 홉이 첨가됐는데도 특유의 쓴맛이 나지 않는다는 것이다. 약간 달콤한 맛이 산미를 잡아 주기는 하지만 그래도 여전히 신맛이 강하게 난다. 이 맥주를 눈앞에 두고 있자니 입안에 군침이 돈다. 지금까지 많은 맥주를 맛보고 마셔 왔지만, 이런 맥주는 처음이다. 아마도 젖산과 초산 때문이 아닌가 싶다. 어쨌든 달콤하고 맛있다. 일본인의 입맛에 특히 잘 맞는다고 할까. 특히 쓴맛의 맥주를 좋아하지 않는 젊은 여성들이 좋아할 만하다. 판매가 잘될 거라는 예감이 든다.

그런데 일본에서는 이 맥주를 양조하기 어려울 것 같다. 담금이나 발효 문제는 논외로 하더라도 저장은 확실히 문제가 되지 않을까 싶다. 그도 그럴 것이 이 맥주를 만들려면 나무통에서 2년 동안 숙성시켜야 하기 때문이다. 저장용 나무통을 봤는데, 예상했던 것보다 훨씬 거대하다. 직경과 높이가 무려 4미터나 될 정도니까. 적어도 50킬로리터는 나올 것이다. 나무통을 완벽하게 무균 처리하기는 불가능해 보인다. 아무리 깨끗하게 씻고 살균해도 나뭇결 사이에 숨어 있던 균이 곰벌레처럼 살아남아 미생물 오염을 일으킬 것이기 때문이다. 그러나 이 맥주의 경우, 미생물이 맥주의 맛과 향에 강력한 영향을 미친다. 말하자면, 미생물상(微生物相, 양조장 천장과 벽, 설비 등 특정한 환경에서 서식하는 미생물 덩어리)이 맥주를 양조하는 셈이다. 이 점에서 자연 발효로 양조되는 람빅과 같다. 신기하게도 이 맥주는 썩지 않는데, 아마도 부패균과 같은 유해균이 산을 생성하는 균에 의해 제거되기 때문이 아닐까.

귀국한 뒤 용기 있게 로덴바흐의 최고급품 로덴바흐 그랑크뤼(Rodenbach Grand Cru)를 영업부 임원과 부장에게 보여 주었다. 그 결과는? '이런 맥주는 안 팔린다'고 단칼에 거부당했다.

벨기에의 서부 플랑드르에 '루셀라레'라는 작은 마을이 있다. 이 마을에서는 도버 해협이 보인다. 독일계 한 의사의 아들인 알렉산더 로덴바흐(Alexander Rodenbach)가 이 마을에 있던 양조장을 인수해 맥주 회사를 창업했다. 1820년의 일이다.

자연 발효 방식으로 양조하는 와인 빛깔이 도는 그 맥주는 어쩌면 이 마을 루셀라레에서 전해 내려오는 양조법의 유산이 아닌가 싶다. 연어가 바다에서 강을 거슬러 상류로 올라가듯 그 기원을 찾아 올라가다 보면 잉글랜드의 에일과 조우하게 된다. 12~15세기에 걸쳐 북독일의 한자동맹은 잉글랜드와 활발히 무역했는데, 당시 플랑드르가 한자동맹의 전선 기지의 역할을 했고 번영을 누렸다. 여기서 주목할 점은 15세기에 영국에 홉을 전해 준 나라가 바로 벨기에라는 점이다. 당시에는 영국 맥주의 색이 진하고 어두웠는데, 까맣게 태운 짙은 색의 맥아가 주류를 이루었기 때문이다.

호가든의 '하얀 맥주'

하얀 맥주는 독일어로 'Weissbier'라고 한다. 이는 원료에 보리가 아닌 밀을 사용한 맥주를 의미한다. 벨기에 플랑드르 어로 하얀 맥주는 'Witbier'라고 하는데, 이 또한 밀로 양조한 맥주다. 밀을 사용해 양조한 맥주를 '하얀 맥주'로 부르는 이유는 앞의 '독일의 상면 발효 맥주' 내용에서 이미 설명했다.

호가든(현지 발음은 후하르던)은 루뱅에서 동쪽으로 18킬로미터 남짓 떨어진 곳에 있다. 이는 1800년대까지만 해도 밀을 이용해 화이트 비어를 양조하는 지역의 중심지와도 같은 곳이었다. 그 주위로 30곳이나 되는 많은 양조장이 활발히 맥주를 생산했으나 그 후 시나브로 줄어들다가 1950년대에 이르러 대부분 사라졌다.

피에르 셀리스(Pierre Celis)는 밀 맥주를 부활하게 하겠다고 결심했다. 그랬기에 그는 하얀 맥주를 생산하는 마지막 양조장을 인수했다. 1960년대 초쯤의 일이다. 그로부터 몇 년이 지난 1966년에 셀레스는 그곳에서 양조를 시작해 호가든 브랜드로 하얀 맥주를 시판했다. 호가든의 하얀 맥주(Hoegaarden Wit)는 병 숙성 또는 통 숙성 방식으로 양조되기 때문에 그 과정에 효모가 침투하여 색깔이 하야면서도 탁해진다.

이 맥주는 코리앤더(coriander, 고수 씨로 만든 향신료. 여기에서는 레몬 향과 감귤류의 약한 단맛이 난다)와 퀴라소(curacao, 오렌지 껍질을 건조해 만든 리큐어로, 오렌지 향이 나고 달콤한 맛이 난다)를 홉과 함께 솥에 넣고 끓이는 독특한 방식으로 양조된다. 내가 추측하기로, '호가든의 하얀 맥주'에서 나는 정체불명의 매력적인 맛은 코리앤더와 퀴라소가 한데 어우러져 빚어 내는 맛이 아닌가 싶다. 아무튼, 피에르 셀리스는 그 양조장에 드클루이스(De Kluis)라는 이름을 붙였다. 이 양조장은 한때 명성을 떨치다가 벨기에 최대 그룹 인터브루(Interbrew)의 산하 기업이 되었다. 이 회사는 현재 연간 8만 킬로리터의 맥주를 생산한다.

벨기에의 '브라운 에일'

벨기에에 '아우데나르더'라는 이름의 유서 깊은 도시가 있다. 이는 17세기 이후 맥주 양조가 활성화하면서 널리 알려진 도시다. 바로 이곳에 벨기에 브라운 에일의 본가라고 할 수 있는 리프만스 양조장(Brouwerij Liefmans)이 있다. '리프만스 구덴반트(Liefmans Goudenband)'는 리프만스의 대표 상품인데, 세계 제일의 브라운 에일이라는 찬사를 받는다. 독특한 신맛과 단맛이 어우러져 맥주라기보다는 맛있는 음료수처럼 느껴지는 맥주다. 이 맥주를 양조하는 과정에 24시간 동안 홉을 끓인다. 맥아즙 냉각에는 냉각선(Kühlschiff=refrigerator ship)을 사용하며, 맥아즙의 일부로 자연 발효시킨다. 이 맥주에서 나는 독특한 신맛은 자연 발효 과정에 생성되는 맛이다. 프루트 비어는 리프만스가 자랑하는 또 하나의 걸작으로, 브라운 에일을 바탕으로 체리나 나무딸기를 담가 발효시켜 만든다. 이 맥주는 요즘 들어 젊은이들에게 압도적인 지지와 사랑을 받고 있다.

벨기에의 '스트롱 에일'

벨기에의 스트롱 에일은 정확히 정의 내리기가 어렵다. 이런 점에서 이 맥주는 영국의 '러시아 스타우트'나 '인디아 페일 에일'과는 확연히 다르다. 아무튼, 벨기에의 스트롱 비어로는 오래된 수도원 맥주인 '트리플 XXX'가 대표적이다.

'듀벨'은 위에서 언급한 벨기에의 스트롱 에일의 대표 주자 격인 맥주인데, '황금색 스트롱 에일(Belgian golden Ale)'을 의미한다. 듀벨(벨기에 현지에서는 '두블'이라고 발음한다)은 이름부터 예사롭지 않다. 그도 그럴 것이 이는 '악마'라는 의미를 담고 있기 때문이다. 아무튼 듀벨이 이름 못지않게 예사롭지 않고 매력적인 맥주라는 사실은 일단 그 맛을 보면 자연스럽게 느낄 수밖에 없다. 알코올 도수가 8~9도임에도 목 넘김이 부드럽고 깔끔하게 잘 넘어가는 이유는 듀벨 양조 과정의 독특한 발효법에 있다. 참고로, 이 맥주는 알코올 농도를 높이기 위해 발효 공정에서 포도당을 두 번 첨가한다.

벨기에 맥주 여행기

나는 1995년과 1997년 가을에 벨기에를 방문했다. 당시 벨기에의 수도 브뤼셀에 있는 한 카페에서 온갖 종류의 벨기에 맥주를 맛보았다. 그런 다음 수도원 양조장에서 출발해 전통 맥주를 생산하는 양조장들을 방문하고 제조 공장을 견학했다. 독자 중에는 "브뤼셀에 있는 한 카페에서 맥주를 맛보았다"라는 위의 문장을 보며 의아하다고 생각하는 분이 있을지 모르겠다. 그 의문을 해소해 주자면, 벨기에의 카페는 영국의 펍과 비슷하다고 보면 된다. 펍과 비슷한 분위기이기는 하나 술집이라기보다는 식사도 겸할 수 있는 레스토랑에 가깝다고 해야 할까. 브뤼셀의 중심가 그랑플라스와 그 주변에는 이런 콘셉트의 카페가 많이 있다.

카페 '팔스타프(Falstaff)'나 '아라베카스(À La Bécasse)' 등은 벨기에를 대표하는 특제 요리를 맛볼 수 있는 최고급 레스토랑이 카페 '팔스타프'나 '아라베카스' 등은 벨기에를 대표하는 특제 요리를 맛볼 수 있는 최고급 레스토랑이다. 게다가 이런 카페들은 다행히도 벨기에의 온갖 다양한 맥주를 두루 갖춰 두고 있다.

브뤼셀 카페 팔스타프

다. 게다가 이런 카페들은 다행히도 벨기에의 온갖 다양한 맥주를 두루 갖춰 두고 있어 자연스럽게 벨기에 맥주의 맛을 즐기면서 많이 배우게 된다. 나의 여행 일기를 통해 벨기에산 맥주 몇 가지를 소개할까 한다.

「맥주 여행기」 중에서

• 1995년 11월 27일(일) 뮌헨, 브뤼셀

오전 8시 50분 출발 고속전철(Inter City Express=ICE)을 타고 뮌헨 중앙역을 떠난다. 마인츠에서 빙겐에 이르는 라인강 북쪽은 유명한 독일 와인 산지 라인가우(Rheingau)다. 나는 산의 경사면을 따라 끝없이 펼쳐지는 포도밭의 아름다운 풍경에 매혹되어 한동안 넋을 잃고 바라보았다. 라인강은 빙겐에서 북쪽으로 급격히 꺾어진다. 그곳에서 오른쪽으로는 로렐라이 바위를, 왼쪽으로는 또 하나의 유명 와인 산지인 모젤(Mosel)강 유역을 끼고 코블렌츠로 들어간다. 그런 다음 다시 본(Bonn)을 거쳐 쾰른에 도착한다. 나는 쾰른에서 국제 열차로 환승한 다음 국경 마을 아헨을 지나 벨기에로 진입했다. 브뤼셀 중앙역에 도착한 시각은 오후 6시 무렵이었다.

저녁때 나는 브뤼셀의 카페 팔스타프를 방문했다. 호텔 프런트의 직원은 묘하게도 내가 사전 조사해 온 카페 리스트에 대해서는 일언반구도 없이 무조건 그랑플라스의 팔스타프만 강력히 추천했다.

팔스타프 카페는 정면 쪽이 여느 카페에 비해 매우 넓은데, 도로에서 7~8미터 남짓 안쪽으로 들어간 곳에 있었다. 카페 앞은 옥외 레스토랑으로 운영되고 있었다. 건물 안으로 들어가니 내부도 널찍했다. 이는 전형적인 벨기에 스타일의 카페로서 아르누보식 실내 장식을 자랑스럽게 선보였다. 검은 머리칼에 피부가 까무잡잡한 라틴계 웨이터는 눈치가 빠르고 세심해 보였다. 그는 아마도 이탈리아나 그리스 등의 남유럽 출신이지 않을까 싶다.

그 웨이터는 나의 의도를 재빨리 간파하고 각종 맥주를 열정적으로 설명해 주었다. 그의 제안을 받아들여 안주는 훈제 연어와 송어, 슈림프 칵테일로 정했다. 이제 본격적으로 맛있는 식사를 곁들여 맥주를 시음해 볼까.

① 벨뷰

벨뷰(Belle-Vue)는 벨기에 맥주의 최대 기업 인터브루가 인수합병한 람빅 양조장 드네버(De Neve Brewery)의 일류 상품명이다. 라벨에는 이렇게 쓰여 있다.

La Bière de Bruxelles. Kriek-Lambic

브뤼셀 맥주. 크릭 람빅

☞ 살구와 비슷한 향을 낸다. 밝고 산뜻한 느낌의 적자색(赤紫色)을 띤다. 산미가 있어서 약간 시큼하지만 단맛도 난다. 목 넘

김이 깔끔하고 느낌이 좋다. 프루트 람빅의 신맛과 단맛은 일본인에게 특히 환영받을 만하다.

② 구덴 카롤루스

듀벨과 함께 벨기에를 대표하는 스트롱 에일로 인정받는 '벨기에 황금 에일'이다.

신성로마제국 황제 카를 5세는 대대적인 혼인 정책으로 합스부르크 왕조를 '해가 지지 않는 대제국'으로 성장시킨 막시밀리안 1세의 손자다. 막시밀리안 1세는 자기 아들 미남공 필리프를 스페인 왕의 딸 후아나와, 딸 마르가레타를 스페인 왕자 후안과 결혼하게 하는 전략에 성공한다.

불행히도 왕위 계승자인 후안에 이어 필리프도 젊은 나이에 세상을 뜨고 만다. 그러나 짧은 결혼 기간에도 필리프와 후아나는 2남 4녀의 자녀를 두었다. 후아나는 스페인 공주였기에 카를과 다른 자녀들을 당시 스페인의 수도였던 톨레도에서 양육하는 것이 당연한 일이었다. 그러나 후아나는 당대의 귀족들이 공통으로 가지고 있던 문제인 '근친결혼'이 정신 이상을 일으켜 정상적으로 아이를 양육하는 일이 불가능했다. 그런 터라 카를은 자기 어머니의 품을 떠나 네덜란드 총독이 되어 벨기에로 돌아가 있던 숙모 마르가레테 대공비의 손에서 자란다.

카를은 브뤼셀에서 북쪽으로 40킬로미터 남짓 떨어진 곳에 있는 작은 도시 메헬렌(Mechelen, 당시 이곳에 궁정이 있었다)에서 자신의 세 여동생과 어린 시절을 함께 보냈다. 이후 열다섯 살이 된 카를은 부르고뉴 공국이 군주이자 부르고뉴 공이 된다. 1515년의 일이다. 당시 부르고뉴 공국은 광대한 지역을 다스렸다. 남쪽으로는 부르고뉴 와인 산지, 즉 오늘날의 리옹이나 디종에서 시작해 네덜란드 전역에 이르는 판도였다. 당시 북부 네덜란드는 수도 브뤼셀을 중심으로 번영을 누리고 있었다.

후아나의 아버지이자 스페인 왕이었던 페르난도가 서거하자 카를이 그의 왕위를 계승했다. 1517년의 일이다. 이로써 카를로스 1세가 탄생했다. 이후 합스부르크 왕가는 스페인이 지배하던 신대륙까지 판도를 크게 넓히고 '해가 지지 않는 대제국'으로 도약한다. 조부 막시밀리안 1세가 서거한 이후 카를은 마침내 신성로마제국의 황제 카를 5세가 된다. 이는 1519년의 일이다.

카를의 황위 즉위를 축하하기 위해 벨기에에서 금화가 주조되었다. '구덴 카롤루스(Gouden Carolus)'란 1515년에 주조된 기념 금화와 관련하여 앙커르 양조장(Brouwerij Het Anker)이 만든 골든 에일로 '구덴 카롤루스'는 '카를의 금화'라는 의미다.

그 유서 깊은 구덴 카롤루스를 맛본다.

☞ 캐러멜맥아 향이 느껴진다. 산미가 있어서 약간 시큼하지만 강렬한 맛이 인상적이다. 원맥 즙 농도 19퍼센트, 알코올 도수는 7.5도로, 독일 도펠보크에 필적할 정도로 강한 에일이다. 이 맥주 역시 상면 발효 맥주다.

③ 트라피스트 맥주: 시메이 시리즈

오늘날 벨기에에는 모두 다섯 곳의 수도원 양조장이 가동된다. '트라피스트 맥주(Trappist beer)'라는 명칭을 사용할 수 있는 맥주는 이 다섯 양조장에서 생산된 것뿐이다. 시메이 수도원도 그중 하나다. 이 수도원은 프랑스 국경과 접해 있는 벨기에 남쪽의 작은 마을 시메이에 있는 수도원 양조장(정식 명칭은 Abbaye de Notre-Dame de Scourmont)으로 1850년에 세워졌다. 이 수도원은 벨기에에서 가장 규모가 클 뿐 아니라 인지도도 높다. 이 수도원 양조장의 연간 생산량은 1만 킬로리터 정도인데, 트라피스트 맥주 양조장을 통틀어 2위를 차지한다. 1위는 베스트말러 수도원 양조장이지만 시메이의 경우 전체 생산량의 30퍼센트 정도를 다른 나라로 수출하기 때문에 국제적 명성과 인지도 면에서는 단연 1위다.

최근 시메이 수도원 양조장은 기본 부족 양조 설비를 보완하는 사업에 더해 이곳으로부터 10킬로미터 남짓 떨어진 곳에 병맥주 포장 작업장을 신설했다. 이 수도원 양조장은 탱커(tanker)를 이용해 맥주를 작업장으로 실어 나른다. 작업장 기계로는 전부 독일 크로네스사의 첨단 설비를 도입했는데, 그 덕분에 1시간마다 4만 병을 채울 수 있게 되었다. 그야말로 놀라운 성능이 아닐 수 없다. 이곳에서 생산되는 맥주로는 세 종류가 있는데, 병의 왕관 색깔로 구분한다. 즉 레드, 화이트, 블루 순으로 알코올 도수가 높아진다.

시메이는 수도원 맥주 양조법의 전통에 따라 양조하는데, 수도원 맥주 품질의 모범적 역할을 잘 담당해 왔다. 제조상 전통적인 상면 발효 맥주의 주요한 특징 중 하나는 맥주를 나무통이나 병에 담아 숙성하는 것이다. 이를 '통 숙성' 혹은 '병 숙성'이라고 부른다.

시메이 수도원에서는 다음과 같은 병 숙성 공정을 거친다. 구체적으로 살펴보자.

주 발효(5일간) 종료 → 원심 분리하여 침전물을 제거한다 → 컨디셔닝(조정, 2주간) → 고속 원심 분리 공정을 통해 맥주를 맑게 한다 → 당과 효모를 첨가한 뒤 병에 담는다 → 컨디셔닝(조정, 창고에서 3개월간 진행) → 시장에 출시한다.

그 후 시메이와 마찬가지로 벨기에 남쪽에 있는 오르발 수도원 양조장을 방문해 맥주를 시음했다. 한데, 캐러멜맥아 탓인지 수도원 양조 맥주에서는 대부분 탄내 비슷한 냄새가 났다. 최고급품은 원맥 즙 농도와 알코올 농도가 높다 보니 맛이 진하다기보다는 중후한 느낌이 난다. 반면 강렬하다는 면에서는 조금 부족한 느낌이다. 장기 보존이 가능하고 영양가도 높은 편이어서 귀하게 여겨졌던 스트롱 비어의 전통을 이어받고 있다.

1997년 가을에 나는 시메이 수도원 양조장을 방문했다. 그리고 그곳에서 이 수도원 양조장의 대표 맥주 세 종류를 시음할 행운을 만났다. 당시 시음 결과를 일부 인용하면 다음과 같다.

— 시메이 레드(알코올 도수 7도)

☞ 흑갈색. 단맛이 나지만 산미가 있어 신맛도 난다. 그 밖에 약간 떫은맛도 나는데, 의외로 뒷맛은 나쁘지 않다. '시메이 화이트'보다는 훨씬 잘 넘어간다.

— 시메이 화이트(알코올 도수 8도)

☞ 등황색. 염장 식품 혹은 된장 같은(soy-like) 동양 음식의 발효 냄새가 난다. 상당히 드라이하고 쓴맛이 느껴진다.

— 시메이 블루(알코올 도수 9도)

☞ 흑갈색. 원맥 즙 진액 농도가 셋 중 가장 높다. 트라피스트 맥주 특유의 캐러멜 냄새와 탄내가 강한 편이다. 달콤하고 감칠맛이 있으며 뒷맛도 깔끔하다. 전형적인 수도원 맥주 중 하나로 꼽힌다.

— 듀벨

☞ '듀벨(Duvel)'은 '악마'를 뜻한다. 악마처럼 강렬한 맥주라는 의미일까? 듀벨은 맥아 100퍼센트의 최고급 상면 발효 맥주다. 에스터 향이 나고 선명한 호박색을 띤다. 뒷맛이 깔끔하고 느낌은 좋은, 맛있는 맥주다.

— 주필러

☞ '주필러(Jupiler)'는 벨기에 최고의 맥주 제조 기업 인터브루가 생산하는 필스너 타입의 인기 제품이다. 아르투아(Artois)와 피에드뵈프(Piedboeuf)가 합병하여 거대 기업 인터브루가 탄생했는데, 주필러는 피에드뵈프의 주력 상품이었다. 참고로, 아르투아의 필스너 대표 상품은 '스텔라 아르투아(Stella Artois)'다.

아래의 내용은 주필러를 마신 후 적은 감상이다.

☞ 신선하지만 약간 향이 부족한 느낌이다. 쓴맛이 강하지 않으므로 마시기에는 좋다. 그러나 강렬한 느낌도 딱 그만큼 부족하다.

— **비외탕**

'비외탕(Vieux Temps)'은 전형적인 벨기에 타입의 에일이다. 자줏빛이 감도는 짙은 적갈색이다. 풍부한 거품이 특징이며 곡물의 거친 느낌(grainy)을 간직하고 있다.

— **크왁**

크왁(Kwak)은 1791년에 창업된 보스테일스 양조장(Brouwerij Bosteels)에서 생산하는 맥주다. 알코올 도수는 8도로 붉은빛을 띤 복숭아색 스트롱 에일이다. 카페에서 크왁을 시음했다.

☞ 크왁에 들어가는 감초(licorice)가 독특한 향을 낸다. 달콤한 맛이 주를 이루며 약간 쓴맛도 난다. 이 맥주의 경우 전용 잔이 특이한 것으로도 유명하다.

• 11월 28일(월) 브뤼셀

오르발 수도원 양조장을 방문하고 견학할 감격스러운 기회를 얻었다. 루뱅대학교의 데리디린크스 교수의 소개가 있었기에 가능한 일이었다. 오전 중에 나는 수도원을 방문했다(오르발 수도원 양조장 방문기는 다른 장에서 자세히 소개했기에 여기서는 생략하기로 하자).

수도원에서 돌아오는 길에 잠시 카페에 들러 점심을 먹었다. 그곳에서 다시 한번 '듀벨'을 맛보았다. 차로 나를 픽업해 준 데리디린크스 교수의 제자 헤드윅 씨가 이 맥주를 생산하는 양조장에서 일해 본 경험이 있다고 얘기했다. 말이 나온 김에 그가 듀벨과 관련된 여러 가지 흥미로운 이야기를 들려 주었다.

☞ 듀벨은 맥아 100퍼센트의 상면 발효 맥주다. 옅은 갈색을 띠며 효모 때문에 탁한 느낌이 난다. 다른 맥주에 비해 거품이 오래가지만 드라이 호핑을 하지는 않는다. 맛을 음미하다 보면 효모 맛이 느껴진다. 이 맥주를 마시다 보면 뭔가 말이나 글로 표현하기 힘든 알 수 없는 매력에 빠진다. 에스터와 비슷한 풍미도 느껴진다.

내가 마신 이 맥주는 병에 담긴 지 1년 3개월 정도 지난 것인데, 5~6개월 후 무렵 시장에 출시되어 나왔을 때가 가장 마시기 좋은 타이밍이라고 한다. 대표 상표는 '듀벨 85(Duvel 85)'로 알코올 도수 8.5다.

• 11월 28일(월) 브뤼셀

저녁에 그랑플라스의 카페를 방문했다. 그랑플라스에는 비어카페(beer cafe)가 여러 곳 있다. 지난번과 마찬가지로 호텔 프런트 직원에게 물었더니, 다음의 세 곳을 추천해 주었다.

Le Roy d'Espagne

La Brouette

La Rose Blanche

장방형 광장으로 들어가 정면으로부터 오른쪽 모퉁이의 1층에 자리 잡고 있는 '백장미(La Rose Blanche)'의 문을 열고 들어갔다. 입구는 좁은 편이지만 2층도 있고 갤러리 구조로 돼 있다. 나이가 지긋해 보이는 한 웨이터가 우리의 의도를 재빨리 간파하고 다양한 맥주를 마셔 보라며 연이어 내왔다.

① 호가든 그랑 크뤼

호가든은 화이트 비어의 본가라 할 수 있는 맥주 제조 회사다. 다행히도 호가든의 공장을 방문할 기회가 생겨 그때 신선한 샘플을 시음해 볼 계획을 세웠다. 실제로 시음해 본 결과, '호가든 그랑 크뤼(Hoegaarden Grand Cru)'는 트리플인 까닭에 너무 묵직해서 마시기가 쉽지 않다는 걸 알게 되었다.

② 베스트말러 트리펠

'베스트말러 트리펠(Westmalle Tripel)'은 벨기에의 대표 선수격인 트라피스트 맥주다. 베스트말러 수도원(정식 명칭은 Notre Dame du Sacré-Coeur)이 지어진 해는 1836년이다. 이 수도원 양조장은 원맥 즙 진액 농도가 가장 높은 고전적인 트리플 수도원 맥주를 생산하는 곳으로 유명하다.

다음은 시음 결과다.

☞ 향이 진하다. 색깔은 갈색. 과일 맛이 난다. 약간 묵직한 맛에 거친 느낌이 난다. 예전에 이 수도원을 방문했을 때 수도사 브라우마이스터가 마셔 보라며 준 트리펠이 매우 부드러웠기 때문에 내심 기대했는데, 솔직히 약간 실망이다. 기회가 된다면 생산현장에서 한 번 더 맛보고 싶다. 그곳에서 마신다면 분명 더 맛있지 않을까.

③ 모르쉬비트

'모르쉬비트(Mort Subite)'는 브뤼셀 근교에 있는 람빅 양조장

제품이다. 이 샘플은 '괴즈'의 일종이다. 산미가 있어 약간 신맛이 나지만 말할 필요도 없이 맛있다. 짙은 적자색 맥주다. 모르쉬비트 공장을 견학한 뒤 양조장에 들러 막 완성된 맥주를 시음할 기회를 가졌는데, 역시 맛이 뛰어나고 전체적으로 훌륭했다. 람빅에 과일을 담가 함께 발효시킨 '프루트 람빅' 시리즈는 하나같이 최고다.

④ 드코닉

적자색을 띤다. 안트베르펜이 자랑하는 대표 제품인 드코닉도 이곳에서 마셔 보니 그다지 인상적이지 않았다. 그러나 생산 현장에서 마시면 분명 전혀 다른 평가가 나올 수도 있을 것이다. 안트베르펜 공장 정문의 도로 맞은편에 카페 펠그림이 있었는데, 예전에 이곳에 왔을 때 마신 드코닉은 매우 훌륭했다. 드코닉의 명예를 위해 다음의 글을 덧붙이고자 한다.

개인적으로 이런 경험을 아주 많이 했다. 하우스 맥주의 경우는 특히 더 심하다. 이는 맥주 생산의 합리화 바람이 거세게 불기 전, 하우스 맥주가 전성기를 달릴 즈음 필젠의 필스너 우르켈 공장을 방문했을 때의 일이다. 공장의 비어홀에서 마신 생맥주는 정말 남달랐다. 홉이 내는 톡 쏘는 쓴맛을 간직하고 있으면서도 왠지 모르게 달콤한 맛을 냈다. 몇 잔을 마셔도 질리지 않고 그야말로 술술 넘어가는데, 뭐라 말로 표현하기 어려울 정도로 균형 잡힌 필스너의 맛에 감탄하지 않을 수 없었다. 그러나 그다음 날 그곳에서 50킬로미터 남짓 떨어진 체코의 수도 프라하의 비어홀에서 마신 필스너 우르켈은 다이아세틸 냄새가 맥주를 이미 망쳐 놓은 뒤였다. 필스너 우르켈의 홍보실에서 내게 감동을 준 그 묘한 달콤함은 혹시 다이아세틸 전구체인 α-아세토젖산이 내는 맛이었을까?

• 11월 29일(화) 루뱅

우리 일행은 7시 50분에 호텔을 나와 중앙역으로 향했다. 그곳에 도착해 보니, 운 나쁘게도 역 입구의 셔터가 모두 내려가 있었다. 철도 노조의 파업 탓이었다. 어쩔 수 없이 우리는 택시를 잡아타고 루뱅역으로 갔다. 한 번 더 운 나쁘게도 우리가 탄 택시의 운전사가 루뱅역의 위치를 잘 몰라서 한참 고생한 끝에 겨우 인터브루 양조장에 도착했다. 10시쯤이었다.

연간 생산량 40만 킬로리터를 자랑하는 근대적 공장이다. 1회 담금량이 53킬로리터인 설비가 3계열, 1계열당 1일 12회 제조하기 때문에 530헥토리터(1헥토리터=100리터)×12회×3계열, 1계열당 1일 12회 제조하니 530헥토리터×12회×3계열로 계산하면 1일 맥아즙의 총생산량은 1,900킬로리터가 나온다.

여러 종류의 맥주를 동시에 생산할 수 있을 정도로 엄청난 규모를 자랑한다. 최근 주목받는 벨기에의 뫼라(Meura) 사에서 출시된 매시 필터(mash filter)를 맥아즙 여과 공정에 사용한다. 발효·저장에는 실린드로 코니컬 탱크(Cylindro Conical Tank, CCT, 동체는 수직 원통형에 바닥 부분이 원뿔 모양인 탱크로 가장 널리 쓰인다)가 사용된다. 제조 기간은 통상 5~6일의 주 발효 기간을 포함해

18일이다. 저장 기간 마지막에 마이너스 1도에서 3일 동안 안정화 과정을 거친다. 이 공장의 주력 제품은 스텔라 아르투아인데, 연간 35만 킬로리터 정도 생산된다. 이 중 대부분인 27만 킬로리터가 다른 나라로 수출된다. 인터브루의 시장 점유율은 17퍼센트 정도이고, 최고의 인기 상품은 라거 맥주의 일종인 '주필러'다.

우리 일행이 그곳을 방문했을 때는 오래된 설비로 움직이는 옛날 방식의 공장도 일부 가동되고 있었다. 여기서는 최근 수요가 늘고 있는 전통 상면 발효 맥주의 일종인 스페셜 맥주가 생산된다. 참고로, 레페(Leffe) 브랜드가 이 공장에서 생산되는 맥주다.

① 수출 맥주의 대표 주자, 스텔라 아르투아

☞ 인터브루가 가장 자부심을 갖는 브랜드인 아르투아 계열의 생맥주다. 한눈에 보기에도 무척 신선한 이 맥주는 마시고 싶은 욕구를 강하게 자극한다. 한마디로 말하자면, 목 넘김이 아주 좋아 꿀떡꿀떡 잘 넘어간다. 쓴맛은 추정치로 28비유 정도인데, 애프터 비터, 즉 마신 뒤에 남는 쓴맛은 거의 없다. 맛이 강렬한 계열로 이상적인 맥주라 할 만하다. 이번 유럽 맥주 여행에서 시음한 '라거 맥주'를 통틀어 베스트 4에 들 정도로 훌륭하다. 참고로, 내가 뽑은 베스트 4는 독일 바이엔슈테판의 필스, 벡스의 필스, 코펜하겐 칼스버그의 호프, 그리고 스텔라 아르투아다.

② 레페의 흑맥주

☞ 이름이 주는 이미지와 달리 달콤한 맥주. 캐러멜맥아를 사

용한 탓인지 탄내가 약간 신경 쓰이는 단점이 있다. 병 숙성 맥주.

전날 오르발 수도원 양조장에서 시음했던 트라피스트 맥주는 정통 수도원 맥주였다. 그에 반해 레페는 맥주 대기업이 생산하는 애비 비어(Abbey Beers, 기업이 수도원에서 양조 허가권을 얻어 생산하는 맥주. 수도원의 이름을 사용할 수는 있지만, '트라피스트 맥주'라는 명칭은 사용할 수 없다)다.

오랜 세월에 걸쳐 전통 수제 맥주 생산을 담당해 온 중소 양조장들의 경우 많은 노동력을 필요로 하는 비효율적인 작업 환경 탓에 경쟁에서 밀려 대부분 대기업에 의해 인수 합병되었다. 그 탓에 지금은 독립적인 전통 수제 맥주 기업을 거의 찾아볼 수 없게 되었다. 벨기에의 이런 전통 맥주 상황을 생각하면 안타까운 마음이 그지없다. 그저 중소기업들을 그러모으다시피 한 맥주 제조 대기업들이 전통 양조법을 잘 지켜 가며 고유의 특색과 전통을 최대한 지켜 주기만을 간절히 바랄 뿐이다.

향후 전통 맥주가 사라지지 않고 오래 살아남자면 무엇보다 효율성을 통한 비용 절감이 꼭 이루어져야 한다. 사실 전통 양조법에는 불필요한 작업이 적지 않다. 그런 타라 대기업에서 맥주를 생산하게 되면 필연적으로 '효율화' 과정을 거칠 수밖에 없다. 다시 말하자면 불필요한 공정을 최대한 생략하게 되는 것이다. 그런데 품이 많이 들고 비효율적인 듯 보이는 공정을 효과적으로 생략하는 일은 말처럼 쉽지 않다. 그 대체 방안이 적절한지 아닌지를 검증하는 데 많은 시간과 노력이 들며 쉽게 판단을 내릴 수 없는 일도 적지 않다. 그러나 그렇다고 해서 느긋하게 시간을 보내며 있을 수도 없는 것이 현실이다. 사정이 이렇다 보니 실제로 전통 양조법의 중요성을 제대로 이해하고 받아들이는 과정은 생략된 채 작업 체제 개선만 섣불리 시도했다가 품질만 떨어뜨려 진부하고 밋밋한 맥주로 전락시킨 사례도 많다.

레페의 품질은 이제 벨기에 최대 맥주 제조 기업 인터브루의 손으로 넘어갔다. 전 세계적 명성을 가진 기업이니 아마도 내가 위에 언급한 내용 정도는 충분히 인지하고 있으며 유의하리라 기대해 본다. 그저 나의 불필요한 걱정이기만을 바랄 뿐.

— 레페 블론드

☞ 흑맥주와 비교하면 단맛은 한결 덜한 느낌이다. 목 넘김이 좋아 꿀떡꿀떡 잘 넘어간다.

— 레페 스페셜

☞ 짙은 적자색에 거품이 잘 일어나는 맥주다. 오르발 수도원 맥주와 꽤 비슷한 맛이 난다. 캐러멜맥아류의 맛을 낸다. 곡물 질감이 어느 정도 살아 있다. 알코올 도수 8.2도.

— 벨뷰

☞ 목 넘김이 꽤 좋다. 강한 체리 향이 나고 과일에서 나는 것과 비슷한 신맛을 낸다. 맥주 제조 대기업이 제조한 자연 발효 맥주, 즉 맥주에 체리를 담가 양조한 프루트 람빅의 일종이다.

③ 호가든 양조장

드클루이스 양조장은 루뱅에서 동쪽으로 18킬로미터 남짓 떨어진 곳에 있는 작은 마을 호가든의 유명 맥주 기업에서 운영해 왔다. 이 양조장을 1989년 인터브루가 매수했다. 이 양조장에서 생산되는 제품은 벨기에의 화이트 비어를 대표한다. 인터브루는 이 양조장을 인수 합병한 뒤 드클루이스에서 '호가든'으로 바꿨다. 우리 일행은 오후에 이 양조장을 방문, 견학했다.

— 화이트 비어

원료는 보리 맥아와 미발아 밀을 5:5의 비율로 섞어 사용하며, 퀴라소와 코리앤더를 홉과 함께 첨가하는 독특한 기법을 사용한다. 주 발효는 1,000헥토리터(100킬로리터) 용량의 CCT에서 이루어진다. 19도의 온도에서 효모를 첨가하고, 25도에서 5~6일간 주 발효 기간을 거쳐 양조한다. 주 발효가 끝난 뒤 원심분리기에 넣어 효모를 제거한다. 18도의 온도에서 7일간 저장하면서 그 과정에 설탕을 첨가하고 효모를 한 번 더 접종한 뒤 24도의 온도로 유지되는 창고에서 일주일 남짓 조정 기간을 거친다.

1800년대에 호가든 지역에는 화이트 비어를 생산하는 양조장이 35군데나 있었다. 그러나 20세기 초엽에 이르러 이들 대다수가 문을 닫았다. 그러던 중 1966년이 되어 비로소 드클루이스 양조장이 다시 화이트 비어를 양조하기 시작했다.

나는 이 양조장에 딸린 부속 비어홀에 들러 맥주를 시음하며 감상을 적었다.

☞ 불투명한 흰색을 띠는 이 맥주는 기본적으로 탁하다. 새하얗고 쫀득한 느낌의 거품이 맥주잔을 가득 채운다. 향긋한 에스

터 향과 흡사한 향내가 난다. 신맛이 약간 나긴 하지만 그다지 강하지는 않다. 효모 맛도 느껴지는데 왠지 자꾸 마시고 싶게 하는 독특한 매력이 있는 맥주다. 퀴라소와 코리앤더 때문이 아닌가 싶다. 꼭 짚어 무엇이라고 표현할 수 없는 독특한 맛과 매력을 지닌 맥주다. 라거 맥주 양조 기술자는 범접할 수 없는 다른 차원의 경지다. 오랜 세월 뚝심 있게 지켜 낸 기술만이 오롯이 빚어낼 수 있는 맛이라고나 할까! 이토록 놀라운 맥주를 만나다니, 감동 그 자체다!

인터브루는 상면 발효 맥주의 전통적인 기술을 확보하고자 이 양조장을 사들였다고 한다. 애초 드클루이스 양조장은 그 지역을 통틀어 단 하나뿐인 맥주 공장이었다. 이곳에서 생산되는 화이트 비어 제품을 현지인들은 'Witbier' 혹은 'Biere Blanche'로 부르고 표기한다.

— 금단의 열매

이 브랜드 역시 호가든 양조장이 개발한 맥주다. '금단의 열매(The Forbidden Fruit, Die Verbotene Frucht)'라는 이름에는 다소 원초적인 의미가 담겨 있다. 한마디로 말해 '정력이 좋아진다'라는 의미니까. 그런 까닭에서인지 라벨에도 나체에 가까운 아담과 이브의 모습이 그려져 있다.

☞ 복잡 미묘한 맛이라고 할까. 짙은 갈색을 띤다. 퀴라소와 코리앤더로 맛을 낸다. 캐러멜맥아의 맛이 나며 단맛도 약간 느껴진다. 애프터 비터는 거의 없고 뒷맛이 깔끔한 편이다. 오르발 수도원 맥주에서 나는 향과 비슷한 향이 난다.

• **11월 30일(수) 월루, 마스 양조장**

6시 30분 기상. 오전 8시 30분에 호텔을 나와 브뤼셀 중앙역으로 갔다. 전날까지만 해도 철도 파업으로 정상적으로 열차 운행이 안 됐는데, 그사이에 모두 해결된 모양이다. 그러나 파업의 여파로 운행 시간표가 제대로 정리되지 않아 열차 도착이 꽤 늦어졌다. 우리 일행은 뒤늦게 도착한 열차에 서둘러 올랐다. 한참 동안 달린 끝에 우리는 메헬렌역에 내린 다음 역 앞에서 택시를 잡아타고 월루(Waarloos)로 향했다. 마스(Maes)양조장에 도착한 우리는 약속 시간까지 약간의 여유가 있어서 근처 커피숍에 들러 커피를 주문했다. 주문한 커피와 함께 비스킷이 나왔는데, 가격은 40벨기에 프랑(BF)으로 1,700원 정도였다. 이런 유의 커피 가격은 40벨기에 프랑이 표준인 듯했다. 왜냐하면 넥타이를 맨 차림의 웨이터가 손님이 앉은 자리까지 커피를 가져다주는 브뤼셀 중앙역의 커피숍에서도 40벨기에 프랑이었으니까. 상당히 저렴한 편이라 기분 좋았다. 그런데 곰곰이 생각해 보니, 이곳의 커피란 나와 같은 아시아인이 마시는 차와 비슷한 개념일 테니 애초 너무 비싸서는 안 될 것 같고 오히려 적당하다는 생각도 들었다. 아니, 어쩌면 이런 식의 가격 비교 자체가 무의미한 일일 수도 있겠다.

한참 시간이 흐른 뒤 공장에 도착하니 반데르 하셀트라는 이름의 여성 양조 기술자가 오랜 친구를 만난 듯 반갑게 우리 일행을 맞아 주었다. 이곳 벨기에에도 여성 양조 기술자가 의외로 많은 사실에 내심 놀랐다.

1회 담금 양이 350헥토리터인 설비가 2계열에 1일 6회에 걸쳐 생산하는 메커니즘이므로 연간 예상 생산 규모는 10만 킬로리터 정도다. 이곳에서는 주로 라거 맥주를 양조하는데, 오래된 발효 탱크는 사각 밀폐형을 사용하고 저장 탱크는 수평 원통형을 사용한다. 새로 지은 공장에서는 4,500헥토리터 용량의 CCT를 사용하고 유니 프로세스(발효 및 저장을 하나의 탱크에서 진행하는 최신 양조법의 한 가지)를 적용하는데, 발효 및 저장에 드는 총시간은 12~25일이다. 이 양조장의 특이점은 맥아즙 냉각에 냉각선을 이용한다는 사실이다. 그러나 맥주 양조 공정 중에 맥아가 오염될 위험성이 있으므로 머지않아 밀폐식 냉각기를 도입할 계획이라고 한다.

여과는 셍크 필터(Schenk filter, 규조토를 사용한 수직형 필터)와 시트 필터(Scheet filter, 제균 여과기)를 사용해 실시한다. 그런 다음 기체 성분을 걸러 낸 탈기수(脫氣水)를 부어 15퍼센트의 농도를 12퍼센트로 희석한다. 맥주를 병에 담는 기기로는 독일 크로네스사에서 제조한 것을 사용하며, 1,000비피엠(분당 채워지는 병의 개수)×2라인(현재 기기 중 최고 속도)으로 생산한다.

이 맥주를 시음해 보았다.

☞ '마스 필스(Mars-pils)'는 전형적인 필스너 타입의 하나인데, 강렬한 맛이 특징이다. 쓴맛의 수치도 35비유로 높은 편이지만 뒷맛이 개운하다.

벨기에의 인기 필스너인 스텔라 아르투아와 주필러는 모두 28비유다(참고로, 일본 맥주는 대부분 20~24비유다).

• **11월 30일(수) 밤, 브뤼셀**

시장의 술집에 들러 맥주를 사 들고 호텔에 와서 마셨다.

① **그림베르겐 더블(Grimbergen Double)**

원맥 즙 농도 16퍼센트, 알코올 함유량 6.5퍼센트.

☞ 짙은 적갈색을 띠며 시큼한 냄새가 난다. 약간 단맛이 나고, 캐러멜맥아 향도 느껴지며 태운 맥아의 냄새도 난다. 수도원 맥주에는 오르발 수도원 맥주에서 강하게 느껴지는 캐러멜맥아와 비슷하면서도 태운 맥아류에서 나는 냄새가 공통으로 느껴진다.

② **그림베르겐 트리플(Grimbergen Triple)**

시메이 수도원 같은 수도원에서는 보통 세 종류의 맥주를 생산한다. 9세기에 크게 번성했던 스위스의 장크트갈렌 수도원에서는 왕, 귀족, 주교 등의 귀한 손님을 위한 최고급 맥주, 수도사를 위한 자가소비용 맥주, 불시에 찾아오는 순례자를 위한 다소 싱거운 맛의 맥주를 따로 양조했다. 각 맥주의 차이점이라면 원맥 즙 농도에서 찾을 수 있다. 수도원 맥주의 전통에 따라 상면발효 맥주에는 오늘날에도 여전히 라벨에 X, XX, XXX 식으로 농도를 표시하는 경우가 적지 않다.

X의 개수가 많을수록 상대적으로 원맥 즙 농도가 높은 디럭스 맥주라고 보면 된다. 다시 말하자면 싱글, 더블, 트리플을 의미한다. 다만 그림베르겐 브랜드에는 싱글이 존재하지 않으며 더블과 트리플 두 종류만 있다. 그림베르겐은 비록 수도원 맥주이기

는 하나 '트라피스트'라는 명칭을 사용할 수 없는 '애비 맥주'의 일종이다.

☞ 황갈색을 띤다. 강한 에스터 향을 낸다. 오렌지와 비슷한 독특한 뒷맛을 남긴다. 알코올 맛이 혀를 자극하는 강한 맥주다.

원맥 즙의 농도는 19.6퍼센트, 알코올 함유량은 9퍼센트다.

• 11월 1일(목) 아우데나르더

브뤼셀 중앙역에서 8시 22분에 출발하는 열차에 올랐다. 우리 일행은 9시 12분, 아우데나르더 역에 도착했다. 공교롭게도 우리가 그곳에 도착했을 때 역사를 재건축 중이었다. 역의 메인 빌딩 정면에 바가 있었는데 놀랍게도 그곳에서 자발적으로 택시를 불러 준다고 했다. 곧이어 알고 보니, 바 주인이 근사한 자동차를 타고 택시 운전사로 변신하는 것이었다.

우리 일행은 택시를 타고 리프만스 양조장으로 향했다. 곧이어 붉은 벽돌로 둘러싸인 고풍스러운 느낌의 근사한 건물이 눈앞에 나타났다. 이곳이 바로 리프만스사다. 어찌된 일인지, 응접실 소파에 앉아 아무리 기다려도 약속한 담당자가 나타나지 않았다. 약속 시간 10시를 한참 넘어 11시가 되었다. 속으로 '유럽인 중에도 이렇게 아무렇지 않게 약속을 어기는 사람이 있구나' 생각했다. 더는 못 기다리겠다 싶을 만큼 시간이 지난 뒤에야 사륜구동의 오프로드 차가 요란한 소리를 내며 들어오더니 거칠게 멈췄다. 터프한 운전 실력을 선보인 시원한 성격의 젊은 여성이 이곳의 양조 기술자인 모양이었다. 미인이다. 속물 티를 벗지 못했는지 나도 모르게 화가 가라앉았다.

이 공장에서는 담금을 하지 않는다고 했다. 이 양조장 역시 모르쉬비트 공장과 마찬가지로 낡아서 효율성이 떨어질 대로 떨어진 오래된 설비를 최신 설비로 바꾸는 중이었다. 그런 터라 설비가 모두 교체되기까지는 브루게의 공장에서 담금을 마침 다음 맥아즙을 이곳으로 옮겨와 발효 공정 이후의 작업을 마친다고 했다.

오래된 설비를 배치하는 일은 미국 세인트루이스에 있는 안호이저 부시에서 예전에 사용하던 방식과 거의 같다. 5층 건물의 맨 꼭대기에서 시작해 차례로 아래로 내려가면서 순차적으로 공정이 이루어진다. 말하자면, 이는 중력을 이용하여 액체를 이동하게 하는 '에너지 절약형' 설계로 19세기에 한창 유행하던 메커니즘이다. 맨 위층이 맥아 처리 설비이고 밑으로 담금 탱크, 여과 설비, 가열 탱크, 냉각선이 배치돼 있다. 그리고 똑같은 구조의 설비가 한 벌 더 갖춰져 있다. 담당자의 설명으로는, 전체 공정의 대략 절반 정도가 자연 발효로 이루어지기 때문이라고 하는데, 설명을 들어도 잘 이해되지는 않았다.

4층에는 담금 탱크, 3층에는 가열 탱크가 설치되었는데, 가열 탱크는 사각형이다. 독특하게도 이곳에서는 홉을 24시간 동안 끓인다. 냉각선이 비치된 방은 통풍을 고려하여 그것에 맞게 잘 설계돼 있다.

크릭(kriek=체리)은 덴마크산이 가장 많으며 벨기에산은 동 플랑드르산을 이용한다. 최종적으로 여과를 거치지 않은 맥주를 원심 분리기에 넣는다. 대개 무 살균 방식으로 진행된다. 다만 프랑부아즈(Framboise, 나무딸기를 담가 발효시킨 프루트 비어)는 당분이 남으므로 순간살균기(flash pasteurizer)로 살균 처리한다는 점을 염두에 두는 것이 좋다.

체리와 구스베리(casis)를 브라운 에일에 담근 프루트 비어는 무살균 상태다. 크릭, 즉 체리를 재료로 만든 맥주는 이곳 양조장의 주력 제품으로, '글뤼크릭(Glühkriek)'이라는 이름의 크리스마스용 프루트 비어도 시판된다. 이 맥주의 경우 마시는 방법이 조금 특이한데 '따뜻하게' 데워서 마셔야 한다. 이름답게 체리 맛이 많이 나고 깔끔한 뒷맛을 지니고 있어 누구라도 마시기 좋다. 다음은 내가 시음해 본 느낌이다.

① 리프만스 크릭(Liefmans kriek)

☞ 체리 맛이 나면서 은은하게 향이 퍼져 나간다. 신맛이 강해 다소 시큼하지만 이상한 냄새나 맛은 전혀 없다. 기본적으로 맛있다. 잘 만들어진 프루트 비어의 대표 주자라고 할까. 그야말로 역사와 전통이 오롯이 빚어낸 훌륭한 맛이다.

② 리프만스 브라운 에일(Liefmans Brown Ale)의 보급품

☞ 산미가 있으며 훌륭한 향을 지니고 있는데 말이나 글로는 다 표현하기 어려울 정도다. 본래의 맥주가 내는 냄새와는 사뭇 다른 느낌이다. 약간 시큼하면서도 맛있다. 그러나 엄밀히 말해 맥주의 맛으로 보기는 어렵다.

• **12월 1일(금) 브뤼셀**

'리프만스 구덴반트'가 세계 최고의 브라운 에일로 알려져 있는데, 리프만스 사에서도 맛볼 기회를 얻지 못했던 터라 그 맛이 너무도 궁금했다. 브뤼셀의 술 가게들을 거의 다 뒤지다시피 하며 다녀 봤으나 결국 찾지 못한 채 거의 포기 상태였다.

그런데 그랑플라스에 다녀오는 길에 우연히 들른 술 가게에서 그토록 찾아 헤매던 브라운 에일을 발견했다. 심마니가 산삼을 발견한 기분이 이보다 더할까. 750밀리리터 들이 한 병 가격이 250벨기에 프랑이었다. 호텔로 달려가 서둘러 시음했다.

리프만스 구덴반트(Liefmans Goudenband)

☞ 산미가 있어 약간 신맛이 난다. 전체적으로 드라이한 느낌인데 홉의 쌉싸름한 맛이 살아 있다. 다소 묵직한 느낌에 신맛이 나긴 하나 이상한 맛이나 냄새는 전혀 없다. 목 넘김이 좋고 뒷맛도 깔끔하다. 애프터 비터도 거친 느낌도 없다. '브라운 에일의 왕자'라는 타이틀에 걸맞은 최상급의 품질을 자랑한다. '고제(Gose)' 역시 개성 넘치지만 산미 면에서는 브라운 에일이 한 수 위인 듯하다. 그야말로 최고의 맥주다!

World History
of
BEER

⑬

5,000년 전 수메르인의 맥주 '시카루' 양조법을 계승한 벨기에의 전통 맥주, 람빅

벨기에 전통 맥주 람빅이 5,000여 년 전 수메르인의 맥주 '시카루' 양조법을 계승해 개발되었다고?

양조법을 기준으로 맥주를 구분하자면 크게 '에일'과 '라거'로 나눌 수 있다. 앞에서도 다루었듯이, 전문적인 용어로는 상면 발효 맥주와 하면 발효 맥주로 분류된다. 이 둘의 주요 차이점과 개념에 대해서는 제5장 내용을 참조하면 된다. 자, 이제 발효의 관점, 혹은 역사적 맥락에서 좀 더 엄밀하게 맥주를 분류해 보자. 여기에서는 상면 발효에서 자연 발효를 분리하는 자연 발효 맥주, 상면 발효 맥주, 하면 발효 맥주 세 종류로 분류할 수 있다.

자연 발효는 오늘날에는 거의 사라지다시피 한 고전적인 맥주 양조법이다. 그러나 전 세계적으로 천연기념물과도 같은 존재가 돼 버린 자연 발효 맥주가 아직 명맥을 이어 가고 있는 나라가 있다. 바로 벨기에다. 그중 가장 대표적인 자연 발효 맥주가 '람빅'이다. 람빅은 굉장히 독특한 맥주인데, 벨기에 수도 브뤼셀의 중심부에서 시작해 서쪽 방면으로 반경 8~16킬로미터 지역에서 생산된다.

특이하다는 면에서는 '람빅'이라는 명칭도 만만치 않다. 그 구체적인 유래에 대해서는 다양한 주장과 해석이 나온다. 그중 하나는 벨기에의 한 농부가 람빅의 강한 산미를 맛본 뒤 증류주로 착각하여 '알람빅(Alambic=위스키 증류 장치의 명칭)'이라고 했다는 주장이다. 그러나 이에 대한 반론도 만만치 않다. 그에 따르면 알람빅이 어원인 것은 맞지만, 위스키의 증류 장치가 아닌 담금 탱크를 람빅으로 불렀기 때문이라고 한다. 그 밖에 어떤 언어학자는 람빅이라는 명칭이 '술을 마시다'라는 의미의 라틴어 'lambere'에서 유래했다고 주장하기도 한다.

그러나 가장 신빙성 있게 받아들여지는 것은 브뤼셀 서부 교외에 있는 마을의 이름 '렘비크(Lembeek)'에서 유래했다는 주장이다. 원래 이곳은 람빅 양조의 중심지였으나 지금은 사정이 많이 달라져 '분 양조장(Brouwerij Boon)'만 남아 있다. 이곳이 한때 람빅 양조의 중심지로 자리 잡은 이유는 자연 발효 맥주 람빅 양조에 가장 적합한 미생물상 마이크로플로라(microflara)가 브뤼셀 시를 북에서 남서로 가로지르는 젠느(Zenne)강 유역에 있기 때문이다.

가장 오래된 맥주 양조법으로 람빅을 생산한다는 주장을 뒷받침하는 명확한 증거가 있다. 그 증거는 바로 역사에서 최초로 등장하는 맥주인 시카루(Sikaru)다. 그 시카루와 람빅의 제조법이 우연이라고 하기에는 믿기 어려울 만큼 거의 같기 때문이다. 제4장에서 언급한 대로, 수메르인들은 기원전 3500년~기원전 3000년 메소포타미아 지역에 인류 최초의 문명국가를 건설했다. 그들은 관개농법을 개발하고 곡물을 수확한 뒤 발아시킨 보리와 밀로 빵을 만들어 먹었다. 그리고 그것을 따뜻한 물에 풀어 선버들 등의 약초를 넣고 끓인 다음 항아리에 넣고 발효시킨 일종의 맥주 시카루를 만들었다고 한다. 이는 당대인들이 설형문자로 남긴 점토판에 기록된 내용이다.

수메르인의 맥주 시카루의 원료는 무엇이었을까? 문헌에 따르면, 65.5퍼센트의 발아 보리와 37.5퍼센트의 미발아 밀을 섞은 것이었다고 한다. 이는 놀랍게도 람빅의 비율과 거의 일치한다. 이와 더불어 그 유명한 람빅 양조장 중 하나인 브뤼셀 시의 서부 지역인 안더레흐트(Anderlecht) 지구에 있는 칸티용사의 보리와 밀 맥아의 비율은 65:35다.

람빅 양조는 젠느강 유역의 마이크로플로라에 전적으로 의존한다. 이 점에서도 시카루와 크게 다르지 않다. 게다가 시카루의 발효에 관여하는 미생물이 람빅에서 검출되는 균과 매우 흡사한 것으로 추정된다. 주요 미생물은 장내세균(Enterobacteriaceae, 맥아즙 세균·초산 생성균 등), 젖산균, 양조에 이용되는 효모(맥주, 와인, 위스키, 와인 등의 양조에 사용된다)와 브레타노미세스 속(에일의 오염균으로 배양 효모가 발효하지 못하는 덱스트린(Dextrin)을 분해하여 알코올 이외의 성분을 생성한다)이다.

결과적으로 이 미생물들은 산을 생성하고(라거 맥주의 젖산, 초산의 검출 수치는 50~140피피엠 정도다. 반면 람빅의 경우 초산이 그 열 배 이상, 젖산은 20~30배 이상까지 검출된다), 피에이치를 떨어뜨려(람빅은 3.2~3.4, 라거 맥주는 4.1~4.3) 잡균의 생식을 억제한다. 이와 더불어 포도당·엿당 등의 발효성 당을 소진하게 하고, 비 발효성 당인 덱스트린까지 없애 드라이한 맥주(발효가 끝난 뒤 남는 진액 양은 람빅이 2.2퍼센트 정도, 라거 맥주의 경우 평균 약 4배 정도다)로 만드는데, 이런 환경에서라면 잡균이 생존할 가능성이 희박하다.

그런 까닭에 살균이나 제균 처리를 하지 않는다고 해도 병원균이 살아남을 확률이 매우 적은데, 그보다 더욱더 잡균에 의한 부패의 위험성이 없는 람빅은 그야말로 안전한 음료라고 말할 수 있다. 놀랍게도, 수메르인 등의 고대인들은 이런 원리와 이치를 잘 알고 있었다. 다음의 인용문은 수메르인이 남긴 점토판에 시카루의 중요성에 관해 기록된 내용이다.

> 이 지방은 기온이 높아 지하수조차 음용수로 적합하지 않은데, 시카루만은 음용수로 적합하며 안전하다.

나는 앞에서 칸티용사의 예를 들어 원료 배합 문제에 대해 이야기했다. 한데 칸티용사의 양조장은 람빅의 전통적 양조법을 충실히 따르는 생산 현장이다. 물론 벨기에에는 이 양조장뿐 아니라 지금까지 전통을 면면히 지켜 오고 있는 많은 수의 양조장이 존재한다.

숙성 기간이 적어도 2년이나 되는 람빅의 고전적 양조법을 뚝심 있게 지켜 온 람빅 양조가들과 람빅을 사랑하고 아낌없는 지원과 사랑을 보내 주는 벨기에 국민들의 훌륭한 정신에 경의를

표하고 싶다. 특히 실제로 얻게 되는 결과에 비해 너무도 큰 수고와 노력을 아끼지 않은 람빅 양조가를 비롯한 양조장 주인들에게도 큰 찬사를 보내고 싶다. '인류의 문화유산'이라는 찬사가 절대로 과하지 않은 훌륭한 맥주 람빅을 지켜 내기 위해 애쓰는 벨기에 국민들에게 독자 여러분도 아낌없는 응원의 박수를 보내 주기를 바란다.

벨기에의 람빅 양조가들이 고집스럽게 가업을 이어 가는 절박한 이유

람빅에 대한 이해를 돕기 위해 람빅을 생산하는 두 곳의 양조장을 견학한 내용을 아래에 소개하고자 한다.

칸티용 양조장

나는 브뤼셀 시 남쪽 끝부분에 위치한 안더레흐트 지구의 칸티용(Cantillon) 양조장을 방문했다. 1997년의 일이다. 이 양조장은 1900년에 세워졌다.

칸티용 양조장의 대표 로이 씨와 그의 아들이 직접 동행하며 친절하게 안내하고 설명해 주었다. 이 양조장의 창업자는 로이 대표의 부인 조부로, '칸티용'이란 부인 가문 명이라고 했다. 로이 대표는 자신에게 아들과 손자가 여럿 있어 앞으로 적어도 5대까지는 걱정이 없다고 자랑스러워하는 말투로 이야기했다. 벨기에의 람빅 양조가들이 가업을 잇는 일을 중요하게 여기며 고집하는 데는 그럴 만한 연유가 있다. 이 지역의 서쪽 지구는 본래 람빅의 제조가 활발했던 곳인데, 50곳이나 되는 양조장 중 절대다수인 48곳이 대기업의 손에 넘어갔기 때문이다. 그리고 결국 남은 두 곳 중 하나가 바로 이곳 칸티용 양조장이다. 그는 전통 양조법을 지켜 내기 위해 어떻게든 독립 기업으로 남고 싶다고 말했다. 그리고 그러자면 어떤 어려움이 있어도 극복하고 가업을 이어 가야만 한다고도 했다.

람빅은 날씨가 시나브로 추워지는 10월 말쯤부터 이듬해 4월까지 담금을 한다. 칸티용은 시대착오적인 사고에 머물러 있다는 조소 섞인 비난을 들으면서도 조상 대대로 전해 내려오는 독자적 양조법을 뚝심 있게 지켜 오고 있는 매우 귀중한 양조장이다. 이 양조장에서는 지금도 19세기에 개발된 양조 도구를 사용한다. 도구가 오래되어 교체해야 할 경우에는 반드시 옛것을 기본으로 제작해 사용한다. 그렇다 보니 이 양조장에서 사용하는 모든 것이 그야말로 '움직이는 박물관'이라 할 만하다. 로이 가문이 고전적 설비와 전통적인 양조법을 고수하며 람빅을 양조하는 이유가 뭘까? 내 추측으로는, 벨기에 국민들의 자랑인 람빅을 국내만이 아니라 전 세계의 맥주 애호가들에게 널리 소개하고 그 훌륭한 맛을 보게 함으로써 람빅이 오래오래 살아남게 하고자 하는 마음 때문이 아닌가 싶다. 나는 '움직이는 박물관' 안에서 훌륭한 맥주를 맛보며 '칸티용이여, 영원하여라!'를 목청껏 외치고 싶은 충동을 겨우 억눌렀다.

이 책을 읽는 독자를 위해 칸티용의 양조법을 자세히 소개하고자 한다.

미발아 밀 35퍼센트와 보리 맥아 65퍼센트를 혼합한다. 1회 담금 양은 1,300킬로리터 정도이며, 섭씨 73도까지 온도를 높인다. 당장 박물관으로 가야 하지 않나 싶게 낡을 대로 낡은 매시 턴(Mash tun, 맥아즙 통)을 사용한다.

덱스트린을 남기는 당화 방법을 사용하는 것은 람빅의 담금 공정에서 주목할 점이다. 제2차 발효 기간은 16~20개월에 달하는데, 이 기간에 활약하는 주인공은 브레타노미세스 속 효모다. 이 효모는 알코올 발효 효모인 사카로미세스 속 효모가 분해하지 못하는 덱스트린을 분해하고 발효시킨다. 그 과정을 설명하자면 이렇다. 사카로미세스 속 효모가 포도당, 엿당, 일부 '말토트리오스'라는 발효성 당을 분해하면 미숙성 맥주 속에 비발효성 당, 즉 덱스트린만 남게 된다. 그러고 나면 제2차 발효 시 브레타노미세스 속 효모가 이를 발효시켜 알코올 함유량을 높이고, 람빅에 독특한 맛과 향을 부여하여 완벽하게 당을 제거한 드라이 맥주로 완성되는 것이다.

담금 공정에 사용되는 원료를 수량으로 표기하면 다음과 같다. 보리 맥아 850킬로그램과 밀 450킬로그램(보리:밀=65:35)을 섞고 물 1만 리터를 붓는다. 그런 다음 3년간 저장해 둔 홉 25킬로그램을 당화 맥아즙에 넣고 끓인다. 람빅 양조에서 홉은 어떤 역할을 할까? 오직 '항균 작용'뿐이다. 그런 터라 신선한 홉의 순수한 쓴맛은 오히려 람빅 고유의 맛을 해친다.

칸티용의 매시 케틀(Mash Kettle, 끓이는 솥)은 1938년에 구입한 것이다. 그 밖의 많은 도구는 19세기에 제조된 것이라고 한다. 맥아즙을 끓이는 과정에서 25퍼센트의 물을 증발시킨다. 양조가는 완성된 맥아즙을 냉각선에서 하루 밤낮 꼬박 냉각시킨다. 여기서 짚고 넘어갈 점이 하나 있다. 이는 상면 발효 맥주에만 냉각선이 사용되는 것은 아니라는 점이다. 1960년대에 나는 독일의 맥주 공장에 맨 처음 작업 실습을 나갔다. 한데 당시 하면 발효 맥주인 라거 맥주 공장에서도 냉각선을 사용하는 양조장이 적지 않았다.

이 맥아즙 냉각기간에 양조장의 실내에 서식하는 미생물이 맥아즙 속에 떨어져 섞인다. 섭씨 40도 정도까지 온도가 내려가면 본격적으로 미생물이 활동하기 시작한다. 여기서 좀 더 온도가 내려가 실온까지 떨어지면 스테인리스로 제작한 넓적한 용기에 부어서 이동시킨다. 그런 다음 다시 통에 옮겨 담는다. 발효와 저장은 나무통에서 한다. 칸티용에서는 오래된 와인용 나무통을 사용한다고 한다.

나무통에 담은 맥주는 맨 처음 발효가 활발히 일어나기 때문에 이 단계에서는 뚜껑을 덮지 않는다. 그럼, 언제 뚜껑을 덮을까? 4~5주 남짓 시간이 지나고 발효가 끝나는 시점이다. 그로부터 3년 정도 시간이 지나면 나무통 속 맥주량이 20퍼센트 정도 줄어드는데, 보충하지 않고 그대로 둔다. 이때쯤 맥주 표면에서 번식한 피막 효모가 바깥 공기와 맥주를 차단한다. 같은 양조장에서 생산된 것이라 해도 나무통마다 맥주 맛이 미세하게 다른 것은 어쩌면 당연한 이치다. 로이 대표는 '이것이 바로 자연 발효 맥주'라고 태연한 얼굴로 말했다. 근대적 맥주 공장에서 제품의 균일화는 상식과도 같은 일이다. 로이 대표의 신념에 찬 태도는 음식을 균일하게 만드는 그런 일이 과연 올바른지를 다시 한 번 진지하게 생각해 보게 한다.

장기 숙성 공정을 거친 람빅과 새로 만들어 아직 진액 성분이 남은 람빅을 혼합하여 750밀리리터들이 병에 담아 지하 저장고에 보관한 다음 제2차 발효를 진행한다. 이 공정에 최소 6개월의 시간이 필요하다. 람빅의 혼합 비율은 양조장마다 다르다고 한다.

다음은 다양한 괴즈를 시음한 결과다.

— 3년산 괴즈

☞ 시원한 향과 시큼한 향이 하나로 어우러져 식욕을 자극할 정도로 맛있는 냄새를 만들어 낸다. 당분을 제거하여 상당히 드라이하다. 목 넘김이 좋아서 마실수록 더 마시고 싶어진다. 완성도가 최상급인 맥주, 괴즈다. 이렇게 잘 만들어진 맥주를 만나다니, 아, 기분 최고다!

— 5년산 괴즈

☞ 희미한 '유황 성분 냄새(Sulphury)'가 난다. 이 점만 약간 신경 쓰이고, 나머지는 3년산과 거의 차이가 없다. 완성도 면에서는 역시 흠잡을 데 없다.

3년산과 5년산은 어떤 면에서 다를까? 우선, 나무통이 다르다. 5년산에는 3년산에서 나지 않는 유황 냄새가 약하기는 해도 확실히 난다. 그 원인을 정확히 알 수는 없다고 한다. 아마도 이런 점 때문에 자연 발효 맥주를 생산하는 일이 어렵고 까다롭다고들 하는 것 같다.

드케이르스마커

드케이르스마커의 회장인 드케이르스마커 씨는 타고난 람빅 양조가로, 63세의 로터리 클럽 회원이다. 이 회사가 생산하는 상품명은 프랑스어로 '모르쉬비트(Mort Subite)'라고 하는데, 그 의미가 상당히 특이하다. 영어로 옮기면 'sudden death', 즉 '돌연사'라는 뜻으로, 이는 주사위 게임과 연관이 있다. 점심시간에 주사위 게임을 즐기던 이들이 있었다. 그런데 이들은 점심시간이 끝나기 전 반드시 승패를 결정해야 했다. 그런 터라 얼마나 많은 돈이 걸려 있든 마지막엔 단판으로 승부를 내 결판을 냈다. 모르쉬비트는 바로 여기서 유래했다고 한다.

열정적으로 이런 이야기를 들려 주는 사람이 가슴에 달고 있는 명찰에는 다음과 같은 글귀가 적혀 있다.

Andre de Keersmaeker, President

Brewery de Keermaeker N. V. 'Mort Subite'

Brusselsaat 1 B -1703, KOBBEGEN-ASSE

Belgium Tel: 32 2 4524747

양조장의 주소지 코베겐(Kobbegen)은 브뤼셀의 서북쪽에 위치한 도시다.

양조장 사무실에서 우리 일행은 전형적인 전통 맥주 괴즈를 시음할 수 있었다. 이런 꿈과 같은 일이 내게 일어나다니, 말할 수 없이 기뻤다. 소중한 괴즈를 간직한 병은 샴페인처럼 쇠붙이로 코르크 마개를 꽉 조여 놓은 채였다.

잘못 따르면 괴즈는 금세 탁해진다. 그러므로 천천히 조심스럽게 따라야 한다. 이 괴즈는 나무통에서 3년간 숙성한 뒤 혼합하여 다시 1년간 병에서 숙성시킨 것이라고 한다.

☞ 잔 밑바닥에서부터 작은 기포들이 쉴 새 없이 올라온다. 매우 드라이하다. 단맛이 전혀 나지 않는 대신 산미가 강한 맥주다. 한마디로 시큼한 맛이 난다. 양조 과정에 진액 성분을 완벽하게 제거했다고 한다. 조금 빽빽한 느낌도 들지만 잡스러운 맛이 없고 깔끔하다.

드케이르스마커 씨는 이것이 바로 진짜 괴즈라고 말했다. 진짜 람빅은 톡 쏘는 산미를 지니고 있는데, 이 맛을 체험하게 해주고 싶었다고도 했다. 오랫동안 람빅을 양조해 온 양조가의 근사한 고집이 느껴졌다. 이어서 그가 말했다.

“요즘 맥주 소비자들이 진짜 중의 진짜를 몰라보고, 쓰다면서 람빅을 멀리하는 현실이 안타깝기 그지없습니다. 더욱 기가 막힌 것은 최근 들어 대중의 입맛에 맞춘다는 구실로 달콤한 람빅을 생산하는 업자들이 늘어나고 있는 상황입니다. 애석하고 참담한 일이 아닐 수 없지요. 저는 앞으로도 흔들림 없이 '진짜 람빅'을 양조하고 싶습니다. 다른 많은 것들과 마찬가지로 술도 시대에 맞게 변해야 하는 걸까요? 그런 식의 변화가 꼭 필요한 걸까요? 시대의 유행을 좇고, 좀 더 노골적으로 이익을 좇는 것이 과연 양조가가 걸어가야 하는 길일까요? 답을 알면서도 때때로 고민이 되는 것도 사실입니다."

그의 기술론은 더욱 흥미로웠다.

"사람들이 람빅은 제조 공정에서 미생물의 오염이 일어나야 한다고 알고 있는데, 이는 잘못된 지식입니다. 왜냐하면 건강하고 올바른 오염만 허용하니까요. 좀 더 구체적으로, 기온이 낮은 겨울에 담금하는 것도 담금할 때 혼입되는 미생물에 제한을 두는 까닭입니다. 게다가 자연 발효란 애초 관리가 거의 불가능한 양조법이니까 사람이 할 수 있는 일은 없다고 생각하는데, 그렇지 않습니다. 오랜 세월을 거치며 쌓아온 경험을 통해 우리는 많은 소중한 것들을 터득했습니다. 예를 들어 깨끗하게 관리해야 하는 장소와 시기가 분명히 있다는 거죠. 그럴 때는 완벽한 청결 상태를 유지해야 합니다. 냉각선에서 섭씨 40도에서 30도를 향해 내려갈 때가 가장 주의를 필요로 하는 때예요. 제조 기준이 담긴 설명서 같은 것은 없지만 때와 장소, 상황에 따라 적절히 취해야 할 대책은 있습니다. 그러니까 말하자면 람빅 양조의 비법은 수많은 경험을 통해 충분히 몸에 익힌 상태입니다."

어떤 이들은 사람들의 미각이 변하는 까닭은 음식이 변하기 때문이라고 주장한다. 시대가 지나면서 새로운 음식 재료가 나타나고 그것에 맞는 적절한 조리법이 개발되며 향신료도 달라진다. 세계화가 진행되면서 사람들은 전 세계 여러 나라의 음식을 맛볼 기회가 많아졌다. 그러면서 각지의 음식 조리법이 달라졌고 온갖 종류의 서로 다른 맛들이 만나고 충돌하며 또 다른 변화를 일으켰다.

거창하게 인류 역사까지 들먹이지 않더라도 인간 삶은 우선 음식이 있어야만 성립될 수 있다. 그러므로 음식이 변하면 술도 자연스럽게 그것에 맞게 변해 간다는 것은 당연하지만, 평생을 양조업에 바친 사람이라면 이런 논리를 쉽게 받아들이지 못할 것이다.

근사하고 운치 있는 작은 레스토랑에서 괴즈를 곁들여 점심을 먹었다. 드케이르스마커 씨가 쓴웃음을 지으며 속내를 내비친 일이 기억에 남았다.

"양조가는 과거의 추억과 향수를 가슴 깊이 간직하고 싶어 합니다. 프로가 되면 될수록 그런 성향은 더욱더 강해지고 고집스러워지지요. 그러나 술의 존속과 번영을 바란다면 술을 살아 있는 존재라는 쪽으로 개념을 바꿔서 생각해 보면 어떨까 싶어요. 그럼으로써 새로운 소비자의 취향에 맞추는 것을 타협이나 타락이라고 자학하지 말고 좀 더 건설적인 방향으로 변화해 가야 한다고 요즘 마음을 바꿔 먹기 시작했습니다."

드케이르스마커 씨가 이렇게까지 신세 한탄을 하는 데는 그럴 만한 이유가 있었다. 그가 오랫동안 고집해 온 전통 양조법으로 생산한 람빅은 완벽한 수제 맥주이기 때문에 많은 인력이 필요하다. 게다가 공정 과정에도 최소 2년여의 세월이 걸린다. 그런데 아무리 오래 저장하고 공을 들여도 와인처럼 비싼 가격에 팔리지 않는 냉정한 현실에 고전 맥주 람빅 양조가들의 고민과 슬픔이 있다. 자동화한 첨단 공장에서 대량생산하는 라거 맥주와 애초 가격 경쟁 자체가 되지 않는다는 푸념 섞인 이야기가 나온 지도 오래되었다. 경제적 관점에서 람빅 맥주 양조는 이미 수지타산이 맞지 않는 사업이다. 드케이르스마커 씨가 고전적이며 전문적인 람빅을 생산하는 양조장은 '돈이 되지 않는 움직이는 박물관'이라고 자조적으로 말했는데, 그의 말 그대로다.

양조장에서 '크리켄람빅(Krieken-Lambic)'을 나무통에 저장하는 모습을 볼 수 있었다. 630밀리리터의 원형 나무통에 체리를 통째로 넣은 다음 발효하고 있었다. 힘든 공정 중의 하나다. 이런 설비를 좀 더 효율적인 방식으로 개선하고 싶어도 마음뿐 자금이 없어 꿈도 못 꾼다.

그러나 최근 드케이르스마커 씨의 양조장도 다른 양조장들과 마찬가지로 대기업인 알켄마스크로넨버그(Alken-Maes-Kronenbourg)의 계열로 편입되었다. 이후 새 회사에서 투입한 자금으로 낡은 설비를 차츰 바꿔 나가고 있다. 예를 들면, 많은 노동력이 뒷받침되어야 하는 낡고 작은 통 대신 대형 목제 통으로 교체하는 식이다. 스테인리스 재질의 블렌드 탱크도 설치했다. 담금 공정에도 첨단 설비를 도입했다. 이런 새로운 신식 기기들로 과연 고전적인 전통 맥주를 어떻게 제대로 만들어 낼 것인가가 향후의 과제다. 많은 문제를 지혜롭게 해결하고 극복해 나가지 못한다면 인류의 문화유산과도 같은 람빅은 영원히 사라지고 말 것이다.

세계적인 맥주의 대가 마이클 잭슨은 모르쉬비트를 '시대의 요구에 발맞추어 람빅의 전통적 맛을 순하게 바꾸어 놓음으로써 성공을 거둔 맥주'로 평가했다. 사실 따지고 보면 드케이르스마커 씨도 경영자로서 해야 할 일을 성실히 한 것일 뿐이다. 하나의 술이 살아남는다는 것은 이처럼 녹록하지 않은 일이다.

브뤼셀 근교의 도시 코베겐의 명문 모르쉬비트가 다시 부활하여 새 시대를 향해 힘차게 도약하기를 간절히 바라 마지않는다.

드케이르스마커 씨는 그랑플라스 인근에 있는 모르쉬비트 카페에 가는 길이라며 우리 일행을 브뤼셀의 호텔까지 태워다 주었다. 이렇듯 마지막 순간까지 세밀히 챙겨 주고 배려해 주셔서 뭐라 감사를 드려야 할지. 언젠가 다시 한번 뵙고 감사 인사를 드리고 싶다.

'맥주계의 샴페인' 괴즈와 프루트 람빅

괴즈

람빅은 상품화되어 괴즈로 거듭난다. 괴즈는 당분을 완전히 제거해 오래 저장한 람빅과 아직 당분(덱스트린)이 남아 있는 새로 양조한 람빅을 섞어 병에 담아 재발효시킨 맥주다. 말하자면 괴즈는 '맥주계의 샴페인'이라고 할까. 재발효 공정은 람빅의 톡 쏘는 강렬한 맛을 한층 누그러뜨리고 부드럽고 순한 맛을 만들어 낸다.

보통 새로 담은 1년산 미만의 람빅 70퍼센트에 2년간 저장한 묵은 람빅 30퍼센트를 섞어 만든다. 혼합 방식은 양조장마다 제각각 다른데, 칸티용처럼 1년산, 2년산, 3년산을 각각 3분의 1 정도씩 섞어 만드는 곳도 있다.

혼합한 람빅을 블렌드 탱크에 넣어 저장한다. 그런 다음 미생물을 약간 남겨 두는 간단한 여과 과정을 거쳐 샴페인 병에 담는다. 금속제 마개로 밀봉한 뒤 창고에 눕혀 쌓아 올린다. 재발효는 여름에 시작하는데, 고온에서 이루어져야 하기 때문이다. 그런 까닭에 9개월에서 1년 남짓의 저장 기간이 필요하다. 겨울의 저온과 여름의 고온, 섭씨 2~25도의 온도 변화가 숙성에 효과적이며, 이런 조건들이 간접적으로 괴즈의 맛과 향에 커다란 영향을 미친다.

람빅의 제조 공정에는 각종 균이 관여한다. 이때 최적 온도는 상황에 따라 제각각 다르다. 괴즈의 숙성 효과 면에서 주목해야 할 점이 있다. 즉, 효모나 세균이 죽은 뒤 균이 또다시 자기분해를 일으킨다는 점이다. 이때 생성된 미생물 분해물은 괴즈의 근사한 맛과 향을 위해 빼놓을 수 없는 성분이다. 양조가 모두 끝나고 나면 양조장의 창고에서 1년 혹은 2년, 길게는 4년까지 저장할 수 있다.

프루트 람빅

'프루트 람빅(Fruit Lambic)'이란 새로 양조한 람빅에 과일을 넣어 나무통에서 재발효시킨 람빅을 말한다. 체리나 나무딸기가 대표적이나 구스베리, 포도, 복숭아도 재료로 사용된다. 체리, 나무딸기, 블랙베리(Casis=black currant), 포도(Muscat), 복숭아로 담근 프루트 람빅의 전통은 중세 시대부터 이어져 내려왔다고 한다.

해마다 7월 무렵이 되면 람빅 양조가들은 과수원에서 스하르베이크(Schaarbeek) 지역(오래전부터 이 지역에서 생산하는 체리로 프루트 람빅을 담가왔다)의 체리 상태를 체크한 뒤 구매 날짜를 정한다. 스하르베이크 체리를 생산하는 과수원은 이 지역에서도 몇 안 될 정도로 드물기 때문에 모든 양조장의 수요에 대응할 수 없는 상황이다. 그런 터라 최근 북프랑스, 벨기에, 독일산 체리를 수입해 사용한다. 머스켓은 이름 그대로 머스켓 종류의 포도를 의미한다. 전통적으로 프랑스산을 사용하는데, 최근에는 이탈리아에서 수입해 쓴다. 농축 주스를 이용하는 양조장은 독일산을 주로 사용한다.

프루트 람빅 중에서 체리를 넣은 크리켄람빅의 제조법을 간단히 소개하겠다.

체리는 7월 하순에서 8월 상순 무렵 양조장으로 배달된다. 158킬로그램의 체리를 새로 담근 람빅과 함께 656리터의 나무통에 붓는다. 여름에는 기온이 꽤 높기에 발효는 1주일 이내에 보통 끝나고, 8월 중순쯤이면 작업이 모두 마무리된다. 통을 개봉한 채 2주간 방치한 후 밀폐 처리한다.

그 후 3~6개월간 숙성시킨다. 이때 과일 맛, 향, 색이 빠져나온다. 숙성이 끝나면 병에 담는다. 람빅이 담긴 나무통 두 개를 비운 다음 체리 찌꺼기가 남아 있는 통에 새로 담근 람빅을 부어 두 번째로 추출한다. 1, 2차로 추출한 람빅을 섞은 다음 큰 통에 담는다.

2차 발효 과정에 필요한 진액의 양은 새로 담근 람빅과 새로 담근 람빅을 2:1의 비율로 섞는다. 이를 샴페인 병에 넣은 다음 밀폐 처리한다. 3~5개월 동안 숙성하는데, 통상 1년 정도 기간이 최적이다. 2년이 지나면 당분이 지나치게 많이 제거되어 알코올 농도가 높아지기 때문이다. 너무 드라이해지면 과일의 특성이 사라져 프루트 람빅으로서의 정체성이 흔들릴 수 있다.

World History
of
BEER

⑭

롤러코스터처럼 요동치는 21세기 세계 맥주 시장

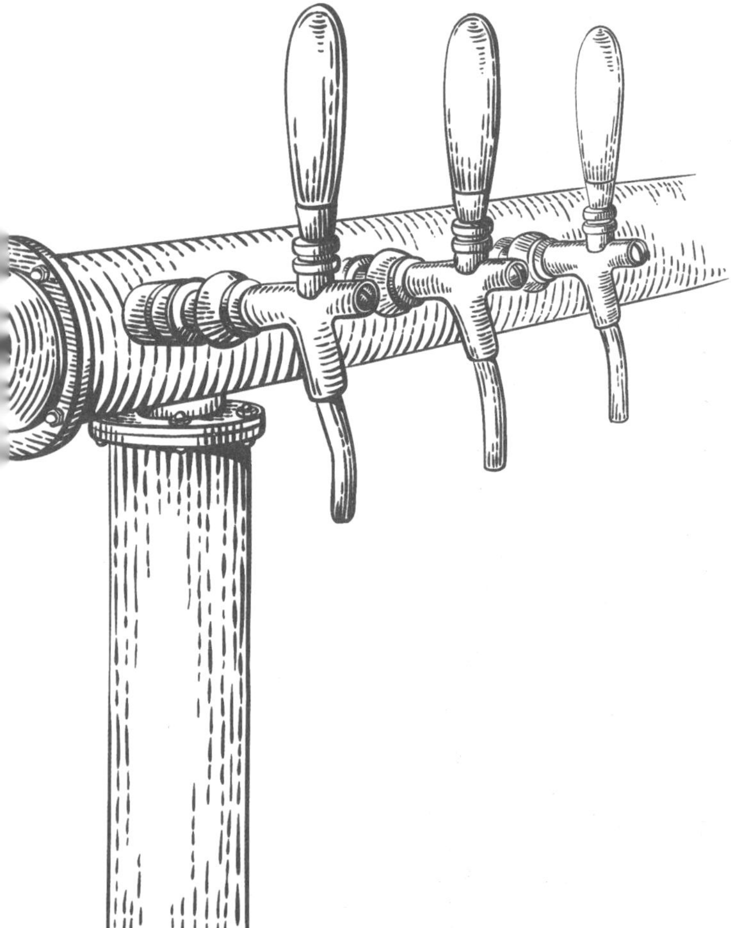

20세기 말부터 본격화한 국제화의 격랑에 휩쓸린 세계 맥주 시장

인류 역사를 거슬러 올라가 보면, 사회적·경제적 대변혁이 주기적으로 일어났다는 걸 알 수 있다. 18세기 말쯤 영국에서 시작해 전 세계로 퍼져 나간 산업혁명의 파도는 세계사의 새로운 페이지를 여는 대변혁의 시작이었다. 세기가 바뀌어 19세기가 되자 그 격랑은 맥주 산업에도 강력한 영향을 미쳤다. 그 여파로 남부 독일의 바이에른 지역에서 탄생한 라거 맥주는 오랫동안 '맥주의 왕자' 자리를 지키며 시장을 장악했던 영국의 에일을 밀어내고 그 자리를 차지했다. 이는 19세기 후반 무렵의 상황이다. 이는 근대 맥주 역사상 가장 극적이고도 흥미로운 변화였다. 이런 변화에 가장 크게 영향을 미친 것이 바로 산업혁명의 흐름을 이어받은 기술 혁신이다. 그중에서도 독일 뮌헨의 린데가 발명한 냉동기와 프랑스 과학자 파스퇴르가 개발한 저온살균법, 그리고 덴마크 칼스버그의 에밀 한센이 완성한 효모 순수 배양법은 '맥주의 3대 발명'으로 불리며 맥주 산업의 성장과 발전을 이끌었다.

19세기 전반기까지만 해도 누구나 맥주 하면 에일을 떠올렸다. 에일은 맥주 양조 기술의 전형으로 여겨졌으며, 유럽 여러 나라의 맥주 양조가들은 에일 양조 기술을 배우기 위해 너도나도 잉글랜드로 몰려들었다. 그러던 중 체코 보헤미아의 양조 도시에서 필젠 맥주가 탄생한다. 1842년의 일이다. 필젠 맥주는 단숨에 유럽의 주요 도시들에서 대단한 인기를 끌어모은다.

이후 필젠의 자궁에서 탄생하고 그 인큐베이터에서 성장한 담색 맥주는 그야말로 대적할 상대가 없는 맥주계의 최강자가 되었다. 이는 19세기 말쯤의 상황이다. 이로써 필젠 맥주의 고향인 뮌헨은 전 세계가 인정하는 진정한 맥주의 도시로 거듭났다.

20세기가 되자 라거 맥주는 날이 잘 선 칼이 대나무를 쪼개는 기세로 전 세계로 퍼져 나가 거의 모든 나라에서 라거를 양조할 정도로 대중화한다. 그 무렵 일반적으로 사용하게 된 냉동기는 적도 부근의 열대지역에서도 라거 맥주 생산을 가능하게 해 주었다. 그즈음에는 저온살균법 덕분에 맥주는 '부패하지 않는 식품'으로 탈바꿈했다. 이로써 맥주 하면 누구나 라거를 떠올리게 되었고, 에일의 종주국인 영국에서는 라거 맥주의 시장 점유율이 50퍼센트 이상이나 된다.

미국을 필두로 한 서구 선진국들의 산업은 눈부신 발전을 이루었다. 제2차 세계대전 이후의 상황이다. 이들 국가에서는 맥주 산업도 크게 성장하며 맥주 기업들은 최대 전성기를 맞이한다. 이는 1950~1970년대의 상황이다. 그 무렵 전 세계 맥주 선진국을 순위대로 대략 꼽아 보자면, 1위 미국, 2위 서독, 3위 영국,

4위 소련, 5위 일본이었다. 1975년 무렵까지만 해도 이 순위에는 변동이 없었다.

선진국들은 성장과 발전의 속도를 높이기 위해 개발도상국들 시장에 천문학적인 액수의 자본을 투자하기 시작한다. 이때 산업과 경제의 제2차 대변혁과 국제화가 본격적으로 시작된다. 이 무렵 국제화는 왜 일어났을까? 복합적인 원인이 있겠으나 무엇보다 선진국들의 국내 시장이 그야말로 포화 상태에 이르렀기 때문이다. 그런 한편으로 개발도상국에서는 선진국들이 쏟아부은 자금과 기술을 바탕으로 급속한 경제 발전을 이루어 나간다.

전 세계 맥주 업계에 일대 지각 변동이 일어난다. 이는 1970~1980년대의 상황이다. 맥주 선진국들의 소비량이 한계상황에 다다르면서 대다수 선진국의 생산량이 일제히 제자리걸음을 하거나 하락하기 시작했다. 다만 이런 상황에서도 미국만은 예외여서 성장을 지속했다. 게다가 전 세계 맥주 총생산량은 매년 꾸준히 몇 퍼센트씩 상승세를 이어 갔다. 이는 미국을 제외한 대다수 선진국에서 매년 줄어드는 소비량을 어느 대륙, 어느 나라에선가 상쇄하고도 남을 만큼 왕성하게 생산하고 있었다는 얘기다. 그곳이 어디일까? 바로 일본을 제외한 아시아의 여러 국가와 구소련권에 속한 동유럽 국가들, 그리고 중남미 국가들이다.

세계 맥주 시장의 판도에 극적인 변화가 일어나기 시작했다. 20세기 말엽의 상황이다. 그동안 맥주의 후진국으로 여겨져 온 중국이 미국을 제치고 연간 생산량 기준 전 세계 1위에 오른 것이었다.

〔표1〕 세계 상위 10위권 기업

세계 상위 10위권 그룹(1999년) (출전: Brauwelt Nr. 32 2000)		세계 상위 10위권 그룹(2008년) (출전: Brauwelt & Distiller Inter. Aug. 2009)	
순위	기업명 / 국명	순위	기업명 / 국명
1	안호이저 부시 / 미국	1	안호이저 부시 인베스AB InBev / 벨기에·브라질
2	인터브루 / 벨기에	2	사브밀러SABMiller / 남아프리카
3	하이네켄 / 네덜란드	3	하이네켄 / 네덜란드
4	암베브AmBev / 브라질	4	칼스버그 / 덴마크
5	사브SAB / 남아프리카	5	화룬쉐화華潤雪花 / 중국
6	밀러MILLER / 미국	6	그루포 모델로Grupo Modelo / 멕시코
7	칼스버그 / 덴마크	7	칭다오靑島 맥주 / 중국
8	스코티시 앤드 뉴캐슬 Scottish & Newcastle / 영국	8	몰슨 쿠어스Molson Coors / 캐나다·미국
9	아사히 / 일본	9	옌징燕京 맥주 / 중국
10	기린 / 일본	10	펨사FEMSA / 멕시코

〔표1〕은 전 세계 상위 10위권 기업 및 국가 순위인데, 1999년과 2008년 기준으로 10년 동안의 변동 상황을 알 수 있는 데이터다. 표에서 보면, 1999년의 경우 안호이저 부시가 1위다. 안호이저 부시는 1960년대 이후 미국은 물론이고 전 세계 최고 기업이었으며, 21세기 초반 무렵까지 그 자리를 지켰다. 그런데 1999년에 4위에 올랐던 암베브, 6위와 8위를 차지했던 밀러와 스코티시 앤드 뉴캐슬의 경우 리스트에서 사라진 것을 발견할 수 있다. 이는 암베브가 1999년 2위였던 인터브루와 합병을 통해 인베브로 거듭났고, 6위였던 밀러의 경우 5위의 사브에 의해 매수되었으며, 8위의 스코티시 앤드 뉴캐슬은 하이네켄과 칼스버그에 흡수합병되었기 때문이다. 게다가 놀랍게도 1999년 1위를 차지했던 안호이저 부시는 인베브에 의해 매수되어 안호이저 부시 인베브(Anheuser-Bush InBev)로 재탄생했기 때문이다. 안호이저 부시가 인베브에 팔린 일은 제2차 세계대전 이후 벌어진 맥주 업계의 최대 매수 사건으로 받아들여졌으며, 전 세계의 모든 맥주 관계자를 충격의 도가니로 몰고 간 일대 사건이었다.

한 가지 더 주의 깊게 살펴보아야 할 점이 있다. 바로 화룬쉐화, 칭다오, 옌징의 중국 기업이 2008년 리스트에서 상위 10위권 안에 나란히 진입한 것이 바로 그 점이다. 나는 오래전부터 '21세기는 아시아의 시대'가 될 것으로 예측하고 주장해 왔다. 이는 그것을 증명하는 일이라고나 할까.

안호이저 부시 매수 사건은 어쩌면 20세기 말부터 본격화한 국제화라는 격류에 휘말려 침몰한 한 척의 배에 불과할 수도 있다. 이는 앞으로 세계 맥주 시장에 더 큰 격랑과 쓰나미가 몰아칠 가능성이 얼마든지 있다는 얘기이기도 하다.

이제 20세기 말엽부터 세계 맥주 산업을 강타한 세계화의 실체를 논할 시간이 되었다. 복잡다단한 맥주 산업의 현황과 실정을 좀 더 자세히 살펴보자.

맥주는 이제 돈 되는 장사가 아니다?

1950년대 후반, 나는 대학생의 신분이었다. 돌이켜 보면, 당시는 한국전쟁의 특수 상황 속에서 세계대전의 여파로 피폐할 대로 피폐해진 일본 경제가 기사회생의 계기를 마련해 호경기에 접어들고 있었다. 그런 터라 당시 일본 제조업계는 전반적으로 활기가 넘쳤다. 맥주 산업도 예외는 아니어서 맥주 기업들은 폭발적인 수요를 감당하지 못할 정도였고, 생산하기 바쁘게 팔려 나갈 정도였다. 농예화학과에 재학 중이던 시절, 나는 식품 생산을 배울 겸 요코하마의 기린 맥주와 에비스의 삿포로 맥주 공장에 몇 번 견학 갔다. 당시 선배들이 주고받는 대화를 통해 일본의 맥주 기업들이 그야말로 불티나게 팔리는 엄청난 호황기를 누리고 있다는 사실이 생생히 느껴질 정도였다. 사정이 이렇다 보니 취업을 앞둔 학생들에게 맥주 기업은 매력적인 일자리 중 하나일 수밖에 없었다. 실제로, 우리 과 50명의 졸업생 중 상위 10퍼센트에 달하는 5명이 3대 맥주 기업인 기린과 아사히, 그리고 삿포로에 입사했다.

내가 신입 사원이던 1950년대 말부터 1960년대 초반 무렵 큰 크기의 맥주 한 병 가격이 1,200원 정도였다. 참고로, 라면 한 그릇이 500원 정도 할 때였다. 라면 한 봉지보다 맥주 한 병 가격이 두 배 이상 비싼 셈이었다. 그런데 2010년 무렵인 지금 중간 크기의 맥주 한 병 가격이 3,100원 정도이고 라면은 5,000원 정도에 판매된다. 몇십 년의 시간이 지나면서 라면 가격이 맥주 가격을 추월한 것이다. 좀 더 구체적으로, 라면값이 10배 정도 뛰는 동안 맥주는 고작 2.6배 오른 것이다. 이는 맥주의 수익률이 4분의 1 정도로 떨어졌다는 걸 의미한다.

생활 수준을 판단하는 지표에는 여러 가지가 있다. 그중에는 월급으로 맥주 몇 병을 살 수 있는지를 나타내는 지표도 있다. 1960년대 초 무렵, 신입사원의 경우 초봉은 월급 13만 원 정도였고, 당시 맥주 한 병 가격은 1,000원 정도였다. 그에 비해 2010년 무렵의 초봉은 월급 200만 원 정도였고, 맥주는 2,900원 정도였다. 이를 기준으로 계산해 보면, 1960년대에는 신입사원의 월급으로 맥주 130병을 살 수 있었던 데 반해 2010년 무렵인 지금은 690병을 살 수 있다. 단순히 계산하자면, 현재 신입사원의 경우 맥주 구매 능력이 50년 전에 비해 5배 이상 커졌으며 그만큼 더 경제적으로 풍요로워졌다고 할 수 있다. 그런데 과연 실상도 그럴까? 그렇지 않다. 문제는 상황이 그렇게 단순하지 않다는 데 있다. 단도직입적으로 말해서, 위에서도 언급했듯이 다른 상품에 비해 맥줏값의 상승 폭이 너무 작다고 할 수 있다. 그렇다면 왜 유독 맥주라는 상품의 가격 상승 폭이 이렇게 작은 걸까? 여기에도 그럴 만한 이유가 있다. 달걀과 맥주는 정부에 의해 소비자 물가 지수 항목으로 채택된 품목으로, 통계청이 예의 주시하던 상품이기 때문이다. 그런 터라 생활필수품을 소비자, 즉 국민에게 공급한다는 취지로 맥주 기업들도 원가 절감에 큰 노력을 기울여 왔다.

산토리가 맥주 사업에 뛰어들 당시, 100만 석, 즉 18만 킬로리터 넘게 생산하고 판매할 수 있다면 수익성 있는 업종으로 지속 가능하다고 판단했다. 100만 석이 손익분기점이었던 셈이다. 그런데 현실은 그렇지 않았다. 실제로 맥주 기업들이 온갖 노력을 기울여 100만 석을 생산하고 판매해도 적자를 면할 수 없었다. 이는 여러 요인으로 인해 손익분기점이 상승했기 때문이다. 그 후 손익분기점은 해마다 상승을 거듭했으며, 흑자 경영의 길은 점점 더 멀어졌다. 참고로 산토리가 흑자를 내기 시작한 시점은 최근의 일로, 생산 판매율이 '18만 킬로리터'의 네 배가 넘는 75만 킬로리터를 달성하고 난 이후의 일이다. 즉, 이는 역시 100만 석의 네 배에 달하는 400만 석을 넘어선 뒤의 일이다. 결론적으로, 지난 50년 동안 맥주의 수익률은 4분의 1로 감소했다. 이쯤 되면 어떻게 신입사원의 초봉 월급으로 50년 전에 비해 다섯 배나 많은 양의 맥주를 구매할 수 있게 되었는지 이해가 갈 것이다. 이런 상황의 연장선에서 맥주 기업들은 수익률 감소 문제의 해결책으로 발포주(맥아 비율이 25퍼센트 미만인 술)나 제3의 맥주(맥아를 전혀 사용하지 않거나 발포주에 소주 등을 섞은 알코올)를 새롭게 개발하여 판매하는 일에 주력하고 있다. 그도 그럴 것이, 이런 유의 맥주(?)들은 주세가 낮아 상대적으로 낮게 가격을 책정할 수 있기 때문이다.

사실 맥주는 이미 돈 되는 비즈니스가 아닌 길에 들어선 지 오래됐다. 게다가 엎친 데 덮친 격으로 일본의 경우 인구가 시나브로 감소 추세인 데다 음주할 수 있는 연령층의 인구 비율도 매년 감소하고 있어 맥주 산업의 미래에 더욱 짙은 먹구름이 드리워지고 있다. 참으로 안타까운 일이 아닐 수 없다. 그러나 이는 일본만의 문제도 아니며 맥주 선진국들 모두가 공통으로 겪는 현상이자 문제다.

이와 관련하여 흥미로운 현상이 하나 있어 소개할까 한다. 1950~1970년대 독일 전역에서 맥주 소비량이 가장 많은 도시는 도르트문트였다. 당시 이 도시에만 유명한 양조장이 네 곳이나 있었는데, 도르트문더 유니온(Dortmunder Union)과 도르트문더 악치엔(Dortmunder Actien) 등이 그것이다. 이는 독일 중공업 지대 루르(Ruhr)로 대표되는 지역으로, 오래전부터 철강업과 석탄 산업 등이 왕성하게 이루어지던 곳이다. 그런 터라 독일은 물론이고 세계 여러 나라에서 몰려온 제철소나 탄광 등에서 일하는 노동자들로 북적였다. 후끈후끈한 용광로에서 일하는 이들에게 맥주라는 상품은 갈증과 스트레스를 해소해 줄 최고의 상품이자 생활 음료였다. 게다가 날마다 혹독한 노동이 끝난 뒤 기다리는 맥주는 생활의 활력소이자 작은 즐거움이기도 했다. 도르트문트가 당대 독일 최고의 맥주 소비 도시로 자리매김한 데에는 이런 요인이 자리하고 있었다.

도르트문트 시내 거리는 활기가 넘쳤다. 인근 도시 뒤셀도르프는 금융·상업 도시로, 세계 여러 나라의 대기업들이 운영하는 지점들이 모여 있었다. 참고로, 뒤셀도르프 시내의 '임머만 거리'에는 일본의 상사와 대기업들이 진을 치고 있어 '일본 거리'라는 별칭으로 불릴 정도였다. 그중에는 신일본제철의 전신인 '야하타 제철소'의 지점도 포함된다. 당시 나는 코펜하겐의 연구소에서 유학 생활을 하고 있었기에 생생히 기억한다.

한데, 그즈음 언제부턴가 도르트문트의 맥주 소비량이 눈에 띄게 감소하기 시작했다. 이는 철강 생산 등 중공업 분야의 산업 합리화 정책으로 인해 탄광이 하나둘 폐쇄되면서 맥주 소비의 일등 공신이었던 노동자들이 이 도시를 떠난 여파였다. 한데 이와 비슷한 현상이 바다 건너 영국에서도 나타났다. 영국 중부에 자리 잡은 철강업 중심 도시 맨체스터의 사례가 그것이다. 맨체스터의 철강업 용광로에서 일하는 노동자의 갈증을 주로 해소해준 맥주는 '마일드 에일'이라는 이름의 에일이었다. 마일드 에일은 당분 함유량이 적을 뿐 아니라 알코올 도수도 낮은 편이어서 '초보자도 마시기 편한 에일'로 정평이 나 있었다. 그런 터라 노동자들에게는 물 대체 음용수로 안성맞춤이었다. 그런데 머지않아 맨체스터 에일 역시 도르트문트 기업들의 맥주와 일란성 쌍둥이처럼 똑같은 운명을 맞이하게 된다. 노동자가 사라진 도시에서 맥주는 매력이 사라진 평범하기 짝이 없는 술로 전락해 버린 것이다.

앞에서 언급한 대로, 1940~1970년대에 맥주 선진국들은 엄청난 호황기를 누렸다. 그러나 1980~1990년대에 접어들어 맥주 소비량이 포화 상태에 놓이면서 해마다 생산량이 줄어들었다. 이에 따라 당연하게도 전 세계 맥주 시장에서 경쟁이 격화되었으며, 광고비와 판촉비 등 마케팅 비용이 천정부지로 치솟았다. 그 결과 맥주 시장에 값싼 맥주가 쏟아져 나오기 시작했다. 전통적인 맥주 명문 기업과 대기업도 이런 현상에서 예외는 아니어서 살아남기 위한 원가 절감을 비롯한 가격 동결, 값싼 맥주 개발 등에 나설 수밖에 없었다.

이런 흐름에 대처하기 위해 전 세계 상위 10위 권에 드는 맥주 대기업들은 근본적으로 전략을 바꾸지 않으면 안 된다고 판단하기에 이르렀다. 그들은 매수·합병 등으로 덩치를 키우고 시장을 확대함으로써 생산량을 증대하고자 했다. 더불어 그들은 꾸준한 원가 절감 방안을 찾음으로써 수익률을 높이고자 안간힘을 썼다. 과거에는 다각화 전략을 펴는 대기업도 많았으나 근래에 이르러서는 '거품'과 '군더더기'를 효과적으로 제거함으로써 생존 가능성을 높이는 방향으로 선회했다. 말하자면 이는 맥주 이외의 기타 사업 부문을 과감히 매각, 처분함으로써 맥주 산업을 특화하는 방향이다. 사실 이는 기업 매수에 필요한 자금을 확보하기 위해서라도 어쩔 수 없이 취할 수밖에 없는 방안이었다. 한데 이와는 반대로 종합식품기업 중 산하에 거느리고 있던 맥주 부분을 매각하고 무알코올 식품 생산 및 판매에만 집중하는 기업도 더러 나타났다. 프랑스의 거대 식품 기업 다농(Danone)이 바로 그런 사례로, 이 기업은 자사의 산하에 있던 프랑스 맥주 시장의 리더격인 크로넨버그(Kronenbourg)를 영국의 스코티시 앤드 뉴캐슬에 매각했다(당시의 구체적인 맥주 기업들의 변화 상황은 〔표 1〕을 참고하기 바람).

선진국의 맥주 소비량이 급격히 감소하는 현상을 보이기 시작한 원인은 무엇일까? 이와 관련해 몇 가지를 짚어 보자. 관련 분야 학자들의 연구 결과에 따르면, 개인 총가처분소득(개인 소득 중 소비와 저축을 자유롭게 할 수 있는 소득)이 늘어나면 주류의 소비 욕구가 맥주에서 와인으로 이동하는 경향이 있다고 한다. 한데 주요 맥주 선진국들의 경제가 성장하면서 개인 총가처분소득이 늘어나 실제로 맥주에서 와인으로 주류 시장에 변화가 일어난 점이 중요한 이유 중 하나다. 여기에 더해 맛이 좋은 무알코올 음료가 등장함에 음료의 소비 형태에 큰 변화가 일어났기 때문이다. 참고로, 19세기에 일어난 감염병 콜레라의 확산으로 인해 유럽에서는 와인이나 맥주가 물보다 오히려 더 안전하다는 인식이 있었다. 그러다가 한참 뒤인 20세기 후반 무렵에 이르러 와인과 맥주의 강력한 경쟁 상대인 에비앙(Evian), 볼빅(Volvic) 등 위생상 안전하면서도 맛도 좋은 광천수(mineral water)가 줄줄이 등장했다. 여기에 더해 건강 관리 열풍이 거세어지면서 대중은 빠른 속도로 알코올음료에서 청량음료(soft drink) 소비 습관이 바뀌었다.

여기에 더해 건강 관리 열풍이 거세어지면서 대중의 소비 습관이 알코올음료에서 소프트드링크(soft drink)로 빠르게 이동했다.

사실 이와 비슷한 현상은 맥주만이 아니라 와인 시장에서도 발견된다. 오늘날 1인당 연간 와인 소비량이 50리터에 달하는 프랑스와 이탈리아는 전 세계를 통틀어 1, 2위를 다투는 와인 강국들이다. 그러나 놀랍게도 1970년대만 해도 두 나라 모두 1인당 와인 소비량이 100리터를 넘어섰다. 말하자면, 40여 년 만에 최대 와인 강국 두 나라조차 와인 소비량이 절반 이하로 줄어든 셈이다.

세계 맥주 시장을 뒤흔든 벨기에 국적의 맥주 기업 인베브의 미국 최대 맥주 기업 안호이저 부시 매수 사건

어느 날 벨기에에서 날아온 뉴스가 전 세계 맥주 관계자들에게 큰 충격을 안겨 주었다. 2008년 6월 11일의 일이다. 벨기에 국적의 세계 최대 맥주 기업 인베브가 미국 최대 맥주 기업 안호이저 부시에 인수 의사를 타진한 것이다. 당시 인수 제안 금액은 주당 64달러였는데, 총주식 수로 환산하면 460억 달러, 약 49조 원에 달하는 천문학적인 금액이었다. 안호이저 부시의 소유주이자 이사회 회장직에 있던 부시 3세와 최고경영자 부시 4세는 단호히 매각에 반대 의사를 표명하며 적극적으로 방어에 나섰다. 다른 한편으로 그들은 인베브 편에 선 것으로 판단되는 이사들을 모두 해고한 뒤 주주들의 애국심에 호소하며 매각에 반대해 달라고 요청했다. 마침 미국 대통령 선거 유세전이 한창 펼쳐질 때였는데, 민주당 후보 버락 오바마도 적극적으로 나서서 '버드와이저가 외국 기업에 매각된다면 미국인의 자존심에 회복하기 어려운 상처가 날 것'이라며 국민들의 애국심에 호소했다. 그러나 상황은 매각 반대론자들의 편이 아니었다. 안호이저 부시의 주주 중에는 미국인도 많았으나 그에 못지않게 외국인도 많았기 때문이다.

제1차 매수 제안이 거절당하자 인베브는 기다렸다는 듯 제2차 작업에 들어간다. 주당 64달러에서 70달러로 6달러를 인상한 금액을 제시한 것이다. 같은 해 6월 26일의 일이다. 우여곡절 끝에 마침내 인베브는 안호이저 부시 매수 전쟁에서 승리를 선언한다. 이는 그해 7월 14일의 일이다. 그리고 그해가 다 가기 전인 12월에 안호이저 부시가 인베브의 제안을 전격적으로 받아들이면서 역사적인 매수극은 마침표를 찍게 된다.

인베브의 관계자에 따르면, 기업 내에서도 안호이저 부시 매수 금액에 대해 '너무 비싸다', '잠재 가치에 비해 싸게 매수했다', '합리적인 금액이다' 등으로 의견이 엇갈렸다고 한다. 참고로, 인베브가 본격적으로 매수에 나서기 직전 안호이저 부시의 주가는 주당 50달러 정도였다. 그런 터라 주당 70달러의 매수금은 당시 주가에 무려 40퍼센트나 프리미엄을 얹은 금액인 셈이었다.

인베브의 최고경영자 카를로스 부리토(Carlos Brito)는 매수 직후 다음과 같이 입장을 표명했다.

"이번 매수금은 세전·이자지급전수익(EBITDA)의 12배가 넘는 액수로, 식품기업 인수액으로는 과하지 않고 평균적인 금액에 가깝다. 게다가 안호이저 부시의 경우는 회사 보유금이 포함된 금액이다.”

부리토는 매수금의 경우 조기 회수가 가능한 액수라며 한껏 여유 있는 모습을 보여 주었다. 그러나 인베브의 재정 상황은 그의 태도와는 무관하게 만만치 않았다. 왜냐하면 인수금이 세계 10개 은행에서 융통한 자금으로, 결코 만만히 볼 사안이 아니었기 때문이다. 참고로, 은행단 중에는 일본 ‘미쓰비시도쿄’와 ‘리소나’도 포함돼 있다.

인베브는 2010년 후반 무렵 전체 대출금 중 140억 달러, 즉 약 19조 원이라는 천문학적인 액수를 상환해야 한다. 새롭게 탄생한 맥주 초거대 공룡 기업 안호이저 부시 인베브는 자산 매각안을 발표하고 즉각 매각에 들어갔는데, 이는 2010년 후반의 부채 상환금을 조달하기 위한 작업으로 판단된다. 그에 따라 안호이저 부시 보유금의 일부인 중국 칭다오 맥주의 보유 주식 27퍼센트 중 상당 부분을 차지하는 20퍼센트가 아사히 맥주로 넘어갔다. 2009년 4월의 일이다. 또한 그다음 달인 그해 5월에는 인베브가 산하에 두고 있던 한국 맥주 업계 2위 기업 OB 맥주를 미국의 투자 펀드 KKR에 매각했다. 이로써 세계 맥주 시장의 판도에 적지 않은 변화가 일어났다.

새 기업의 이름은 ‘안호이저 부시 인베브’로 정해졌으나 안호이저 부시의 입장에서는 사실상 인베브에 모든 것을 탈취당한 셈이었다. 그도 그럴 것이 인베브의 최고경영자 카를로스 부리토가 “안호이저 부시의 세인트루이스 본사 빌딩은 필요하지 않다. 또한 현직에 있는 모든 임원을 해고하고, 최고경영자의 자리에 있던 부시 4세 외 1인을 대표권을 주지 않는 임원으로 채용한다"라고 발표했기 때문이다. 이어서 부리토는 "미국 안에 있는 12개 공장을 폐쇄하지 않고 합병에 따른 시너지를 기대하겠다"라고 말했다. 그 연장선에서 안호이저 부시 측은 미국 내 모든 공장이 존속하기를 기대하며 전체 임직원의 10~15퍼센트에 달하는 3만여 명의 임금 삭감을 포함해 총경비 10억 달러(약 1조 3,600억 원)를 2010년까지 절감하겠다고 약속할 수밖에 없었다. 한때 인베브는 독일의 명문 양조장들을 연이어 인수함으로써 독일 맥주 시장의 최대 기업이 되었다. 그러나 이후 이 양조장들의 판매 및 경영 실적이 예상보다 부진하다는 사실이 드러났다. 그리고 그 여파로 인베브는 당시 인수했던 양조장 중 몇 개의 매각을 시도하고 있다는 소문이 업계에 돌았다. 그중에는 뮌헨의 슈파텐, 뢰벤 양조장 등의 유명한 이름도 포함돼 있었다. "아무리 명망 높고 대단한 전통을 가진 양조장이라도 수익이 나지 않는다면 '안락사'를 유도하는 일도 경영상 필요하다"라는 부리토의 발언은 뮌헨의 찬란했던 시절을 기억하는 이들에게는 용서하기 어려운 교만한 폭언으로밖에는 들리지 않는다. 지금 내 귀에는 아름다운 독일의 맥주 문화가 와장창 부서지고 무너지는 소리가 들려오는 것만 같다. 어찌 가슴이 아프지 않겠는가!

나는 안호이저 부시의 전성기 시절을 누구 못지않게 잘 알고 있기에 맥주 시장을 둘러싼 이런 충격적이고도 씁쓸한 변화에 치솟는 감정을 억누를 길이 없다. 고귀한 생명의 종말과 마찬가지로 기업의 몰락과 파탄은 너무도 가혹하고 슬픈 일이 아닐 수 없다.

인베브의 안호이저 부시 매수 사건에는 나로서는 이해하기 어려운 점이 한둘이 아니다. 좀 더 구체적으로 어느 정도냐면, '안호이저 부시는 도대체 왜 인베브에 매수될 수밖에 없었는가?'라는 질문 하나만으로도 책 한 권을 쓸 수 있을 정도다. 실제로 나는 안호이저 매수 사건을 포함하여 전 세계 맥주 시장의 동향을 담은 책 『21세기의 세계 맥주 시장』이라는 제목의 책을 집필 중이다. 장담하는데, 맥주 산업과 시장에 관심 있는 독자라면 기대할 만하다.

개인적으로 나는 안호이저 부시가 인베브에 매각된 사실에 큰 충격을 받았으며, 최종적으로 계약이 성립되었다는 소식을 들었을 때는 말로 표현할 수 없을 만큼 속상했다. 여기에는 나름대로 그럴 만한 이유가 있다.

산토리는 안호이저 부시와 전 세계적 베스트셀러 상품인 '버드와이저('버드'로 통칭)의 기술도입 생산 계약을 체결했다. 이후 이 기업은 일본 군마현의 도네가와 공장에서 버드를 생산하기 시작했다. 계약이 이루어질 당시부터 나는 산토리의 라이선스 생산의 기술과 제조를 담당했는데, 기술 협의를 위해 미국 중서부 미주리 주의 도시 세인트루이스에 있는 안호이저 부시의 본사 공장을 몇 차례 방문했다. 산토리가 생산한 버드는 업계와 대중들에게 호평받으며 순조롭게 판매되었다. 산토리의 야심만만한 프로젝트가 멋진 성공을 거둔 셈이었다. 1984년의 일이다.

당시 나는 안호이저 부시의 회장인 부시 3세와 여러 차례 대화도 나누면서 품질을 무엇보다 중시하는 그의 자세에 감동했다.

그리고 많은 기술자와 회의하면서 안호이저 부시가 품질을 중시하는 제대로 된 회사임을 느꼈으며, 기술 제휴를 통해 산토리 기술력의 비약적인 발전을 기대하기도 했다. 실제로 두 기업이 기술 교류를 통해 얻은 기술적 성과는 헤아리기 어려울 만큼 컸다. 안호이저 부시 기술자들의 따뜻한 마음과 기술에 대한 진지한 태도는 오랜 시간이 지난 지금도 잊히지 않을 정도다.

부시 3세는 안호이저 부시의 제4대 사장인데, 뛰어난 외모와 든든한 백그라운드를 무기로 할리우드에서 상당히 화려한 젊은 시절을 보냈다고 알려져 있다. 미국 제일의 맥주 기업의 상속자라면 할리우드의 미녀들이 부나비처럼 몰려드는 것은 어쩌면 당연한 일이다. 방탕한 생활을 하는 아들을 보며 참다못한 그의 어머니가 회사 경영과 유흥 중 하나를 선택하라고 종용했다고 한다. 그러자 그는 조금도 망설이지 않고 회사를 선택했다. 그 후 그의 생활 태도는 백팔십도 바뀌었으며, 공장에서 반장 역할을 맡아 기관장의 지시 아래 현장 실습을 하며 맥주 제조 과정을 착실히 배웠다는 일화가 전해진다.

품질 보증과 수익률 상승은 마치 하나로 연결된 '수레바퀴'와 같다. 그러므로 두 요소 중 하나만 비정상적으로 커져도 수레바퀴 자체에 문제가 생겨 앞으로 나아갈 수 없다. 이는 부시 3세의 기업관인데, 그것을 직접 들을 기회가 있었다.

세상의 많은 기업은 자주 영업을 최우선 순위로 내세운다. 그런 터라 생산과 영업이 정면으로 맞붙게 될 때가 많은데, 영업의 목소리에 밀려 생산이 타협하고 꼬리를 내리는 순간 그 기업은 생명을 다했다고 말해도 지나치지 않다. 실제로 많은 기업이 그런 과정을 거치며 쇠락의 길을 걷다가 몰락했다. 좋은 원료 대신 나쁜 원료를 사용하기 시작하며 대중에게 그 사실을 숨기고, 제조 연월일을 아무렇지 않게 위조하고, 생산된 제품에 하자가 있다는 사실을 알면서도 출하한다. 어떤 기업이 이런 일을 저지르는지 대중은 다 알고 있고, 지금 당장은 모르더라도 언젠가는 반드시 알게 된다. 그러므로 그런 기업의 쇠락과 몰락은 필연적일 수밖에 없다.

부시 3세는 우리에게 안호이저 부시의 경영 이념을 강조하며 동의해 줄 것을 정식으로 요청했다. 버드를 라이선스 방식으로 일본에서 생산하기로 한 뒤 세인트루이스 본사에서 그와 면담할 때의 일이다. 나는 그의 말에 동의하고 깊은 공감의 뜻을 표했다. 기업을 경영하는 인물이 품질을 최우선시하는 한 그 기업은 어떤 시련과 장애물을 만나도 걱정 없다는 것이 나의 생각이다.

부시 3세에게는 전형적인 미국 대기업 경영자에게서 볼 수 있는 풍모와 분위기가 느껴졌다. 빼어난 외모는 물론이고 활짝 웃을 때 상대방에게 호감을 주는 표정에 더해 유쾌하고 활력 넘치는 제스처가 매우 인상적이었다. 더구나 그는 부하 직원을 한없이 포용할 줄 아는 마음마저 지니고 있는 듯했다. 부시 3세는 일본판 버드 생산·판매를 축하하고자 파티를 열어 주었고, 당연히 나도 그 자리에 참석했다. 그 자리에서 부시 3세는 사지 게이조(佐治敬三) 산토리 회장에게 "산토리가 버드와이저를 최고의 제품으로 만들어 주었다. 미국 본사의 제품보다 한 수 위라고 말할 수 있을 정도다"라고 극찬하며 제조 담당자인 나를 한껏 치켜세워 주었다.

1950년 통계에 따르면, 안호이저 부시는 미국 내 맥주 기업 중 제2위였다. 이후 1950년대 내내 2위 자리에 머무르다가 1960년에 이르러 그때까지 1위였던 기업 슐리츠(Schlitz)를 제치고 정상의 자리에 올랐다. 현재 안호이저 부시는 미국 전역에 모두 12개의 공장을 운영하고 있다. 세인트루이스에 있는 본사 공장이 세워졌을 때는 1870년이다. 그리고 창립 후 80년도 더 지난 1951년에야 비로소 두 번째 공장이 뉴저지 주의 뉴어크(Newark)에 세워졌다. 이후 안호이저 부시는 성장에 더욱 박차를 가하여 세계 맥주 1위 기업이라는 최정상의 자리에 깃발을 꽂았다. 부시 3세는 이런 안호이저 부시의 성장 및 성공 신화의 주역 중 한 명이다.

1960년 이후 미국은 가파른 성장을 이루며 강력하면서도 풍요로운 국가를 달성했다. 안호이저 부시의 대표 상품인 버드와이저는 그런 강하고 풍요로운 미국을 상징하는 상품으로 상징성을 획득했다. 또한 버드는 세계 1위 맥주 기업이라는 타이틀에 걸맞게 전 세계적인 인기 상품으로 자리매김했다. 놀랍게도 안호이저 부시의 시장 점유율은 무려 50퍼센트가 넘는다. 미국의 맥주 시장이 소규모 브루 펍(미국판 지역 맥주)을 포함해 모두 1,000개가 넘는 양조장이 서로 치열하게 경쟁하는 상황이라는 점을 감안하면 이는 그야말로 엄청난 비율이다. 참고로, 2007년 기준 전 세계 상위 10위권 맥주 브랜드 순위를 살펴보면 다음과 같다. 1위 안호이저 부시의 '버드라이트', 2위 중국의 '화룬쉐화', 그리고 3위가 '버드와이저'였다. 전 세계 1위와 3위 제품 브랜드를 가진 초우량 거대기업이 다른 나라의 다른 기업에 매수된 것이다. 이 어찌 충격적인 사건이 아닐 수 있겠는가.

위에서 부시 3세를 과하게 칭찬한 것처럼 독자 여러분이 느낄 수도 있겠지만, 어쨌든 가까이서 꽤 오래, 그리고 꽤 밀도 있게 살펴본 바로 그는 분명히 훌륭한 경영자라 할 만하다. 그러나 다른 한편으로 그의 절대적인 권위 행사에 관해 좋지 않은 소문도 심심치 않게 들려왔다. 좀 더 구체적으로 짚어 보자면, 안호이저 부시의 시장 공략이 실패로 끝난 주요 원인 중 하나가 바로 부시 3세의 독재적인 말과 행동에 있다고 보는 분위기가 느껴졌다. 지면이 모자라 이 문제에 대해 좀 더 자세히 언급하기는 어렵지만, 안호이저 부시가 몰락한 주요 원인이 국제화의 실패에 있다는 업계 관계자들의 주장에는 나도 동의하는 편이다.

경제 대국의 순위와
맥주 대국의 순위가 점점 같아진다?!

20세기 후반의 세계 맥주 업계의 동향과 전망에 관한 이야기로 다시 돌아가자. 1960년 무렵부터 1975년까지 약 15년간 맥주 생산 상위 5위권 국가는 다음과 같았다. 1위 미국, 2위 서독, 3위 영국, 4위 소련, 5위 일본. 이 순위는 그 후 10년간 거의 변하지 않았다. 참고로 1975년 당시 브라질은 상위

12위였고 중국은 42위였다.

그러던 중 맥주 시장의 판도에 커다란 변화가 일어났다. 1987년의 일이다. 고르바초프 서기장 시대에 소련의 정치 형태에 극적인 변화가 일어나면서 경제가 파탄에 이르고, 그 여파로 소련이 상위권 5위에서 곤두박질쳐 10위권 밖으로 사라진 것이다. 그리고 한때 42위였던 중국은 급속한 성장을 이룬 끝에 독일, 영국, 일본을 차례로 제치고 미국의 뒤를 이어 세계 2위의 맥주 생산국으로 도약했다. 이는 1993년의 상황이다.

20세기 말에 접어들면서 세계 맥주 시장은 양극화 경향을 나타내기 시작했다. 일찍부터 맥주 시장을 주도하던 선진국들의 소비가 정점에 이르면서 미국을 제외한 대다수 나라에서 소비량이 줄어들기 시작했다. 그러나 앞에서도 언급한 대로 그런 상황 속에서도 전 세계 맥주 총생산량은 매년 몇 퍼센트씩 상승했다. 다시 말하자면, 이는 선진국에서 줄어든 맥주 소비량을 상쇄하고도 남을 만큼 소비량이 꾸준히 급증하는 나라가 있다는 의미다. 그곳이 어디일까? 오랫동안 맥주 후진국으로 여겨졌던 (일본을 제외한) 많은 아시아 국가, 러시아, 구 소련권의 동유럽 국가, 중남미 국가들이 바로 그 나라들이다.

21세기에 들어서면서 이런 경향은 더욱 뚜렷해진다. 미국의 투자은행 골드만 삭스(Goldman Sachs)는 투자가들을 위한 보고서를 작성, 발표했다. 이 보고서의 핵심 내용은 브릭스(BRICs), 즉 브라질, 러시아, 인도, 그리고 중국의 성장과 등장이었다.

다음 인용문은 보고서가 밝힌 내용 중 일부다.

2002년 브릭스 4개국 합계 국내총생산(GDP)은 약 2조 4,000억 달러 규모로, 다 합쳐도 미국 GDP의 4분의 1밖에 되지 않는다. 그러나 2039년까지 브릭스의 경제 규모는 미국, 일본, 독일, 프랑스, 영국, 이탈리아의 G6의 합계를 뛰어넘을 것으로 예측된다.

이는 선진국과 개발도상국이라는 낡고 오래된 질서가 해체되고 붕괴한다는 의미다. 또한 이는 전 세계 경제의 열쇠는 이제 G7이 아닌 브릭스와 신흥 국가들을 포함한 확대 회의가 쥐고 있다는 의미이기도 하다.

맥주 업계에도 이와 비슷한 변화가 일어나고 있다. 말하자면, 경제 대국의 순위와 맥주 대국의 순위가 거의 같아지는 흥미로운 현상이 나타나고 있다는 얘기다.

1995년 이후 세계 맥주 시장에는 엄청난 변화의 소용돌이가 몰아친다. 구체적으로, 오랫동안 전 세계 상위 5위권 안에 거의 빠짐없이 모습을 보여온 영국이 사라진다. 그리고 브릭스의 한 국가인 브라질이 4위로 치고 올라오고, 푸틴 대통령이 헤게모니를 장악한 러시아가 5위의 자리를 탈환한다. 그리고 일본은 6위로 약간 하락한다.

〔표2〕는 2008년 기준 세계 상위 10위권의 맥주 생산량을 정리한 표다. 이로써 명확히 확인되듯, 러시아가 5위에서 다시 3위로 올라갔고, 멕시코가 일본을 밀어내고 6위에 올랐으며, 일본은 다시 7위로 한 계단 하락한다. 독일은 약진을 거듭하는 브라질에

〔표2〕 2008년 세계 상위 10위권 맥주 생산국(기린 맥주 자료)

순위	국명	생산량 (킬로리터)	증가율(퍼센트) 1998년 대비
1	중국	41,030,900	180.9
2	미국	23,010,500	-1.5
3	러시아	11,400,000	285.8
4	브라질	10,340,000	26.8
5	독일	10,286,000	-7.9
6	멕시코	8,234,300	47.8
7	일본	6,132,400	-15.0
8	영국	4,946,900	-12.7
9	네덜란드	3,560,000	76.1
10	스페인	3,340,000	33.6
총 합계		181,102,600	36.5

밀려 5위로 떨어졌다.

〔표2〕를 통해 우리는 맥주 선진국들의 2008년 생산량이 10년 전인 1998년에 비해 줄어든 데 반해 중국, 러시아를 중심으로 하는 과거 개발도상국들의 성장률은 깜짝 놀랄 만큼 높다는 사실을 발견할 수 있다. 이 국가들 덕분에 전 세계 맥주 총생산량은 10년 전 대비 36.5퍼센트나 증가했다.

골드만 삭스는 2050년의 세계 맥주 판도도 예상했다. 그에 따르면, 1위는 미국이 아닌 브릭스의 한 축인 중국, 2위는 미국, 3위는 또 다른 브릭스 국가인 인도, 4위 일본, 5위 브라질, 6위 러시아라고 한다.

인도의 맥주 소비량은 현재 1인당 1리터에 지나지 않지만, 연간 성장률이 워낙 높은 터라 5년 후면 소비량이 현재의 5배에 이를 것으로 예측한다. 이런 놀라운 잠재력에 전 세계의 대기업들이 이목을 집중하고 있다. 사실 인도에는 종교, 계급 등 독특한 규율과 걸림돌이 적지 않지만, 다른 어느 나라보다 성장 잠재력이 높은 국가인 것만은 분명하다. 2008년 기준 아시아 총인구는 약 33억 3,000만 명이다. 이중 중국이 13억 3,000만 명, 인도가 11억 9,000만 명인 데 반해 2050년이 되면 아시아 총인구가 38억 명을 넘어설 것으로 본다. 그 무렵에는 인도가 중국 인구보다 2억 명 정도 많은 약 15억 명에 다다르리라는 예측이다. 2025년쯤 되면 중국은 본격적인 고령화 사회로 접어들 것이다. 그에 반해 인구 구성이 피라미드형인 인도는 음료 산업을 위해서는 더할 나위 없이 훌륭한 시장으로 인정받게 될 것이다. 많은 선진국이 서로 경쟁하듯 서둘러 인도에 천문학적인 자금을 투자함으로써 도약대를 마련하고 시장 개척에 나서는 것은 그런 연유에서다. 그중에서도 인도 내의 사브밀러(SAB Miller)의 왕성한 활동이 가장 눈에 띈다.

위에서도 언급한 대로, 맥주 산업은 세계 경제 동향과 유사한 흐름을 보여 준다. 말하자면, 예전의 맥주 선진국들은 서서히 쇠퇴하고 브릭스로 대표되는 과거의 개발도상국들이 급속도로 성장하고 있으므로 적어도 생산량에 관해서만은 소위 선진국과 개발도상국의 구분이 갈수록 모호해진다.

안호이저 부시 인베브와 사브밀러의 중요한 공통점, '무국적 신흥 세력'

다시 〔표1〕로 돌아가자. 1999년 상위 10위권에서 2위에 올라 있던 인터브루와 4위의 암베브가 합병을 통해 '인베브'가 탄생했고, 인베브는 다시 전 세계 1위 맥주 기업 안호이저 부시를 매수함으로써 '안호이저 부시 인베브'를 새롭게 설립했다. 이로써 우리는 안호이저 부시 인베브가 과연 얼마나 덩치가 큰 거대 공룡 기업인지 자세히 말하지 않아도 알 것이다. 이 기업은 현재 전 세계 총 맥주 생산량의 24~25퍼센트를 생산하고 있다. 말하자면, 세계 전역에서 생산되고 소비되는 맥주 4병 중 1병 정도가 안호이저 부시 인베브의 제품인 셈이다.

인터브루는 한때 벨기에의 명문 기업으로 맥주 시장의 리더격이었던 스텔라(Stella)와 2위의 피에드뵈프(Piedboeuf)가 합병하여 세워진 회사다. 1989년의 일이다. 참고로 스텔라의 대표 제품은 세계적으로 명성을 얻고 있는 '스텔라 아르투아'이고, 피에드뵈프의 '주필러'는 벨기에 국내 최고 베스트셀러인 라거 맥주다.

인터브루는 오랫동안 염원해 온 세계 상위 10위권의 위업을 달성했다. 1990년대에 들어서서의 일이다. 스텔라는 일찍부터 국제 기업으로 자리매김하긴 했으나 1990년대에 들어서면서 좀 더 박차를 가하며 성장을 달성했다. 이런 분위기 속에서 21세기 초반 전 세계 맥주 정보지의 지면은 연일 인터브루의 기사로 도배되다시피 했다. 그 무렵 인터브루는 오랜 역사와 전통을 자랑하는 영국 명문 맥주 기업 바스를 인수하는 데 성공했으며, 여러 독일 명문 기업을 사들이면서 독일 순위 1위로 급상승한다. 즉, 인터브루는 알트비어의 명문 기업으로 시장 1위를 유지하고 있던 디벨스(Diebells), 세계적인 제품을 보유하고 있는 벡스(Beck's), 뮌헨 2위 슈파텐 그룹을 인수한 뒤 러시아에서는 맥주 시장 2위 맥주 기업 '선 인터브루(SUN-Interbrew)'를 설립했다. 그 밖에도 이 기업은 중국에서는 광저우의 최고 기업 '주장(珠江) 맥주'와 조인트 벤처를 설립한 뒤 슬로베니아, 에스토니아, 스페인 등지에서 합작 사업을 펼치는 등 일일이 예를 들기 어려울 정도로 왕성하게 덩치를 불려 나갔다.

인터브루는 브라질의 암베브와의 합병을 통해 인베브를 설립한 뒤, 마침내 부동의 1위 맥주 기업 안호이저 부시를 제치고 세계 1위의 자리에 오른다. 2004년 8월의 일이다. 참고로, 암베브는 브라질 1위 기업 '브라마(Brahma)'와 2위의 '안타르티카(Antarctica)'가 합병을 통해 세운 기업이다. 이는 1999년의 일이다. 이후 인베브는 안호이저 부시를 인수함으로써 압도적 1위 기업 안호이저 부시 인베브로 재탄생한다.

과거의 맥주 세계 강국은 국적 면에서 확실했다. 예를 들면 미국의 안호이저 부시와 밀러, 영국의 바스와 기네스, 네덜란드의 하이네켄, 덴마크의 칼스버그와 투보그(Tuborg), 멕시코의 모델로(Modelo), 브라질의 브라마와 안타르티카, 캐나다의 몰슨 쿠어스(Molson Coors)와 라바트(Labatt) 등이 그랬다. 그런데 안호이저 부시 인베브의 경우 벨기에, 브라질, 미국이라는 무려 3개의 국적을 가진 셈이 되었다. 이는 맥주의 세계화가 낳은 열매라고 말할 수 있다.

같은 맥락에서 세계 2위 맥주 기업인 사브밀러도 대표 상품 2개가 외국 제품이다. 사브는 남아프리카 양조장(South African Breweries =SAB)을 의미하는 명칭이다. 이 기업은 남아프리카에 자리 잡고 창업한, 영국계 백인이 경영하는 맥주 기업이다. 창립 연도는 1895년으로, 100년이 훌쩍 넘은 전통 있는 기업이다. 사브는 아프리카 1위 기업으로, 세계 상위 10위권에 들 정도로 커다란 성공을 거두었다. 이는 1993년의 일이다. 그러나 이전까지만 해도 이 기업은 전 세계 맥주 시장에서 인지도가 매우 낮았다. 사브는 비약적인 성장과 성공에도 불구하고 세계적 상품을 갖지 못한 것이 늘 고민이었고 일종의 콤플렉스였다. 그런 터라 세계 무대로 본격적으로 진출하기 위해서는 어떻게든 세계적인 명성을 가진 브랜드를 갖춰야 했다.

무명의 사브가 필젠 맥주의 원류 격이자 체코의 민족적 자랑이었던 필스너 우르켈을 인수했다는 뉴스를 접한 여러 나라의 맥주 관계자들은 큰 충격을 받았다. 1999년 10월의 일이다. 이 놀라운 뉴스를 밥 대신 모래를 씹은 듯한 참담한 심정으로 시청하던 한 남자가 있었다. 그는 바로 안호이저 부시의 회장 부시 3세였다. 그의 분노는 극에 달해 폭발할 지경이었고, 이사회에서 고래고래 소리를 지르며 울분을 터뜨리는 바람에 임원들 모두 공포에 떨어야 했다.

"도대체 이유가 뭐야? 체코 정부가 우리에게 이럴 수 있나? 그들은 대체 무슨 생각을 하는 거지? 우리의 성의와 배려를 이렇게 대놓고 무시해도 되는 건가? 체코의 사츠 홉 구매를 당장 중단하시오!"

그동안 벌어졌던 상황과 저간의 사정을 속속들이 아는 이로써 나는 부시 3세의 심정도 이해할 만하고, 안호이저 부시의 입장에 동정심도 생긴다. 그런데도 그의 사츠 홉 구매를 중단하라는 지시는 다소 과한 느낌이 있으며 현명한 판단이 아니라고 생각한다. 왜냐하면 체코가 자랑스럽게 생각하는 사츠 홉은 아로마 홉 중 독일의 할레타우와 함께 전 세계적으로 최고로 인정받을 만큼 뛰어난 품질을 인정받고 있기 때문이다. 그런 터라 사츠 홉은 상당히 고가에 판매될 뿐 아니라 체코 정부에 외화를 벌어다 주는 효자 상품이자 주요 수출품이 된 지 오래다. 그리고 안호이저 부시는 최대 사츠 홉 구매자다.

그간의 상황을 간략히 정리하자면 다음과 같다. 안호이저 부시는 보헤미아 남부 도시 체스케부데요비체의 양조장 '부드바'에 대한 자본 참여와 경영권 획득을 위한 교섭을 꾸준히 벌여 오고 있었다. 앞에서 언급했듯이, 부드바는 국영 기업이므로 협상 상대는 당연하게도 체코 정부였다. 그런데 협상이 거의 합의에 도달했을 무렵 갑자기 체코 정부가 협상 중단을 선언했다. 체코 정부는 다음과 같이 협상 중단에 대한 입장을 밝혔다.

"우리 체코 국민들이 자랑스러워해 마지않는 양조장을 다른 나라에 팔아넘길 수 없다는 여론을 무시할 수 없습니다. 부드바는 안호이저 부시는 물론이고 그 밖의 다른 어떤 외국 기업에도 절대로 매각하지 않을 것입니다."

안호이저 부시는 체코 정부가 발표한 내용 중 '국민이 자랑스러워해 마지않는'이라는 표현에 눈물을 머금은 채 포기할 수밖에 없었다.

그랬기에 안호이저 부시의 입장에서는 필스너 우르켈의 매각은 도저히 이해하려야 이해할 수 없는 사건이었다. 부드바와 마찬가지로, 아니 어쩌면 그보다 훨씬 더 '국민의 자랑'이었을 양조장을 체코 정부가 갑자기 왜 매각하기로 한 것인지 이유를 알 수는 없다. 아무튼, 이런 맥락에서 볼 때 부시 3세가 분노하고도 남을 사안인 것만은 분명해 보인다.

그런데 그보다 한층 더 의아하게 만드는 소식이 들려왔다. 부드바가 자사의 주식을 매입할 기업을 물색하고 있다는 소식이었다. 더구나 이번에 체코 정부가 스폰서로 지명한 기업은 네덜란드의 하이네켄이라고 한다. 체코 정부의 미움을 단단히 산 것은 미국일까, 안호이저 부시일까, 아니면 부시 3세일까?

세간에는 체코 정부 측에서 안호이저 부시의 최고경영자 부시 3세를 끔찍이 싫어했다는 소문도 있다. 어쨌든 이 역시 안호이저 부시의 세계화 전략 실패를 증명하는 또 하나의 일화다.

사브의 다음 매수 목표 기업은 미국의 밀러였다. 밀러는 자사의 대표 상품 '밀러 라이트(Miller Lite)'가 전 세계 시장에서 폭발적으로 판매되며 미국에 라이트 맥주의 붐을 일으킨 기업이다. 애초에 이 회사는 미국 담배 산업을 주도하는 거대 기업 필립 모리스(Philip Morris)가 경영권을 얻어 운영하던 기업이다. 그러나 밀러 라이트는 후발 주자인 버드 라이트의 거센 추격을 받아 오래 지나지 않아 판매 실적 2위로 떨어졌고 이내 경영난에 빠졌다.

필립 모리스는 연간 판매액이 무려 약 1,000억 달러(약 135조 원)에 달하는 거대 공룡 기업이다. 한데 밀러의 매출 기여도는 필립 모리스 전체에서 약 4.8퍼센트밖에 되지 않았으며, 그마저 매년 곤두박질치고 있었다. 이런 흐름 속에서 필립 모리스는 맥주 사업을 운영하는 일에 차츰 매력을 잃을 수밖에 없었고, 때마침 세계적인 명성을 가진 제품에 목말라 있던 사브의 제안을 받고 밀러를 통째로 매각한 것이었다.

사브와 밀러 사이에 인수 계약이 완료되었다. 2002년 5월 30일의 일이다. 판매액이 필립 모리스의 10분의 1밖에 되지 않는 사브의 입장에서 밀러의 기여도는 매우 컸다. 밀러가 가진 기업 가치에 비해 과도하게 높은 금액을 지불했다고 여기는 업계 관계자가 적지 않았으나, 어쨌든 사브는 세계적 인지도를 가진 상품인 밀러와 필스너 우르켈이 가져다주는 시너지로 인해 기업의 외상을 한 차원 끌어올릴 전략을 다방면으로 추진하고 있었다.

사브의 세계화 전략에서 또 한 가지 주목할 점은 중국 내 활동이다. 이와 관련하여 사브가 1990년대 초반부터 펼치기 시작한 협상은 1990년대 말엽에 이르러 드디어 결실을 보기 시작했다. 사브는 화룬창업 유한공사(China Resourses Enterprise Limited=CRE)와 합작 기업 '화룬쉐화 맥주'를 설립했는데, 이 회사는 음료·식품부터 섬유, 부동산에 이르는 종합 기업 집단이다. 이 조인트 벤처 기업은 활발한 인수 활동으로 중국 최고의 맥주 그룹으로 우뚝 섰으며, 세계 상위 10위권 중 당당히 5위에 이름을 올렸다. 이는 2008년의 상황이다. 게다가 이 기업의 대표 상품인 '쉐화'는 버드 라이트의 뒤를 이어 전 세계 2위 제품으로 뛰어오르며 업계 관계자들을 놀라게 했다. 쉐화의 한계를 모르는 질주는 그걸로 끝이 아니었다. 그 이듬해인 2009년 쉐화는 마침내 부동의 1위 버드 라이트를 제치고 전 세계 1위 자리를 차지했다. 현재 중국에서 가장 큰 성공을 거둔 외국 기업으로 사브를 꼽는 데 이의를 제기할 사람은 아마 없지 않을까.

안호이저 부시 인베브와 사브밀러는 한 가지 중요한 공통점을 가지고 있다. 즉, 두 기업 모두 사실상 무국적의 신흥 세력이라는 점이다. 말하자면, 두 기업 모두 20세기 후반까지 언더그라운드에서 꾸준히 힘을 비축하고 있다가 21세기에 들어서면서 그 힘을 폭발하며 각각 최고의 자리와 최강자 중 하나의 자리에 오른 것이다. 이 두 기업을 21세기 전 세계 맥주 시장을 이끌고 나갈 가장 강력한 기업들이라고 해도 지나치지 않을 것이다.(이 책이 출간된 이후인 2016년 세계 최대 맥주회사 안호이저 부시 인베브가 세계 2위 맥주회사 사브밀러와 합병함으로써 전 세계 맥주시장 매출의 30퍼센트를 차지하는 초거대 공룡 기업이 탄생했다.—옮긴이)

한편 전통적인 맥주 대기업들도 신흥 세력에 당당히 맞서며 건재함을 과시하고 있다. 상위 10위권의 각각 3, 4위를 차지하는 하이네켄과 칼스버그가 대표적이다. 두 기업 모두 정통파 국제 맥주 기업의 대표 격이다. 주지하다시피 하이네켄은 네덜란드, 칼스버그는 덴마크 국적으로, 국토가 두 나라 모두 일본의 11~12퍼센트밖에 되지 않는다. 인구 역시 적어서 네덜란드가 약 1,770만 명, 덴마크가 약 600만 명 정도다. 그런 터라 이들 나라에서는 국내 맥주 소비량이 상대적으로 적을 수밖에 없기 때문에 19세기 말부터 세계 시장을 염두에 두고 활발한 상업 활동을 펼쳤다. 그 결과 현재 전 세계 170개국 이상의 많은 나라에서 주로 기술도입 생산 계약을 체결하고 생산 및 판매에 열중하고 있다. 여기서 주목할 점은 두 회사가 각자 자사의 대표 상품인 하이네켄, 그리고 칼스버스와 투보그를 전면에 내세운 채 세계를 무대로 경쟁을 벌인 정통파 국제 대기업이라는 사실이다.

두 기업은 안호이저 부시 인베브와 사브밀러에 맞서기 위해 치열한 매수 전쟁을 벌이기도 했다. 현재 칼스버그는 북유럽 3개국과 러시아에서 시작해 발트해 연안국, 우크라이나 등 북반구 지역을 주요 타깃으로 잡고 활발한 마케팅을 펼치고 있다. 또한 칼스버그는 2000년에 노르웨이의 1위 기업 오클라(Orkla)의 맥주 사업 부문을 약 15억 달러의 막대한 자금을 들여 인수에 성공했다. 그 결과, 칼스버그가 동유럽과 북반구의 여러 국가에서 올린 매출이 그룹 전체 매출액의 절반에 가까운 45퍼센트에 달했다. 이후 이 기업은 러시아 맥주 시장의 부동의 1위 기업이었던 '발티카(Baltika)'를 인수해 산하에 둔다.

다른 맥주 기업 매수 전략에 드는 막대한 비용을 마련하기 위해 칼스버그는 자사가 보유하고 있던 북유럽 최대 테마파크인 코펜하겐의 '티볼리 파크'와 덴마크의 전통적 공예품인 도자기와 식품류를 취급하는 '로열 코펜하겐'을 매각하기도 했다. 한때 심각한 자금난에 시달리던 시기에 칼스버그는 오히려 다른 기업들로부터 매수의 표적 신세가 된 적도 있었다. 전통적인 맥주 기업 칼스버그가 변화된 시장에서도 경쟁력 있는 맥주 대기업으로 살아남기 위해 얼마나 많은 우여곡절을 겪으며 뼈를 깎는 노력을 했는지 짐작이 갈 것이다.

적어도 21세기 전반기 동안은 앞에서 언급한 네 기업, 그리고 네 나라가 전 세계의 맥주 시장을 주도할 것이다. 그러다 보면 5위 이하의 기업과 국가들은 정도의 차이야 있겠으나 어떤 식으로든 최강자들과 적절한 관계를 맺고 그 관계를 잘 유지해야만 할 것이며, 때에 따라서는 그 네 기업들에 의해 인수 합병될 가능성도 작지 않다.

중국은 생산량 측면에서 세계 1위로, 향후 10년 동안은 매년 5퍼센트 내외의 생산량 증가를 이룰 것으로 예측된다. 그러나 중국의 경우, 본격적으로 세계화 전략을 펴기에는 시기 상조이며 국내 시장에 과점 현상이 먼저 나타날 것으로 본다. 또한 외자계 기업은 제외하고, 약소 기업이 먼저 도태되면서 5~6개의 맥주 대기업이 국내 시장을 독점하다시피 하는 식이 될 것이다.

유럽 내 선진국들의 맥주 생산량은 차츰 감소하는 추세인 데 반해 전체 유럽의 생산량은 증가하고 있다. 어떻게 그런 일이 가능할까? 그 이유는 구소련권 동유럽 국가들의 성장에 있다. 물론 이런 현상을 서유럽과 북유럽의 전통적인 강국들이 손 놓고 보고만 있을 리는 없다.

19세기의 군사·경제 대국이 전개한 식민지 쟁탈전을 다시 보는 것 같은 착각이 들 정도로 20세기 말 이 지역은 맥주 강국들이 확장을 위해 펼친 전쟁터처럼 돼 버렸다. 상황이 언제나 유동적이라서 아직 정확히 시장 분할이 이루어지지는 않았으나 앞으로 시장 점유율을 놓고 더욱더 치열한 경쟁, 아니 전쟁이 전개될 것으로 보인다. 〔표3〕을 보면 동유럽 국가들을 두고 서구 열강들이 벌이는 패권 다툼의 실상을 한눈에 파악할 수 있다. 그러나 상황은 시시각각 변하고 있어 향후 어떤 일이 벌어질지 누구도 정확히 예측하기 어렵다. 〔표3〕은 2000년 통계 자료이므로, 10년이 지난 지금은 또다시 많은 변화가 일어났을 것이다. 실제로 최근 러시아 시장에서 열강의 과점 현상은 과거에 비해 훨씬 빠른 속도로 진행되고 있다. 2008년 기준 통계에 따르면, 칼스버그의 점유율이 39퍼센트, 인베브가 18퍼센트, 하이네켄이 15퍼센트, 터

〔표3〕 동유럽 국가 내 세계 열강의 패권 다툼(20000년)

출전: Brewing International No3 2001

국명	각 기업 점유율(퍼센트)
러시아	칼스버그 27퍼센트, 선 인터브루 18퍼센트, 지역 기업 7퍼센트
에스토니아	칼스버그 50퍼센트
라트비아	칼스버그 48퍼센트
리투아니아	칼스버그 75퍼센트
폴란드	하이네켄 30퍼센트, 사브 28퍼센트, 칼스버그 7퍼센트
체코	사브 44퍼센트, 인터브루 13퍼센트, 부드바 7퍼센트
슬로바키아	하이네켄 37퍼센트, 사브 19퍼센트, 지역 기업 13퍼센트
우크라이나	인터브루 36퍼센트, 오볼론(Obolon, 지역 기업) 23퍼센트, 칼스버그 15퍼센트
슬로베니아	피보바르나 라스코(Pivovarna Lasko, 지역 기업) 53퍼센트
헝가리	사브 33퍼센트, 인터브루 26퍼센트, 브라우 유니온(Brau Union, 오스트리아 기업) 25퍼센트
루마니아	브라우 유니온 36퍼센트, 인터브루 18퍼센트, 사브 14퍼센트
크로아티아	인터브루 35퍼센트, 지역 기업 27퍼센트, 칼스버그 10퍼센트
보스니아	인터브루 27퍼센트 이상
몬테네그로	인터브루 100퍼센트
불가리아	인터브루 42퍼센트, 하이네켄 28퍼센트
마케도니아	하이네켄 75퍼센트 이상
터키	에페스(터키 기업) 77퍼센트, 칼스버그 21퍼센트

키의 에페스(Efes)가 9퍼센트, 사브밀러가 7퍼센트를 차지한다.

발틱 베버리지 홀딩(Baltic Beverage Holding=BBH)은 러시아와 우크라이나, 에스토니아, 라트비아, 리투아니아의 발트 3국, 그리고 카자흐스탄 등 북반구 나라들의 맥주 시장의 리더격이며, 칼스버그가 주식 100퍼센트를 소유하는 기업 집단이다. 이 기업 집단의 자회사인 발티카는 동유럽 맥주 시장의 1위 기업이다. 칼스버그는 러시아에서 시장 점유율 40퍼센트를 달리며 정상의 자리에 올랐다. 그러므로 현재 시점에 칼스버그의 북방 전략으로의 전환이 멋지게 성공을 거두었다고 평가할 수 있다.

맥주 미니 사전

1. 맥주 원료

맥주 순수령(Reinheitsgebot)

바이에른 공작 빌헬름 4세는 "보리, 홉, 물 세 가지 재료만으로 맥주를 양조해야 한다"는 법령을 공포했다. 이는 맥주 제조가 제멋대로 부정하게 이루어지곤 하던 일을 단속하기 위한 조치로 1516년의 일이다. 이들 세 가지 맥주 제조 원료에 더해 '효모'가 네 번째 맥주 재료로써 정식으로 추가된 것은 1906년에 이르러서였다. 바이에른 맥주의 품질이 월등해진 것은 맥주 순수령 덕분이라고 할 수 있다. 최근 이 법령은 EU 지역 내에서 비관세장벽으로 규정되어 합법적이지 않다는 판결을 받았다. 그러나 독일에서는 여전히 순수령을 따라 맥주를 양조하고 있다. 보리 맥아만으로 제조한 맥주는 '올 몰트(All Molt)' 또는 '100퍼센트 맥아' 맥주라고 한다.

맥아와 부원료(malt, adjunct)

곡물이 싹을 틔우면 곡물 내에 녹말을 분해하는 효소 아밀라아제가 생겨난다. '맥아'는 싹이 난 곡물을 말린 것이다. 맥아를 빻아서 뜨거운 물을 부으면 아밀라아제가 녹말을 포도당이나 엿당으로 변화시킨다. 이로써 효모가 발효할 수 있는 '맥아즙'이 만들어진다. 보리 맥아가 맥주의 주원료이지만 쌀, 옥수수 등 녹말질을 함유한 원료를 20~40퍼센트 혼합해 맥주를 제조하는 나라도 있다. 보리 맥아 이외의 녹말질 원료를 '부원료'라고 부른다. 맥주를 제조할 때 부원료를 섞으면 원료비 원가를 절감하는 효과가 있다. 또한 보리의 질소화합물량이 감소해 상대적으로 가볍고 부드러운 맛을 낼 수 있다.

홉(hop)

오래전부터 곡물로 빚은 술에 식물을 첨가해 맛을 끌어올렸다. 선버들, 서양톱풀, 담쟁이덩굴의 일종인 긴병꽃풀, 샐비어, 백산차, 로즈메리, 노간주나무 열매, 생강, 캐러웨이, 파슬리, 호두나무 열매, 향쑥 등을 주로 사용했으며, 이들을 '구르트(Gruit)'라고 한다. 야생 홉도 간간이 쓰였으나 홉을 재배해 맥주 제조에 처음 첨가한 것은 11세기 독일에서였다. 홉은 구르트의 쓴맛에 비해 상쾌한 맛을 냈다. 홉의 탁월함은 그 맛과 더불어 홉의 미생물이 지닌 향균 효과에도 있었다. 당시 양조가들은 잡균의 번식을 억제하는 홉의 효능에 열광할 수밖에 없었다.

물(water)

주요 양조장이 위치한 곳의 물을 분석해 보면 그 지역에서 생산되는 맥주 유형과 물이 밀접하게 관련되어 있음을 알 수 있다.
영국 버튼온트렌트의 물에는 황산칼슘이 많다. 황산이온은 맥주의 맛을 담백하게 하고 홉의 쓴맛을 살려 주는 역할을 하여 강한 맛의 페일 에일을 양조하는 데 적합하다. 아일랜드 더블린과 영국 런던은 다크 에일, 독일 뮌헨은 다크 라거로 유명하다. 더블린, 런던, 뮌헨의 중탄산염을 함유한 일시경도가 높은 물은 짙은 색 다크 비어를 제조하는 데 알맞다. 그리고 칼슘, 마그네슘 등 미네랄 이온이 들어 있지 않은 연수는 색이 연한 라거를 만들어 낸다. 체코 필젠(플젠)의 담색 라거가 대표적이다. 양조업자의 기술과 별도로 그 지역 물의 특성이 맥주의 성격을 결정하는 데 무척 중요한 역할을 한다.

효모(yeast)

고대 수메르인은 이미 발효를 진행한 항아리에 찌꺼기가 남아 있을 때 빵과 물을 섞어 다시 부어 주면 발효가 더 빨리 진행된다는 것을 알고 있었다. 항아리 밑바닥에 내려앉은 찌꺼기, 침전물이 바로 효모다.
덴마크 미생물학자 에밀 한센은 덴마크 칼스버그 연구소에서 효모 순수배양법을 확립하고 순수하게 분리해 낸 발효 효모에 '사카로미세스 카를스베르겐시스(Saccharomyces carlsbergensis)'라는 이름을 붙여 주었다. 1883년의 일이다. 이것이 하면 발효 맥주의 효모다. 참고로 일본 전통주, 미주, 소주, 상면 발효 에일이나 스타우트, 위스키 등에 쓰이는 발효 효모는 '사카로미세스 세레비시아(Saccharomyces cerevisiae)'라고 한다.

2. 양조법에 따른 분류

상면 발효 맥주(top fermenting beer)

냉동기가 발명되기 전, 다시 말해 19세기 후반에 이르기까지 대부분의 맥주는 상면 발효 맥주였다. 그러니 상면 발효 맥주의 역사는 2,000년 이상이라고 할 수 있다. 에일, 스타우트, 포터, 벨기에 전통 맥주, 독일 쾰슈, 알트, 바이스 등이 모두 상면 발효 맥주에 속한다. 에일을 예로 들어 보면, 에일은 20~25도 정도인 상온에서 발효시키고 주 발효를 4~5일만에 끝낸다.

자연 발효 맥주(spontaneous fermeneting beer)

자연 발효는 일반적으로는 상면 발효에 속하지만 면밀히 따지면 상면 발효와 다른 양조법이다. 고대 수메르인이 빚은 맥주가 자연 발효 맥주다. 즉 효모를 인위적으로 주입해 발효를 유도하지 않고 공기 중에서 섞여 들어오는 미생물에 발효를 맡기는 방법이다. 벨기에 전통 맥주 람빅은 여전히 자연 발효법으로 생산되고 있다.

하면 발효 맥주(bottom fermenting beer)

독일 바이에른 지역은 대륙성 기후로 겨울은 춥고 여름은 덥다. 그러다 보니 뜨거운 여름날 맥주를 양조하는 데 많은 어려움이 있었다. 오랜 고민 끝에 겨울에 담근 맥주를 8~12도 저온에서 발효시킨 후 지하 저장고에서 얼음과 함께 가을까지 보관하는 방법을 고안했다. 주 발효가 끝난 후 발효통 바닥에 효모가 가라앉는데, 이를 모아 술밑으로 사용해 양조하는 맥주가 하면 발효 맥주다.

16세기 중반에 완성된 하면 발효 맥주 양조법으로 제조되는 맥주가 라거로, 현재 전 세계에서 가장 많이 제조되고 소비되는 맥주다. 상면 발효 맥주의 대표로 에일, 하면 발효 맥주의 대표로 라거를 들어 비교하면, 에일은 상온에서 단기간 제조되는 반면 라거는 저온에서 장기간 저장해야 한다('라거(Lager)'는 독일어로 '저장'이라는 뜻이다).

3. 유형에 따른 분류

(1) 상면 발효 맥주

페일 에일(pale ale)

영국의 대표적 공업 도시 버튼온트렌트는 페일 에일의 원산지라고 할 수 있다. 따라서 페일 에일을 '버튼 에일'이라고도 부른다. 버튼온트렌트 지역의 지하수에는 황산칼슘이 다량 함유되어 있다. 경도가 높은 이 지역 물이 홉의 톡 쏘는 쓴맛을 도드라지게 만들어 버튼 에일만의 맛으로 정착되었다. '옅은 색'이라는 의미의 '페일(pale)'을 붙인 것은 영국에서 오래 전부터 인기를 끌었던 흑맥주(스타우트, 포터)의 짙은 색에 비해 상대적으로 색이 옅기 때문이다. 페일 에일은 짙은 호박색이어서 필스너의 담색에 비해 훨씬 짙다. 페일 에일의 원맥 즙 농도는 11~13퍼센트, 알코올 함유량은 3~4퍼센트다.

비터 에일(bitter ale)

비터 에일은 펍에서 판매되는 생맥주를 말하며, 통칭 '비터'라고 한다. 버튼 에일이 인기를 얻어 가자 버튼 에일을 흉내 낸 에일이 각지에서 제조되기 시작했다. 이에 버튼은 버튼 이외의 지역에서 생산된 맥주를 '페일 에일'로 부르는 데 이의를 제기했다. 결국 페일 에일은 버튼 에일의 대명사가 되었고 다른 지역에서 생산된 맥주는 '비터 에일'이라고 부르게 되었다.

한편 버튼 에일은 병맥주로 해외로 수출되곤 한 반면 비터 에일은 나무통에서 숙성시킨 채로 나무통에 담겨 국내에서 유통되고 펍에서 소비되었다. 따라서 비터 에일은 '나무통 생맥주'라는 의미도 지닌다. 비터 에일은 페일 에일에 비해 원맥 즙 농도가 약간 낮고 홉의 특성이 한층 도드라져 드라이하다.

스카치 에일(Scotch ale)

스카치 에일은 스코틀랜드에서 생산되는 에일을 말하며 스트롱 에일의 대명사다. 원맥 즙 농도가 높고 알코올 도수는 7~8도여서 중후한 맛을 느낄 수 있는 흑갈색 맥주다. 지금은 벨기에와 프랑스에서 주로 생산된다.

마일드 에일(mild ale)

마일드 에일은 영국 중부 철강업 중심 도시 맨체스터 노동자의 갈증 해소용 맥주다. 마일드 에일은 짙은 호박색에서 까만색에 이르기까지 다양한 종류가 있고 비터에 비해서는 색이 진하다. 원맥 즙 농도가 7~8퍼센트로 낮은 편인 데다 적당한 감칠맛, 맥아 본연의 달콤함이 있으며 쓴맛은 약해 노동자가 가볍게 목을 축이거나 맥주 초보자에게 적합한 에일로 알려졌다. 보통 펍에서 생맥주로 팔린다.

브라운 에일(brown ale)

브라운 에일은 마일드 에일을 병에 담아 파는 맥주로, 마일드 에일보다 원맥 즙 농도가 좀 더 낮고 좀 더 달콤한 맛을 낸다. 브라운 에일의 달콤한 맛은 제조 공정에서 나온다. 브라운 에일은 주 발효가 끝났을 때 당을 첨가해 숙성시킨 후 당분이 남은 상태에서 병에 담아 가열 살균하는 과정을 거친다.

포터(Porter)

이스트런던 쇼디치의 벨 양조자 주인 랠프 하우드는 오래된 브라운 에일과 새로 담근 브라운 에일에 페일 에일을 섞은 맥주를 개발했다. 3종 에일을 섞은 이 신제품 '하우드 블렌드'가 세상에 선보인 것은 1722년의 일인데, 이것이 바로 '포터'다. 진한 맛에 저렴한 가격으로 부담 없이 마실 수 있는 포터는 런던의 저소득층을 중심으로 퍼져 나가며 한 시대를 풍미했지만, 담색 버튼 에일에 밀려 20세기 시작과 함께 자취를 감추었다. 그런 포터가 최근 덴마크와 미국을 중심으로 되살아나는 분위기다. 특히 펍 양조장 인기 상품으로 자리 잡아 가고 있다.

스타우트(Stout)

18세기 중반 런던 포터가 아일랜드로 수출되기 시작해 인기를 얻자 더블린을 대표하는 맥주 회사 기네스가 독자적인 포터 양조법을 개발하기 위해 전력을 다했다. 기네스의 이러한 노력으로 탄생한 맥주가 '스타우트'다. 스타우트는 홉 첨가량이 높은 데다 까맣게 태운 보리를 사용해 강렬한 색감에 풍성한 맛을 지녔다. 스타우트를 '포터의 재탄생'이라고 보기에는 그 맛과 향이 포터와 완전히 달랐다. 근본적인 차이는 제조 과정에 있었다. 스타우트는 보리 맥아 80퍼센트에 태운 보리 15퍼센트, 플레이크 상태 보리 5퍼센트를 혼합한다. 스타우트의 하얗고 풍성한 거품은 플레이크 상태 보리가 만들어 낸 것이다.

발리 와인(barley wine)

발리 와인은 영국에서 제조되는 알코올 도수가 높은 맥주를 흔히 일컫는다. 발리 와인은 원맥 즙 농도가 25퍼센트 이상, 알코올 함유량은 12퍼센트 가까이 된다. 색깔은 적갈색에서 암갈색에 이르며 풍부한 과일향에 달콤한 맛을 지닌 묵직한 맥주다. 6개월 정도 저장해야 하는데, 이때 효모가 통 아래 가라앉으므로 이따금씩 통을 흔들어 효모를 떠오르게 해야 한다.

임페리얼 스타우트(Imperial stout)

임페리얼 스타우트는 18세기 후반 영국 양조장 바클레이퍼킨스가 러시아 상트페테르부르크 궁정에 특별 제조해 납품한 스트롱 에일의 일종이다. '러시아 스타우트'라고도 불리는 임페리얼 스타우트는 원맥 즙 농도 24~24.5퍼센트, 알코올 함유량 8.4~10.5퍼센트에 이르는 암갈색 발리 와인으로, 러시아 황제 예카테리나 2세에게 각별히 사랑받았다.

쾰슈비어(Kölschbier)

쾰슈비어는 독일 쾰른에서 생산되는 상면 발효 맥주다. 밝은 호박색에서 황금색에 이르는 쾰슈는 원맥 즙 농도 11~12퍼센트, 알코올 함유량 4퍼센트 정도로 보통 독일 맥주보다 연하고 쓴맛이 약하다. 목 넘김이 좋고 뒷맛이 무척 깔끔하다. 쾰슈는 세계 맥주 중 유일하게 원산지 통제 명칭을 허가받은 맥주로 쾰른 이외 지역에서 만든 맥주에는 '쾰슈'라는 명칭을 사용할 수 없다.

알트비어(Altbier)

알트비어는 독일 라인강변에 자리 잡은 아름다운 도시 뒤셀도르프의 상면 발효 맥주다. '알트(alt)'는 독일어로 '오래된'이라는 의미지만 그렇다고 알트비어가 오랫동안 묵힌 맥주를 의미하지는 않는다. 북독일에서는 12세기 무렵부터 영국 에일 제조법을 활용한 정통 맥주를 만들어 왔다. 당대 영국 맥주는 맥주의 본가이자 양조법의 종주국으로서의 확고한 위상을 누리고 있었기에, 알트비어는 '영국 전통 양조법을 충실하게 지켜 만든 정통 맥주'의 의미로 받아들여졌다. 그러므로 알트는 '전통적' 혹은 '정통'이라는 뜻으로 봐야 한다. 알트비어는 자홍색에 구릿빛 갈색을 섞은 듯한 색감이 특히 아름답다. 특유의 가늘고 긴 잔에 따라 마시면 상면 발효 효모의 고급스러운 향을 느낄 수 있다. 원맥 즙 농도 12퍼센트에 깊은 맛과 쓴맛이 적절하게 어우러진다.

바이첸비어와 베를리너 바이세(Weizenbier, Berliner Weisse)

독일 바이에른주에서 생산하는 바이첸비어는 밀로 만든 맥주다('바이첸(Weizen)'은 독일어로 '밀'을 의미). 독일인의 자부심이 가득한 상면 발효 맥주 바이첸비어의 밀 배합률은 50~70퍼센트다. 남부 독일의 바이첸비어는 '효모가 들어간 바이첸'과 효모를 걸러낸 '크리스털 바이첸' 두 종류가 있다. 효모가 들어간 바이첸은 주 발효가 끝난 뒤 당분과 효모를 추가해 후발효 하는 방식으로 생산된다. 후발효는 20도에서 2주 동안 진행시킨다. 밀 특유의 풍미와 산미에 더해 탄산가스의 상쾌함 때문에 인기가 높다.

북부 독일 베를린에도 밀로 만든 맥주 '베를리너 바이세'가 있다. 베를리너 바이세는 보리 맥아 75퍼센트에 밀 맥아 25퍼센트 정도로 혼합하는데, 남부 독일의 바이첸비어에 비하면 밀 배합률이 낮은 편이다. 원맥 즙 농도 7~8퍼센트, 알코올 함유량 2~3퍼센트다. 후발효 과정 중 젖산균 배약액을 혼합한 데서 오는 신맛은 베를리너 바이세의 특징이다. 베를리너 바이세는 와인 잔처럼 아가리가 넓고 다리가 달린 전용 잔에 마신다. 여기에 '슈스(Schuss)'라고 하는 나무딸기즙이나 허브 에센스를 섞는다. 과일즙이 맥주의 신맛과 어우러져 새콤달콤한 청량음료 같은 느낌을 준다.

벨기에 상면 발효 맥주(Belgian ale)

벨기에 에일은 20세기 초 영국에서 도입한 기술로 양조한 상면 발효 맥주다. 여기에 벨기에 전통 양조 기술을 접목해 독자적 기술을 발전시켰기에 영국 에일이나 스타우트와는 전혀 다른 새로운 차원의 맥주를 개척했다는 평가를 받는다.

— 드코닉(De Koninck)

드코닉 사는 벨기에 제2의 도시 안트베르펜이 자랑하는 유일한 양조장이다. 이 양조장에서 생산되는 단 하나의 제품이 '드코닉'이다. 알코올 함유량 5.2퍼센트, 맥아 100퍼센트에 체코산 사츠 홉을 사용한다. 15~20도 상온에서 발효 후 냉온에서 저장하며 관리한다. 제품은 가열 살균을 거치지 않고 여과만 한 생맥주다. 새하얀 거품 때문에 적갈색 맥주 색깔이 한층 선명하게 느껴진다. 에스터 향이 적절하게 풍기고 목 넘김이 좋으면서도 미묘하게 이질적, 매혹적인 맛이 난다.

— 호가든 화이트(Hoegaarden Wit)

호가든은 벨기에 중부 브라반트주 루뱅에서 동쪽으로 18킬로미터 남짓 떨어진 곳에 있는 작은 마을이다. 호가든은 밀을 이용해 화이트 비어를 양조해 왔다. 맥아 50퍼센트와 미발아 밀 50퍼센트, 홉에 더해 퀴라소와 코리앤더를 솥에 넣고 끓이는 독특한 방식으로 양조한다. 코리앤더와 퀴라소가 호가든의 매력적인 맛의 비결이다. 20도에서 5~7일간 주 발효를 진행하고 원심 분리하여 효모를 걷어 낸다. 이후 18도에서 7일간 보관하며 설탕과 효모를 첨가하고 다시 24도에서 1주일간 관리한다. 색이 하얗고 탁하며 에스터 향과 유사한 향이 풍긴다. 새하얀 거품이 풍성하고 부드러운 데다 효모 맛에 더해 시큼함도 느껴진다. 한마디로 정리해서 말할 수 없는, 정체불명의 매력적인 맛을 지닌 맥주다.

— **로덴바흐**(Rodenbach)

벨기에 서부 플랑드르의 작은 마을 루셀라레에서 알렉산더 로덴바흐가 한 양조장을 인수해 맥주 회사를 창업했다. 1820년의 일이다. 로덴바흐 맥주는 영국 에일에서 근원을 찾을 수 있지만 자연 발효 방식으로 양조하는 로덴바흐는 와인 빛깔이 돈다. 자연 발효 람빅이 그렇듯, 나무통에서 숙성하는 2년 동안 나무통 틈새에 서식하는 각종 미생물로 인해 독특한 맛과 향이 만들어진다.

— **리프만스**(Liefmans)

벨기에의 유서 깊은 도시 아우데나르더에는 벨기에 브라운 에일의 본가라고 할 수 있는 리프만스 양조장이 있다. 리프만스의 양조법은 담금 시간이 무척 길다는 특징이 있다. 우선 맥아즙을 24시간 동안 끓인 후 냉각시킨다. 리프만스 맥주는 양조장 내 미생물을 이용하는 자연 발효 맥주인데 다른 효모도 물론 첨가한다. 주 발효를 거친 미숙성 맥주는 상온에서 8~10주간 숙성시킨다. 이후 당분과 효모를 넣고 병에 담아 다시 6개월 동안 숙성시킨다. 이런 과정을 거쳐 생산되는 맥주가 '리프만스 구덴반트(Liefmans Goudenband)'다. 리프만스 구덴반트는 12~15도에서 보관하고 4~5년 정도 지났을 때 최고의 맛을 낸다. 브라운 에일이라고 하는 만큼 맥주 색깔은 갈색이다. 드라이하면서도 깊고 풍성한 맛, 시큼한 맛이 잘 어우러져 있으며 뒷맛 또한 깔끔하다. 세계 제일의 브라운 에일이라는 찬사를 받을 만한 풍격을 갖춘 맥주다.
리프만스가 자랑하는 또 하나의 걸작은 프루트 비어(fruit beer)다. 브라운 에일을 바탕으로 체리나 나무딸기를 담가 발효시켜 만든다. 체리를 넣은 맥주가 '리프만스 크릭(Lifmans Kriek)', 나무딸기를 넣은 맥주가 '리프만스 프랑보아즈(Liefmans Framboise)'다.

— **듀벨**(Duvel)

'악마'라는 뜻의 그 이름처럼 듀벨은 예사롭지 않은 매력을 잔뜩 갖춘 맥주다. 맥아즙 농도 13~14퍼센트. 원심 분류하여 발효와 저장을 일체화한 탱크로 보낸다. 이후 프라이밍(priming) 공정을 거치며 효모를 첨가하고 병에 담아 숙성시킨다. 22도 창고에서 15일간 숙성시킨 후 5도로 유지되는 창고로 옮겨 6주간 안정화시킨다. 이렇게 해서 시장에

내보낸 뒤 9개월이 더 지나야 2차 발효가 완전히 끝난다고 한다. 듀벨 맥주의 맛이 가장 좋은 때는 2~3년 후다. 선명한 호박색이 아름다우며, 알코올 함유량 8.2퍼센트인데도 도수가 높다는 느낌이 전혀 들지 않을 만큼 목 넘김이 부드럽고 풍성한 거품도 오래 유지된다.

트라피스트 맥주(Trappist beer)

트라피스트 맥주는 수도원 양조장에서 생산되는 맥주를 일컫는다. 중세부터 유럽 수도원 부속 양조장에서는 세 종류 맥주를 만들어 온 전통이 있었다. 귀빈에게 접대하기 위한 최고급 맥주, 수도사들이 수도원 내에서 소비하는 맥주, 순례자 또는 빈민에게 무료로 제공하는 맥주의 세 종류다. '트라피스트 맥주'라는 호칭은 수도원에서 제조한 맥주에만 사용할 수 있다. 오늘날 대기업은 더는 직접 양조를 하지 않는 수도원에게서 양조 허가권을 얻어 트라피스트 유형의 맥주를 생산하고 있다. 이를 '애비 비어(Abbey Beers)'라고 한다.

(2) 자연 발효 맥주

람빅(Lambic)

람빅은 브뤼셀 서쪽 파요텐란트(Pajottenland) 지역에서 생산되는 매우 독특하고 매력적인 맥주다.

람빅은 기온이 내려가기 시작하는 10월 말쯤부터 이듬해 4월까지 담금을 한다. 발효에 필요한 이 지역의 미생물상이 겨울에 나타나기 때문이다. 보리 맥아 60~70퍼센트에 미발아 밀 30~40퍼센트를 혼합하고 2~3년간 저장해 둔 홉을 넣는다. 이 부분에서 오래된 홉을 사용하지 않는 라거 맥주와 차이가 있다. 람빅은 산미가 강하다. 따라서 홉의 쓴맛은 필요 없고 홉의 항균 작용만 필요하기 때문에 오래된 홉을 넣는 것이다. 비발효성 당인 덱스트린을 남기는 당화 방법을 사용하는 것 또한 람빅의 담금 공정에서 주목할 점이다. 이는 제2차 발효에서 브레타노미세스 속 효모의 활동을 촉진해 알코올 함유량을 높이고 람빅에 독특한 맛과 향을 부여하여 완벽하게 당을 제거한 드라이 맥주로 완성시키기 위해서다. 람빅은 다양한 미생물 집합체처럼 보이기도 하나 알고 보면 각각의 미생물이 생애 주기에 따라 질서 있게 나타나 활동하고 역할을 마치면 자연 소멸한다. 2년 동안 이어지는 람빅의 제조 공정은 자연이 치밀하게 연출하는 한 편의 드라마다. 산미가 강한 람빅을 그대로 마시기는 힘들다. 그래서 오래 숙성시킨 람빅과 새로 담근 람빅을 한데 섞어 병에 담아 코르크 마개로 밀봉해 재발효시킨다. 이를 '괴즈(Gueuze)'라고 한다.
람빅을 좀 더 마시기 좋도록 새로 담근 람빅에 과일을 넣어 나무통에서 재발효시킨 '프루트 람빅(Fruit Lambic)'이 있다. 프루트 람빅 중 '크리켄람빅(Krieken-Lambic)'은 여름에 수확한 검은 체리를 새로 담근 람빅에 통째로 넣어 재발효시킨 람빅이다. 나무딸기, 복숭아, 블랙베리, 포도 등을 넣은 프루트 람빅 전통은 중세부터 이어져 왔다. 과일의 특징이 잘 어우러진 맛있는 맥주 칵테일이다.

(3) 하면 발효 맥주

라거 맥주(lager beer)

15세기 무렵 뮌헨에서 탄생한 하면 발효 맥주는 저온에서 오랫동안 저장하는 것이 주요 특징이다. 독일 바이에른 지역 맥주에 지나지 않던 하면 발효 맥주가 뛰어난 품질의 저온 발효, 저온 저장 맥주로 거듭나면서 19세기에 접어들어 인기가 치솟았다. 그러자 맥주의 선배 격인 영국이 뮌헨 맥주를 '저장하는 맥주', 즉 '라거 맥주'라고 불렀다(독일어에서 '저장하다'라는 의미의 단어 '라게른(lagern)'에서 '라거(lager)'라는 명칭이 나왔다고 본다). '뮌헨 맥주'라고 부르지 않고 그저 '저장하는 맥주'라고 한 것에는 영국인의 시기심과 업신여김이 다소 혼합되어 있었기 때문이지 않을까. 결국 하면 발효 맥주는 '라거 맥주'로 일반화되었다.

필스너(Pilsner, Pilsner-style beer)

체코 필젠(플젠)의 양조가들이 단결하여 시민 양조장을 세우고 바이에른의 양조가 요제프 그롤을 초빙해 뮌헨 하면 발효 맥주 개발에 착수했다. 1840년대 초의 일이다. 필젠의 양조가들은 숙성이 다 되어 완성된 맥주를 보고 깜짝 놀랐다. 진한 색깔의 뮌헨 맥주와 달리 옅은 호박색 맥주가 잔에 담겨 있었기 때문이다. 색깔이 다른 만큼 맛 또한 뮌헨 맥주의 중후함과는 전혀 달랐다. 시원하고 상쾌하면서도 강렬한 맛의 필젠 맥주는 이렇게 탄생했다. 필젠 맥주는 즉시 유럽 주요 도시에서 큰 인기를 얻어 나갔다. 19세기 말에서 20세기 전반에 이르기까지 세계 각국이 필젠 타입 맥주를 생산했다. 필젠 타입 담색 맥주가 전 세계를 휩쓸자 간신히 명맥을 유지해 가던 뮌헨 맥주 기업들도 담색 맥주 양조에 뛰어들었다. 그러고는 뮌헨에서 탄생한 담색 맥주에 '필스너'라는 이름을 붙였다. 필젠 타입 맥주는 전 세계에서 가장 많이 소비되는 맥주다.

빈 맥주(Vienna-style beer)

19세기 유럽에서는 세 라거 맥주가 매우 치열한 각축전을 벌였다. 바로 뮌헨 맥주, 빈 맥주, 필젠 맥주다. 그러나 비엔나 맥아를 사용한 적갈색 빈 맥주는 필젠 맥주의 폭발적인 인기에 밀려 19세기 말부터 쇠퇴하기 시작해 20세기 중엽에는 유럽에서 자취를 감춘다. 그래도 빈 맥주의 전통을 계승한 것으로 인정되는 맥주가 아직 남아 있다. 그 하나는 빈 맥주의 창시자 안톤 드레어의 제자가 드레어의 기술을 응용하여 개발한 메르첸비어다. 빈 맥주의 또다른 전통은 멀리 떨어진 멕시코에서 계승되었다. 합스부르크 왕가 오스트리아 제국의 마지막 황제 프란츠 요제프 1세의 동생 막시밀리안 1세는 1864년 멕시코 황제로 즉위했다. 막시밀리안 1세는 멕시코로 떠나면서 빈 맥주를 가져갔고, 현지에서 빈 맥주의 전통을 잇는 맥주가 만들어졌다. '노체 부에나(Noche Buena)', '도스 에키스(Dos Equis)' 등이 빈 맥주 계열인데, 아메리칸 타입 '코로나 엑스트라(Corona Extra)'가 미국 수입 맥주 중 1위를 할 정도로 인기를 끌며 빈 타입 맥주는 점점 밀려나는 추세다.

뮌헤너(Münchener, Munich beer)

독일 뮌헨이 '맥주의 도시'로서 명성을 얻게 된 것은 17세기 전반에 일어난 30년 전쟁 이후의 일이다. 중세 뮌헨의 평범한 시민이 일상적으로 마시던 술은 와인이었고 맥주는 왕과 귀족 등 상류 계층과 성직자만 마실 수 있었다. 그러나 30년 전쟁으로 남독일의 비옥한 포도밭이 파괴되면서 많은 와이너리가 맥주 양조장으로 전향했다. 전통 뮌헨 맥주는 다크 비어였으나 필젠 타입 담색 라거가 유행하면서 뮌헨 맥주의 명맥이 끊기는 듯했다. 그러다 20세기 초 슈파텐 사가 담색 맥주 개발에 성공하며 뮌헨 맥주의 명성이 되살아나기 시작했다. 오늘날 뮌헤너는 필젠 타입이지만 전통 뮌헨 맥주의 맛을 간직하고 있다. 홉의 쓴맛보다는 맥아 고유의 부드럽고 풍부한 맛이 특징이다.

도르트문더(Dortmunder, Dortmund beer)

13~15세기 한자동맹의 유력 도시 도르트문트는 독일 최대 맥주 생산, 소비 도시로 손꼽혔다. 도르트문트는 생산된 맥주를 여러 도시로 보내서 팔았는데, 당시 덜컹거리는 마차에 실려 오랜 시간 운송되는 맥주는 기본적으로 오래 버틸 수 있어야 했다. 도르트문트는 장기 보존 가능한 맥주를 제조하기 위해 심혈을 기울였고, 도르트문트의 수출용 맥주 '도르트문더 엑스포트(Dortmunder Export)'는 높은 평가를 받았다. 도르트문더 엑스포트는 지금도 프리미엄 맥주를 대표한다. 원맥 즙 농도는 13.5퍼센트로 필스보다 살짝 높으며 진한 호박색에 쌉쌀한 맛이다. 도르트문트 맥주는 쓴맛이 강한 북독일 맥주와 맥아 고유의 맛을 살려 부드러운 남독일 맥주의 중간 정도로 보면 된다.

헬레스(Helles)

1876년 독일 공학자 카를 폰 린데는 암모니아를 냉매로 사용하는 냉동기를 발명했다. 린데가 발명한 냉동기 제1호기는 뮌헨 슈파텐 양조장에 설치되었다. 슈파텐 양조장의 가브리엘 제들마이어 2세가 냉동기 발명에 적극적으로 협력한 덕분이었다. 냉동기는 뮌헨의 라거 맥주를 맥주의 왕좌에 올리는 원동력이 되었다. 1894년 슈파텐 양조장은 뮌헨 양조장 중 맨 처음으로 담색 맥주를 개발했고 1920년대에는 파울라너 양조장도 담색 맥주 개발에 성공했다. 이것이 독일 필스의 탄생이다.
'헬레스(Helles)'는 '투명' 혹은 '담색'이라는 의미로, 독일의 담색 라거 맥주를 가리킨다. 원맥 즙 농도는 11~12퍼센트이고 쓴맛도 보통이어서 마시기 좋은 맥주에 속한다. 필스의 동생 같은 라거 맥주다.

둥켈(Dunkel, Dunkels Bier)

독일에서 하면 발효 흑맥주는 '둥켈' 또는 '둥켈레스'라고 불린다. 흑맥주라지만 완전히 새까만 것은 아니고 흑갈색에 가깝다. 흑맥주는 오래전 북바이에른 프랑켄(Franken) 지역에서 활발히 양조되었는데 태운 보리나 맥아를 사용하기 때문에 흑갈색을 띤다. 원맥 즙 농도는 13퍼센트로 필스와 비슷하며 쓴맛을 억제해 둥켈만의 은은한 단맛이 느껴진다. 뮌헨 근교 클로스터 안덱스 수도원의 둥켈은 알코올 함유량 5퍼센트에 붉은빛이 감도는 짙은 갈색으로, 태운 보리향이 나며 드라이하다.

보크 비어와 도펠보크(Bock bier, Doppelbock bier)

북독일 하노버에서 남쪽으로 50킬로미터쯤 떨어진 곳에 아인베크라는 작은 마을이 있다. 14세기 전후부터 아인베크 길드가 생산한 맥주는 품질이 탁월해 유럽 맥주 애호가들의 마음을 온통 사로잡았다. 이후 16세기 말 바이에른 공작 빌헬름 6세도 아인베크 맥주를 즐겨 마셨다. 아인베크 맥주 수입 비용이 치솟자 빌헬름 5세는 궁정 부속 양조장에서 아인베크 맥주를 양조하기로 결심했다. 오늘날에도 그 명성이 자자한 '호프브로이하우스'는 이렇게 설립되었다. 1591년의 일이다. 그리고 뮌헨에서 아인베크 맥주는 '보크 비어'라고 불렸다. 보크 비어는 원맥 즙 농도 16~18퍼센트 흑맥주인데 담색도 있다. 에스터나 과일향, 맥아의 맛과 향이 느껴지고 홉의 쓴맛도 강하다. 고전적 고급 맥주라고 할 수 있다.
도펠보크 비어는 원맥 즙 농도 18~20퍼센트까지, 알코올 함유량을 8퍼센트까지 끌어올린, 보크 비어보다 강하고 진한 맥주이며, 고전적인 고급 맥주다. 예전에 수도원 수도사들이 사순절 금식 기간에 유일하게 섭취할 수 있는 액체가 도펠보크 비어였다. 따라서 도펠보크 비어는 수도사들의 영양 보충제이자 생명수였기에 '액체 빵'이라 불렸다.

뮌헨 파울라너 수도원 양조장에서 만든 '살바토르'는 도펠보크 비어의 원조라고 할 수 있다.
보크보다 더 진한 맥주가 '도펠보크 비어'로, 원맥 즙 농도가 18퍼센트가 넘는다. 옛날에 수도원에서 부활 주일 전 사순절 금식 기간에 수도사들이 유일하게 섭취할 수 있는 액체, 즉 '액체 빵'이었다. 가장 유명한 상표는 '살바토르(Salvator)'로, 도펠보크 비어의 원조다.

메르첸비어(Märzenbier)

뮌헨 하면 발효 맥주는 더운 여름철을 피해 기온이 낮아지기 시작하는 9월 29일(대천사 축일)부터 이듬해 4월 23일(성 제오르지오 축일) 사이에 담갔다. 특히 겨울의 막바지로 볼 수 있는 3월에 담그는 맥주(메르첸비어)는 여름을 지나 가을까지 버틸 수 있도록 항균 작용이 뛰어난 홉을 더 많이 첨가하며 정성 들여 만들었다. 이후 19세기 말에 이르러 메르첸비어는 빈 맥주 제조 기술을 도입해 수준을 획기적으로 끌어올렸다. 메르첸비어의 자갈색은 비엔나 맥아를 사용한 결과이기에 메르첸비어와 빈 맥주는 동의어로 간주된다. 오늘날 메르첸비어는 원맥 즙 농도 13퍼센트, 알코올 함유량 5퍼센트 정도, 맥아 고유의 깊은 맛을 간직한 프리미엄 맥주로 인정받는다.

라우흐비어(Rauchbier)

북바이에른의 밤베르크는 오래전부터 뮌헨에 버금가는 맥주 양조 도시로 정평이 자자했다. 삼림이 풍부한 밤베르크에서는 너도밤나무를 태워 맥아를 건조시켰기 때문에 맥아에 너도밤나무를 태운 향이 스며들었다. 이 향은 당연히 맥주에도 담겼다. 독일어 '라우스(Rauch)'는 '연기'를 뜻한다. 라우흐비어의 향은 이탄(泥炭)을 태워 건조시킨 스카치위스키의 스모키 향과 유사하다. 너도밤나무 외에 떡갈나무나 오리나무를 태우기도 하는데 각각 독특한 향을 풍긴다. 라우흐비어에 곁들이는 음식으로는 훈제 요리가 잘 어울린다고 한다. 최근에는 위스키 맥아나 알래스카 오리나무를 활용한 훈제 맥아로 담그는 맥주도 등장했다.

라이트 비어(light beer)

유럽에서 맥주에 '라이트'라는 말을 쓸 때는 맥주 색이 엷은 것을 지칭한다. 즉 유럽 맥주 라벨에 '라이트'라고 쓰여 있으면 색이 밝은 맥주라고 생각하면 된다. 반면 미국에서 라이트는 칼로리가 낮은 맥주를 의미한다.

다이어트 맥주(diet beer)

라이트 비어가 일반인을 위한 다소 칼로리 낮은 맥주라면, 다이어트 비어는 당뇨병 환자 등 칼로리 섭취를 제한해야 하는 사람들을 위해 개발된 맥주다. 20세기 중엽 독일에서 제조되기 시작했다.

무알코올 맥주(non-alcohol beer)

현행 주세법에 따르면 알코올 함유량이 0퍼센트인 무알코올, 1퍼센트 미만인 비알코올일 경우 음료로 분류되어 주세가 부과되지 않는다. 그래서 맥주에서 알코올만 선택적으로 추출하는 기술이 개발되었고 알코올 함유량 0.5퍼센트 미만의 맥주가 탄생했다. 이를 '알코올 프리 맥주(alcohol free beer)'라고 한다. 무알코올 맥주는 알코올 성분은 전혀 없으면서 맥주 향과 맛을 내는 음료다.

아이스 비어(ice beer)

예전에 미국의 한 석유정제 회사가 고농도 맥주를 개발한 적이 있다. 맥주를 살짝 얼려 살얼음을 거둬 낸 후 맥주를 농축시켜 마시고 싶을 때 물에 희석하여 마시게 한다는 아이디어였다. 아이스 비어는 이와 유사한 제조 과정을 거친다. 살얼음 부분에 맥주의 불쾌한 맛을 내는 물질이 몰린다는 것을 깨달은 후 이를 제거하여 더욱 깔끔하고 목 넘김이 좋은 맥주를 만들고자 했다.

4. 기타 맥주

(1) 고전 맥주

시카루(Sikaru)

기원전 3500년~기원전 3000년 메소포타미아에서 문명을 꽃피운 수메르인은 관개농법을 개발해 곡물을 수확한 뒤 발아시킨 보리와 밀로 빵을 만들어 먹었다. 그리고 이 빵을 따뜻한 물에 풀어 선버들 등의 약초를 넣고 끓인 다음 항아리에 담아 발효시킨 후 위쪽에 고인 맑은 술을 빨대로 마셨다. 이것이 최초의 맥주 '시카루'다.

치차(Chicha)

치차는 15~16세기에 남아메리카에서 대제국을 일군 잉카인이 마시던 옥수수 맥주다. 잉카제국 각지에서 선발된 건강하고 아름다운 열 살 전후 소녀들이 제국의 수도 쿠스코의 궁전으로 보내졌다. 이 '선택받은 소녀들'이 맡은 일 가운데 특히 중요한 일이 치차를 빚는 것이었다. 치차는 '씹어 만든 술'이다. 옥수수를 삶은 후 소녀들이 충분히 씹어 항아리에 뱉는다. 여기에 물을 넣고 가열한 후 이틀 정도 숙성시키면 술이 된다. 이렇게 '씹어 만든 술'은 고대 일본에도 있었다. 밥을 지어서 씹은 뒤 뱉어 놓으면 침 속 아밀라아제가 녹말을 당화시키고 공기 중에 떠다니는 미생물이 발효를 일으킨다. 일본어에서 '양조하다'라는 의미를 지닌 '카모스(醸す)'는 '씹다'라는 의미의 '카무(噛む)'에서 나온 단어다.

크바스(Kvass)

크바스는 16세기에서 19세기까지 오늘날의 폴란드, 러시아, 리투아니아 등 동북유럽 지역에서 가장 일반적인 음료였다. 각 가정마다 고유의 제조법으로 크바스를 만들곤 했으며 그 비법은 어머니에게서 딸로 전수되었다. 일반적으로는 다음과 같이 만든다. 호밀빵을 찢어 냄비에 넣고 따뜻한 물을 부어 3~4시간 둔다. 이후 건더기를 걸러낸 후 설탕, 빵 효모와 더불어 맛을 돋우는 포도, 사과 등을 넣고 병에 담는다. 차가운 곳에서 2~3일 동안 숙성시키면 완성되는 크바스의 알코올 도수는 2도 정도.

수수 맥주(sorghum beer)

오래전 미국에서 흔히 마시던 '카피르 맥주(Kaffir beer)'는 기장으로 만든 맥주다. 기장을 포대에 넣어 24시간 동안 물에 담가 둔다. 그런 후 48시간 동안 발아시켜 오븐에서 바싹 말린다. 발아한 기장을 분쇄하고 여기에 곡물 가루와 물을 섞어 끓인 뒤 자연 발효시킨다. 수수 맥주는 남아프리카 흑인들이 마시던 맥주로 제조법은 카피르 맥주와 거의 같다. 카피르 맥주나 수수 맥주 모두 홉이나 향료를 넣지 않으며 발효가 끝나면 살균하고 당을 첨가해 제2차 발효시킨다.

(2) 발포주

발포주(sparkling alcoholic beverages)

각 나라에는 주류 제조에 관한 주세법(酒稅法)이 있다. 일본 주세법에서는 원료 중 맥아의 무게가 물을 제외한 원료 무게의 50퍼센트 이상인 것은 맥주, 50퍼센트 미만인 것은 발포주로 규정한다. 또 맥아 사용률이 50퍼센트 이상이라도 과즙 등 맥주 원료로 사용할 수 없는 것을 첨가한 것은 발포주로 분류한다. 이외에 주세가 더 낮은 '제3의 맥주'도 있다. 제3의 맥주는 맥아 대신 콩이나 완두콩, 보리 등을 발효시킨 증류주를 발포주에 첨가해 맥주 맛이 나게 만든 주류다.

주세법은 나라마다 차이가 있다. 미국에는 값싼 옥수수나 쌀을 총 원료의 40~50퍼센트까지 사용한 맥주가 있다. 벨기에에서는 홉과 함께 퀴라소, 코리앤더 같은 향료를 넣은 것 역시 맥주로 분류한다.

섄디(Shandy)

섄디는 원래 영국에서 맥주와 진저비어 또는 진저에일을 섞은 음료를 일컫는 용어로 오랫동안 사용되어 왔다. 이후 프랑스와 스위스 등지에서 섄디의 영향으로 맥주와 레모네이드를 1:1 비율로 섞은 음료가 등장했으며 이를 '파나셰(Panaché)'라고 불렀다. 최근에 섄디라고 하면 맥주에 과일즙을 넣은 음료를 포괄적으로 지칭한다. 독일에서는 맥주와 과일즙을 혼합한 음료를 '라들러(Radler)'라고 하는데 여러 맥주 회사에서 상품화하여 판매하고 있다.

몰트 리커(malt liquor)

몰트 리커는 미국에서 알코올 도수가 상대적으로 높은 맥주를 일컫는다. 미국 각 주마다 적용하는 기준이 다르지만 일반적으로 알코올 함유량이 6~9퍼센트인 맥주를 몰트 리커라고 한다. 미국의 일반 맥주의 알코올 함유량은 4~5퍼센트다. 한편 알코올을 금지하는 모르몬교의 영향이 강한 유타주에서는 알코올 함유량 4퍼센트 이하 맥주만 판매된다.

향료 맥주(herb beer)

홉을 섞기 이전에 맥주 맛을 끌어올리기 위해 여러 종류의 약초와 향신료를 섞은 구르트를 사용했다. 벨기에에서는 여전히 퀴라소와 코리앤더를 섞는다. 그러므로 맥주에 향료를 사용하는 것은 오래전부터 이어 온 자연스러운 현상이라고 할 수 있다. 소규모 양조 설비를 갖춘 펍(브루펍)에서는 다양한 향료를 사용해 맥주를 제조하고 있다. 그중 '칠리 비어(Chilli Beer)'는 고추를 통째로 넣은 맥주로 입안이 얼얼할 정도로 맵다.

5. 기타 용어

(1) 맥주 제조 관련 용어

관능검사(organoleptic analysis, taste test)

관능검사는 인간의 오감을 이용하여 품질을 평가하는 검사법이다. 직접 만져 보고 향을 맡아 보고 소리를 들어 보고 하는 등등을 말하는데, 맥주는 시각, 후각, 미각으로 평가한다.

드라이 호핑(dry hopping)

전통적으로 에일을 제조할 때 사용하는 방법으로, 생 홉을 오그랑망태에 담아 맥주 저장 탱크에 넣는다. 이 '드라이 호핑' 과정 덕분에 홉의 향과 맛이 맥주에 스며들어 맥주의 상쾌함이 더해진다. 프라이밍, 파이닝과 함께 에일의 통 숙성 맥주에서 반드시 거쳐야 하는 방법이다.

마이크로브루어리(micro-brewery)

미국에서 마이크로브루어리는 연간 생산량 1만 5,000배럴(약 1,750킬로리터) 미만의 상업 맥주 제조장을 가리킨다. 연간 생산량 1만 5,000~150만 배럴까지는 '스몰 브루어리(small brewery, 중규모 양조장)', 150만~200만 배럴 미만은 '리저널 브루어리(regional brewery, 지역 양조장)', 200만 배럴 이상은 '라지 브루어리(large brewery, 대규모 양조장)'라 한다.

맥아즙(wort)

곡주를 빚으려면 곡물의 주성분인 탄수화물, 즉 녹말을 당분(포도당이나 엿당)으로 분해해야 한다. 이 과정을 '당화'라고 하며 당화는 맥아에 함유된 당화 효소가 주관한다. 당화가 되어야 효모에 의한 발효가 진행될 수 있다. 맥아즙은 맥아를 분쇄해 따뜻한 물을 부어 죽처럼 만든 후 60~65도에서 당화하고 찌꺼기를 제거한 후 홉을 넣고 끓인 것이다.

발효도(degree of attenuation)

원맥 즙 농도 퍼센트를 OE, 발효 종류 후 당분 퍼센트를 RE라고 할 때 발효도는 [OE-

RE]/OE]×100이다. 남은 당분의 양은 당화 방법이나 효모 종류에 따라 조정한다. 당분이 적으면 드라이한 맥주가 된다.

브라우마이스터(Braumeister)

맥주 양조기술자. 대학에서 소정의 과정을 이수하고 졸업 시험을 통과한 사람에게 수여되는 자격. 예를 들어 뮌헨공과대학교 양조학부 2년 과정을 졸업하면 '디플롬 브라우마이스터(Diplom Braumeister)' 칭호를, 4년 과정을 졸업하면 '디플롬 브라우인제니외어(Diplom Brauingenieur)' 칭호를 얻는다. 독일의 거대 맥주양조장 양조기술자로 취직하려면 반드시 4년 과정을 이수해야 한다. 영어로는 '헤드 브루어(Head brewer)' 또는 '마스터(Mater brewer)'라고 한다.

미국 UC 데이비스(UC Davis), 영국 헤리엇와트(Heriot-Watt), 벨기에 루뱅(Louvain)대학교, 그리고 스칸디나비아 브루잉 하이스쿨(Scnadinavia Brewing Highschool)에 맥주 양조학부가 있어 졸업생에게 양조기술자 국가 자격을 부여하고 있다.

브루어리(brewery)

맥주 제조 공장. 독일어로는 '브라우어라이(Brauerei)'.

브루펍(brew pub)

북아메리카를 중심으로 퍼져 나간 소규모 양조 설비를 갖춘 레스토랑. 즉 마이크로 브루어리에 세워진 레스토랑이다. 일반적으로 1회 담금 양은 1킬로리터 정도다. 독일어로는 '펍 브라우어라이(Pub-Brauerei)', '가스트하우스 브라우어라이(Gasthaus-Brauerei)'라고 한다.

생맥주(draft beer)

넓은 의미에서 가열 살균 유무와 상관 없이 통에 담긴 맥주를 '생맥주'라고 한다. 일본에서 정의하는 생맥주는 가열 살균 처리를 거치지 않은 맥주다. 생맥주는 가열 살균을 하지 않아 빨리 부패한다고 알려져 있지만, 일본 맥주 공장에서는 미생물 관리를 철저히 한 결과 병맥주와 캔맥주를 포함한 대부분의 맥주가 가열 처리를 하지 않은 무살균 생맥주다.

알코올 도수(alcohol % by volume, alcohol % by weight)

일반적으로 알코올 용량을 나타내는 용량 퍼센트로 알코올 도수를 표시한다. 제조 현장에서는 중량 퍼센트를 쓴다. 중량 퍼센트는 용량 퍼센트의 80퍼센트 정도라고 보면 된다. 예를 들어 4.0용량 퍼센트는 3.2중량 퍼센트 정도다.

원맥 즙 농도(original gravity)

맥아즙에 함유되어 있는 당분을 퍼센트로 표시한 것. 원맥 즙 농도가 높은 맥아즙은 알코올 생성량이 높은 프리미엄 맥주다. 참고로 일본 맥주의 원맥 즙 농도는 11~12퍼센트.

유통 기한(shelf life)

맥주 유통 기한은 두 가지 특성을 고려해 결정한다. 즉 맥주가 탁해지는 정도와 맛과 향의 안정성이다. 맥주를 일정 시간 고온에 두어 강제로 질을 떨어뜨린 후 맥주가 탁해지는 정도, 맛과 향이 변하는 정도를 측정해 유통 기한을 정한다.

주 발효와 후발효(primary fermentation, secondary fermentation)

맥주는 고온에서 이루어지는 격렬한 발효와 저온에서 이루어지는 잔잔한 숙성의 두 가지 공정으로 이루어진다. 하면 발효는 10도 전후에서 1주일간 발효, 0도에서 1~2개월 숙성시키는데, 전자를 주 발효, 후자를 후발효 또는 저온 숙성이라고 한다. 상면 발효의 대표인 전통 에일은 20~25도에서 4~5일 발효, 이후 제2차 발효용 당분, 청징제를 넣어 나무통에 담아 15도 정도 서늘한 곳에서 1~2주간 저장한다. 이때 첨가한 당분이 재발효하여 탄산가스를 생성하고 맥주를 숙성시킨다. 전자를 주 발효, 후자를 통 숙성이라고 한다.

하면 발효 맥주인 라거 맥주는 저온 장기 저장이 특징이었지만 20세기 후반 '저장의 과학적 원리'가 밝혀지면서 숙성 시간이 비약적으로 단축되었다. 오늘날 대규모 맥주 공장의 일반적인 발효와 저장 공정에 드는 기간은 2~3주다.

통 숙성, 병 숙성(cask-conditioning, bottle-conditioning)

프라이밍, 파이닝을 거친 맥주를 통이나 병에 담아 밀폐하고 숙성시키는 것. 전통 상면 발효 맥주의 전형적 숙성법이다.

파이닝(fining)

청징제. 에일을 만들 때 철갑상어 부레에서 추출한 투명하고 순수한 젤라틴인 아이징글라스(Isinglass)를 청징제로 사용하곤 했다. 아이징글라스는 혼탁물을 침전시켜 맥주를 맑고 깨끗하게 만든다. 아이징글라스와 같은 효과를 내는 다른 청징제도 있다.

프라이밍(priming)

전통적으로 에일을 제조할 때 사용하는 방법으로, 주 발효가 끝난 미숙성 맥주의 제2차 발효 및 숙성을 위해 당분을 첨가하는 것이다. 추가된 당분을 효모가 재발효시켜 탄산가스가 생성된다.

홈 브루잉(home brewing)

가정에서 자가 소비를 목적으로 맥주를 양조하는 것. 미국의 경우 1년간 20갤런(75.7리터)까지는 세금을 내지 않아도 된다. 단, 일본에서는 홈브루잉이 허용되지 않는다.

(2) 맥주의 맛을 표현하는 용어

가시(gassy): 탄산가스가 많은 맥주의 자극적인 향과 맛.

그레이니(grainy): 곡물 느낌. 곡물, 곡물 껍질, 왕겨, 옥수수, 밀 냄새.

다이아세틸(diacetyl): 다이아세틸 냄새. 신선한 버터 향. 버터스카치, 버터밀크 냄새. 다이아세틸 냄새는 효모의 대사 생산물이며 젖산균류의 오염으로 생성되기도 한다. 라거 맥주에는 적합하지 않다.

드라이(dry): 당분을 완전히 발효시켜 단맛이 없음. '드라이'의 상반되는 표현은 '스위트' 또는 '진함'.

랜시드(rancid): 기름이 부패한 냄새. 버터 산패 냄새와 유사.

메탈릭(metalic): 금속 냄새. 철분 함유량이 많은 지하수나 녹슨 수도관을 거친 물에서 나는 맛과 냄새. 쇳내.

몰디(moldy): 곰팡이 냄새. 벽에 곰팡이가 핀 지하실 냄새.

바이너스(vinous): 포도주 맛. 백포도주와 유사한 맛과 향.

브릴리언트(briliant): 반짝이며 맑고 깨끗함. 맥주의 투명도를 나타내는 최고급 표현. 투명도를 표현할 때는 브릴리언트, 클리어(clear), 헤이지(hazy), 클라우디(cloudy) 순으로 한다.

비터(bitter): 원래 홉의 쓴맛을 가리키지만 같은 쓴맛이라도 혀가 느끼는 쓴맛의 강도는 각종 성분 함유량에 따라 강약 차이가 있다. 예를 들어 당분을 제거해 단맛이 적은 맥주는 쓴맛이 더 강하게 느껴진다. 또 신선한 홉은 순수하게 쌉쌀한 맛, 오래된 홉은 잡맛이 섞인 쓴맛이 난다.

선스트럭(sun-struck): 일광취(日光臭). 맥주를 햇빛에 오래 쬐면 스컹크 냄새나 고무를 태운 것과 비슷한 악취가 난다. 이를 막기 위해 맥주병은 자외선 차단 효과가 있는 갈색 병을 사용한다.

설퍼리(sulphury): 황화수소, 아황산가스, 메르캅탄, 다이메틸설파이드 등의 유황화합물 냄새로, 광범위하게 쓰이는 말이다. 불쾌한 냄새다. 황화수소 냄새, 하수구 냄새, 일광취, 발효 중인 효모 냄새, 자가 분해한 효모 냄새, 썩은 내 등.

스모키(smoky): 연기 냄새. 독일 밤베르크의 특산이 '라우흐비어'는 너도밤나무로 맥아를 훈증하기 때문에 맥주에서 연기 냄새가 난다.

스무드(smooth): 맥주가 입에 닿거나 목으로 넘어갈 때 저항감 없이 미끄러지는 느낌.

스위트(sweet): 단맛. 원래 설탕, 꿀 같은 맛이지만 맥주에서는 당분이 많이 남아 있거나 쓴맛이 적은 맥주에서 느껴지는 달콤한 맛을 말한다.

아로마틱(aromatic): 꽃 같은 향기. 특정한 한 가지 향이 아니라 향이 좋은지 종합적으로 평가할 때 쓰는 표현.

아세틱(acetic): 초산 같은 신맛.

아스트린젠트(astringent): 떫은맛. 텁텁한 맛.

알코올릭(alcoholic): 알코올 맛. 에틸알코올이나 고급 알코올(프로필알코올, 부틸알코올, 아밀알코올 등)의 맛과 향.

에스테리(estery): 에스터 향. 서양배, 바나나의 향, 용매(溶媒) 냄새. 에스터 향이 너무 강한 것은 좋지 않다.

에시딕(acidic): 시큼함. 시다. 구연산, 젖산 같은 맛.

옥시다이즈(oxidized): 산화된 맥주 냄새와 맛. 오래된 맥주나 고온에 방치되어 있던 맥주, 가열 살균을 과도하게 한 맥주의 맛과 냄새.

워터리(watery): 물기가 많음. 맛이 연해 강렬함이 부족.

크리미(creamy): 크림처럼 점성이 있고 촘촘하며 섬세한 거품.

크리스피(crispy): 강렬하고 날카로운 맛. 스내피(snappy)라고도 한다.

클린(clean): 맥주 본연의 순수한 향. 맥주가 잡균에 오염되면 이취가 생기는데 어떤 잡균은 맥주에서 하수구나 걸레 냄새를 나게도 한다.

페놀릭(phenolic): 페놀, 크레솔 냄새, 병원에서 나는 냄새. 어떤 세균에 오염이 됐거나 약품이 혼입되었을 가능성이 크다.

프루티(fruity): 과일 향. 사과나 배 등을 밀폐된 공간에 방치했을 때 나는 냄새. 에스터와 유사한 향으로 너무 강하면 좋지 않다.

플랫(flat): 탄산가스 부족. 가스압이 약해 상쾌한 맛이 없다.

하시(harsh): 불쾌하게 떫은 맛. 아스트린젠트보다 다소 약함.

호피(hoppy): 홉의 좋은 향. 신선한 홉을 썼을 때 나는 향.

6. 이 책에 등장하는 맥주 관련 도시

(1) 영국

런던(London)

포터의 탄생지. 런던에는 11세기에 이미 맥주의 품질을 평가하는 감시관 '에일 코너(Ale conner)'가 있었다. 대문호 셰익스피어의 아버지가 에일 코너였다는 사실은 의외로 잘 알려져 있지 않다.

켄트주(County of Kent)

잉글랜드 홉의 주산지. 네덜란드에서 들여온 묘목으로 홉을 재배하기 시작한 것은 15세기 무렵이며, 16세기 초에 이르러 플랑드르 농민들이 켄트주로 집단 이주해 본격적으로 홉을 재배했다. 켄트 골딩(Kent golding) 종 홉은 역사적으로 유명하다.

버튼온트렌트(Burton on Trent)

잉글랜드의 대표적 공업 도시이자 페일 에일 양조지. 이 작은 도시에서 양조된 에일은 1630년대에 이미 북해를 건너고 발트해를 지나 러시아를 비롯한 북반구 여러 나라로 수출되었다.

태드캐스터(Tedcaster)

버튼의 '버튼 유니온 시스템'과 요크(York)주의 '요크셔 스톤 스퀘어(Yorkshire Stone Square)'는 유명한 고전 에일 양조법이다. 후자의 본거지가 태드캐스터다. 영국에서 인기 있는 에일인 '새뮤얼 스미스(Samuel Smith)'가 요크셔 스톤 스퀘어 방식으로 만든 에일이다.

헐(Hull)

18세기 이후 버튼 에일은 버튼에서 강을 건너 북해로 이어지는 항구 헐로 직송된 후 발트해 연안의 나라, 러시아 등으로 수출되었다.

에든버러(Edinburgh)

영국 최대 맥주 제조 회사 스코티시 커리지의 본거지이자 스카치 위스키 집산지. 에든버러의 헤리엇와트 대학교에는 맥주 연구·교육 시설이 있어, 세계 각지 젊은이들이 맥주 양조를 배우기 위해 모여든다.

(2) 아일랜드

더블린(Dublin)

런던 포터의 품질을 완전히 뛰어넘은 스타우트 포터로 전 세계적 인기를 끈 기네스 본사 공장이 있다.

코크(Cork)

더블린에 견줄 만한 양조 도시. '드라이 스타우트'를 양조하는 비미시(Beamish) 사와 머피스(Murphy's) 사가 있다.

(3) 벨기에

루뱅(Louvain)

벨기에 중부 브라반트주에 있는 도시 루뱅에는 벨기에 맥주 연구와 교육의 중심으로 높은 위상을 자랑하는 루뱅대학교가 있다. 루뱅대학교 양조학부를 졸업한 학생들은 벨기에 맥주, 즉 벨기에 에일이나 람빅의 품질을 향상하는 일과 보급하는 일에 힘쓴다. 루뱅에서 남동쪽으로 20킬로미터 남짓 떨어진 곳에 있는 호가든의 '화이트 비어'는 벨기에산 밀 맥주를 대표한다.

안트베르펜(Antwerpen)

안트베르펜 유일한 양조장에서 생산되는 단 하나의 제품인 적갈색 '드코닉'은 벨기에 에일의 전형이다.

메헬렌(Mechelen)

브뤼셀에서 북쪽으로 40킬로미터 남짓 떨어진 곳에 있는 작은 도시 메헬렌은 신성로마 제국 황제 카를 5세가 어린 시절을 보낸 궁정이 있던 곳으로 유명하다. 이후 카를 5세 황제 즉위를 축하하기 위해 기념 금화 '구덴 카롤루스(Gouden Carolus)'가 주조되었고, 금화의 이름을 그대로 맥주에 적용한 '구덴 카롤루스'가 판매되고 있다. 구덴 카롤루스는 벨기에 스트롱 에일(골든 에일)이다.

브뤼셀(Brussel)

벨기에 수도 브뤼셀 중심부에서 시작해 서쪽 방면으로 반경 8~16킬로미터 지역에서 자연 발효 맥주 람빅이 생산된다. 유명한 람빅 양조장인 칸티용은 예외적으로 브뤼셀 시내인 안더레흐트(Anderlecht)에 있다.

렘비크(Lembeek)

브뤼셀 서부 교외에 자리한 렘비크 마을은 오래전 람빅 양조의 중심지였다. '람빅'이라는 명칭이 이 지역명에서 유래했다고 알려져 있다.

코베겐(Kobbegen)

브뤼셀 서북쪽에 위치한 코베겐은 유력한 람빅 양조장 중 하나인 드케이르스마커 사(현재는 프랑스 크로넨버그 그룹 산하)의 거점.

오우데나르데(Oudenaarde)

벨기에 브라운 에일의 본가 리프만스 양조장이 있는 곳이다. 리프만스의 대표 상품 '리프만스 구덴반트'는 세계 제일의 브라운 에일이라는 찬사를 받는다. 브라운 에일에 체리나 나무딸기를 담가 발효시킨 프루트 비어 또한 리프만스의 걸작이다.

루셀라레(Roeselare)

서플랑드르의 작은 마을 루셀라레에서 생산되는 자연 발효 맥주 로덴바흐는 와인 빛깔이 도는 맥주다.

수도원 양조장

벨기에에는 지금도 맥주를 양조하는 수도원이 다섯 곳 있다. 오르발, 베스트말러, 시메이, 로슈포르, 성 식스투스 수도원이다. 이곳에서 양조한 맥주만 '트라피스트 맥주'라고 불린다.

(4) 북부 독일

베를린(Berlin)

상면 발효 맥주 '베를리너 바이세'가 특산품이다. 베를리너 바이세는 밀 맥아가 들어가 시큼한 맛이 나며 여기에 '슈스'라고 하는 나무딸기즙이나 허브 에센스를 마시기 직전에 섞는다. 주로 빨대를 이용해서 마시는 베를리너 바이세는 '갈증을 해소해 주는' 청량음료 같은 맥주다.

함부르크(Hamburg)

유서 깊은 맥주 양조 도시 함부르크에서 양조하는 '홀스텐(Holsten)'은 국제적으로 유명한 필스다.

브레멘(Bremen)

브레멘은 북독일에서 가장 오래된 맥주 양조 도시로 명성이 자자했으며 이미 13세기에 스칸디나비아, 영국, 네덜란드, 벨기에 등으로 많은 양의 맥주를 수출했다. 브레멘을 대표하는 맥주 '벡스(Beck's)'는 맛이 강렬한 전형적인 독일 필스로, 일찍부터 해외로 수출되었다.

(5) 중부 독일

라이프치히(Leipzig)

라이프치히 전통 맥주 고제(Gose)는 독자적인 맛을 지닌 탁한 맥주다.

아인베크(Einbeck)

북독일 작은 마을 아인베크의 길드가 생산하는 맥주는 중세 시대인 14세기에서 16세기에 걸쳐 독일은 말할 것도 없고 유럽의 대다수 맥주 애호가들의 마음을 온통 사로잡았다. 이후 1800년대에 이르러 아인베크 맥주는 유럽에서 얻은 명성을 밑천 삼아 아메리카 신대륙으로 수출되기 시작했다. 오늘날 바이에른 지역 맥주로 명성을 날리고 있는 보크 비어는 아인베크 맥주의 후예다.

도르트문트(Dortmund)

중공업 중심지 도르트문트는 철강업, 석탄 산업 등이 왕성하게 이루어지던 곳이기에 제철소와 탄광 들에서 일하는 노동자들로 북적였다. 이들에게 맥주는 갈증과 스트레스를 해소해 주는 최고의 상품이자 생활 음료였기에 도르트문트는 독일 내 맥주 생산량과 소비량에 있어 높은 위치를 차지했다. 도르트문트 맥주는 북독일과 남독일 스타일의 중간 정도로 맛이 강하고 진하다.

뒤셀도르프(Düsseldorf)

라인강변에 자리 잡은 뒤셀도르프 구시가지에는 중세부터 이어져 온 매력적인 술집이 하나 있다. 그곳에서 뒤셀도르프를 대표하는 맥주 '알트비어'를 마실 수 있다. 상면 발효 맥주 알트비어는 붉은 빛이 감도는 구리색으로 홉의 쓴맛이 남아 있으면서도 기본적으로 달콤하다.

쾰른(Köln)

고딕 양식 대성당으로 유명한 쾰른에서만 마실 수 있는 상면 발효 맥주 쾰슈비어는 밝고 옅은 황갈색에 쓴맛이 약하고 부드럽게 넘어가는 맥주다. 쾰슈는 맥주로서는 유일하게 '원산지 통제 명칭'을 허가받았다.

(6) 남부 독일

뮌헨(München)

뮌헨은 과거부터 현대에 이르기까지 명실상부 맥주의 도시로 매년 전 세계 맥주 애호가들이 맥주 축제 '옥토버페스트'를 즐기기 위해 이 도시를 찾는다. 바이에른 왕국의 제2대 국왕이 되는 루트비히 1세가 왕자일 때 작센 공주 테레제와의 결혼식 기념 경마대회가 옥토버페스트의 시발점이다. 1810년의 일이다.

란츠후트(Landshut)

16세기 바이에른 공국의 빌헬름 5세는 아인베크 맥주를 유난히 사랑했다. 그는 바이에른 궁정 안에서 아인베크 맥주를 직접 양조하기로 하고 란츠후트에 있는 트라우스니츠 성 부속 궁정 양조장에서 아인베크 맥주를 양조하도록 지시했다.

필스호펜(Vilshofen)

바이에른 지방 동쪽의 작은 마을 필스호펜 출신 요제프 그롤이 필젠(플젠)으로 건너가 하면 발효 맥주 양조법을 전수했다. 이로써 밝고 옅은 호박색에 시원하고 상쾌한 맛을 내는 필젠 맥주가 탄생했다. 1842년 일이다.

아우크스부르크(Augsburg)

아우크스부르크는 신성로마제국 카를 5세에게 선거 자금을 빌려 줄 정도의 부호 푸거 가문과 함께 번영한 도시다. 카를 5세는 아우크스부르크 화의에서 종교의 자유를 인정하는 역사적 선언을 했다. 1555년의 일이다. 이를 계기로 '해가 지지 않는 대제국' 합스부르크제국이 쇠퇴하기 시작했다.

밤베르크(Bambdrg)

19세기 독일 남부의 프랑켄(Franken) 지방에는 품질 좋은 맥주를 생산하는 양조지가 많았다. 쿨름바허(Kulmbacher), 에를랑겐(Erlangen), 밤베르크, 뉘른베르크(Nürnberg), 바이로이트(Bayreuth) 등의 도시들이다. 밤베르크를 대표하는 맥주는 라우흐비어다.

바이로이트(Bayreuth)

바이에른 4대 국왕 루트비히 2세는 바그너의 음악을 열광적으로 찬미해 그에게 온갖 지원을 아끼지 않았다. 바그너는 1874년 이후 바이로이트로 이주하여 음악 활동을 계속했다. 그가 죽은 후로 바이로이트에서는 그의 작품을 상연하는 바이로이트 음악제를 매년 개최하고 있다.

슈투트가르트(Stuttgart)

슈투트가르트는 바덴뷔르템베르크주 주도로 맥주 양주 도시다. 가을이면 뮌헨 옥토버페스트에 필적하는 맥주 축제가 칸슈타터 바젠(Canstatter Wasen)에서 열린다.

슈타른베르크 호수(Starnberger See) **(울름(Ulm) 지역)**

안덱스 수도원은 독일 남부 바이에른주의 도시 뮌헨 근교의 슈타른베르거제 호수 서북쪽에 자리하고 있다. 이 수도원은 호수 암머제에 면한 언덕에 있는 벨기에 수도원과 마찬가지로 전통 수도원 맥주 생산 방법을 온전히 보존하고 있는 거의 유일한 독일 수도원이다.

노이슈반슈타인성(Schloss Neuschwanstein)

바이에른 왕국의 국왕 루트비히 2세가 막대한 국비를 쏟아 가며 세운 '백조의 성'이다. 맞은편 산 너머로 루트비히 2세가 유년 시절을 보냈던 장소인 호엔슈반가우성(Schloss Hohenschwangau)이 보인다. 두 성은 오늘날 바이에른주를 대표하는 중요한 관광 자원으로 인정받는다.

(7) 체코

프라하(Praha)

체코는 1인당 맥주 소비량이 160리터로 세계에서 가장 높다. 프라하의 '우플레쿠(U Fleků)'는 15세기부터 이어온 양조장을 갖추고 있는 거대한 비어 & 레스토랑이다. 흑갈색 전통 맥주를 맛볼 수 있다.

플젠(Plzeň **또는 필젠**(Pilsen))

필젠 맥주를 탄생시킨 양조장, 필스너 우르켈이 있는 곳이다. 사회주의에서 벗어난 이후 우르켈 양조장은 옛날의 영광을 되찾아 가고 있다.

체스케부데요비체(České Budějovice)

16세기에 합스부르크제국은 스페인계와 오스트리아계(오스트리아, 헝가리, 보헤미아)로 나뉘었으며, 카를 5세의 동생 페르디난트가 오스트리아계를 통치했다. 페르디난트는 보헤미아 남부 도시 부데요비체의 맥주를 각별히 여겨 궁정에 납품하도록 지시했다. 이 일이 계기가 되어 부데요비체의 독일식 발음 '부드바이저'의 이름이 사방으로 널리 퍼져 나갔다.

(8) 오스트리아

빈(Wien)

빈 맥주의 창시자 안톤 드레어의 과학적 탐구심 덕분에 19세기 후반 빈 맥주는 필젠 맥주, 뮌헨 맥주와 어깨를 나란히 하며 3대 라거 맥주로 손꼽히기에 이른다. 그러나 밝은 호박색 필젠 맥주에 밀려 합스부르크제국 쇠퇴와 함께 사라진다. 그러나 비엔나 맥아만은 살아남았다.

(9) 스위스

장크트갈렌(Sankt Gallen)

독일과 국경을 접한 호수 보덴제 남쪽의 작은 도시 장크트갈렌은 맥주 양조 역사에서 환히 빛나는 곳이다. 9세기에 이미 세 종류 맥주를 양조한 장크트갈렌은 그 시대 유럽 맥주의 중심지였다. 장크트갈렌 수도원의 설계도를 보면 양조실이 세 곳이나 그려져 있다.

(10) 프랑스

스트라스부르(Strasbourg)

북프랑스, 특히 알자스로렌(Alsace-Lorraine) 지방은 맥주 산업의 중심지다. 스트라스부르에는 프랑스 최대 맥주 제조 회사 크로넨버그 맥주 공장이 있다.

(11) 덴마크

코펜하겐(Copenhagen)

하이네켄의 뒤를 잇는 유럽 제2위 칼스버가기 있는 곳이다. 창업자 야코브 야콥센과 그의 아들 칼은 메세나 활동 선구자로, 칼스버그는 회사 수익의 3분의 1을 사회에 환원하자는 이념을 갖고 있다. 그들의 정신은 여전히 살아 숨 쉬고 있다.

참고문헌

무라카미 미쓰루(村上満), 『지구 맥주 기행(地球ビール紀行)』, 1994, 동양경제신보사

무라카미 미쓰루(村上満), 『생맥주 박사의 세계 맥주 기행(ナマ樽博士の世界ビール紀行)』, 1984, 동양경제신보사

무라카미 미쓰루(村上満), 『유럽 맥주 여행기 1(ヨーロッパ·ビール旅日記·その1)』, 1994 (미발표)

무라카미 미쓰루(村上満), 『유럽 맥주 여행기 2(ヨーロッパ·ビール旅日記·その2)』, 1997 (『주판 News(酒販ニュース)』 양조산업신문사 연재)

무라카미 미쓰루(村上満), 『맥주전래(麦酒伝来)』, 1998.1~1999.6 (잡지 『타루(たる)』 연재)

무라카미 미쓰루(村上満), 『맥주의 역사와 문화(ビールの歴史と文化)』, 1998~2000 (『지역 맥주 뉴스(地ビール·ニュース)』 일본지역맥주협회 연재)

무라카미 미쓰루(村上満), 『맥주의 맛과 종류(ビールの味と種類)』 (『맥주의 모든 것(ビールのすべて)』, 1996, 식품산업신문사 게재)

무라카미 미쓰루(村上満), 『맥주 미니 사전(ビール小事典)』(『맥주 대사전(ビール大事典)』 1998, 일본경제신문사출판국 게재)

무라카미 미쓰루(村上満), 『뮌헨의 맥주(ミュンヘンのビール)』 (『Trainvert(トランヴェール)』 1996년 8월호, JR동일본기획 연재)

무라카미 미쓰루(村上満), 『맥주와 건강(ビールと健康)』(『주판 News(酒販ニュース)』 1999년 신년호, 양조산업신문사 게재)

무라카미 미쓰루(村上満), 『중국의 최근 맥주 사정 1, 2, 3(中国の最近のビール事情 その

1·2·3)』, 1995~1999(미발표)
무라카미 미쓰루(村上満), 『한국 맥주 여행기 1, 2(韓国ビールの旅日記　その 1, 2)』, 1996~1997(미발표)
사카구치 긴이치로(坂口謹一郎), 『사카구치 긴이치로의 주학집성 1, 2(坂口謹一郎酒学集成 1·2)』, 1997, 이와나미문고
메르크, 게르하르트(Gerhard Merk), 자우어, 크리스티안(Christian Sauer) 저, 니시 요시유키(西義之) 편역 『프로지트! 바이에른 맥주(プロージット!バイエルン·ビール)』, 1988, 아사히커뮤니케이션즈
보르스트, 오토(Otto Borst) 저, 나가노 후지오(永野藤夫) 외 공역 『중세 유럽의 일상생활 1(中世ヨーロッパ生活誌 1)』, 1985, 하쿠스이사
태너힐, 레이(Ray Tannahill)저, 오노무라 마사토시(小野村正敏) 역, 『음식의 역사(食物と歴史)』, 1980, 효론사
다나카 가즈오(田中和夫),『삿포로 맥주 이야기(物語サッポロビール)』, 1993, 홋카이도신문사
기린맥주 엮음, 『맥주와 일본인(ビールと日本人)』, 1984, 산세이도
와카모리 다로(和歌森太郎), 『술이 이야기해 주는 일본사(酒が語る日本史)』, 1971, 가와데쇼보신사
구메 구니타케(久米邦武) 편저, 다나카 아키라(田中彰) 감수, 『특명 전권대사 미구회람실기(特命全権大使米欧回覧実記(一), (二), (三), (四), (五)』, 1977~82, 이와나미문고
파스퇴르, 루이(Louis Pasteur) 저, 다케다 쇼이치로(武田正一郎), 기타바타케 가쓰아키(北畠克顕) 공역, 『맥주 연구(ビールの研究)』, 1995, 오사카대학교출판회
야마모토 사치오(山本幸雄), 『맥주 예찬(ビール礼賛)』, 1973, 도쿄쇼보사
타키투스(Tacitus) 저, 이즈이 히사노스케(泉井久之助) 역주, 『게르마니아(ゲルマーニア)』, 1979년 개역, 이와나미문고
아위징아, 요한(Johan Huizinga) 저, 호리코시 고이치(堀越孝一) 역, 『중세의 가을(中世の秋)』, 1971, 중앙공론사
아베 긴야(阿部謹也), 『중세의 창으로(中世の窓から)』, 1981, 아사히신문사
하비, 존(Harvey John) 저, 모리오카 게이치로(森岡敬一郎) 역 『중세의 장인 1 장인의 세계(中世の職人 I 職人の世界)』, 1986, 하라쇼보
스나가 아사히코(須永朝彦), 『황혼의 빈(黄昏のウィーン)』, 1986, 신쇼칸
아오키 도시오(青木利夫), 『애수의 베를린(哀愁のベルリン)』, 1986, 산토리
다마무라 도요오(玉村豊男), 『런던 여행 잡학 노트(ロンドンの旅の雑学ノート)』, 1980,

다이아몬드사
사카이 에이하치로(坂井栄八郎), 『독일 역사 여행(ドイツ歴史の旅)』, 1986, 아사히신문사
구노 아키코(久野明子), 『로쿠메이칸 귀부인 오야마 스테마쓰(鹿鳴館の貴婦人 大山捨松)』, 1988, 중앙공론사
다카노 준(高野潤), 『안데스의 포옹(アンデスの抱擁)』, 1996, 헤이본사
빙엄, 하이럼(Hiram Bingham) 외 공저, 하마 히로시(浜洋) 역, 『잉카 황금제국(インカ黄金帝国)』, 1968, 다이리쿠쇼보
이즈미 세이치(泉靖一), 『잉카 제국(インカ帝国)』, 1959, 이와나미신쇼
하시모토 나오키(橋本直樹), 『맥주 이야기 파트 2(ビールのはなし　パート2)』, 1998, 기호도출판
에구치 마유미(江口まゆみ), 오노 모토코(小のもとこ), 『칠레, 페루, 볼리비아 술 기행!(チリ・ペルー・ボリビア酒紀行!)』, 1996, 아리아드네기획
에구치 마유미(江口まゆみ), 오노 모토코(小のもとこ), 『타이, 라오스, 베트남 술 기행!(タイ・ラオス・ベトナム酒紀行!)』, 1995, 아리아드네기획
모리 마모루(森護), 『펍의 간판(パブの看板)』, 1993, 가와데쇼보신사
우스다 아키라(臼田昭), 『인(イン)』, 1986, 신신도출판
모리 오가이(森鷗外), 『독일 일기, 고쿠라 일기(独逸日記・小倉日記)』, 모리 오가이 전집 13, 1996, 치쿠마문고
고보리 게이치로(小堀桂一郎), 『젊은 날의 모리 오가이(若き日の森鷗外)』, 1969, 도쿄대학출판회
야마자키 가즈히데(山崎一穎), 『두 인생을 산 사람 모리 오가이(二生を行く人 森鷗外)』, 1991, 신텐사
요시노 도시히코(吉野俊彦), 『오가이, 역경의 인간학(鷗外・逆境の人間学)』, 1983, 그래프사
마쓰모토 세이초(松本清張), 『두 가지 모습, 모리 오가이(両像・森鷗外)』, 1994, 문예춘추
카르, 장 데(Jean des Cars) 저, 미호 모토(三保元) 역, 『광왕 루트비히(狂王ルートヴィヒ)』, 1987, 추코문고
미즈나가 다카시(宮永孝), 『일독 문화 인물 교류사(日独文化人物交流史)』, 1993, 산슈사
사바타 도요유키(鯖田豊之), 『수도의 문화(水道の文化)』, 1983, 신초선서
무라카미 요이치로(村上陽一郎), 『베스트 대유행(ペスト大流行)』, 1983, 이와나미신서
마쓰다이라 마코토(松平誠), 『프라하의 모든 술집(プラハの浮世酒場)』, 1994, 이와나미서점
히틀러, 아돌프(Adolf Hitler) 저, 히라노 이치로(平野一郎), 쇼자쿠 시게루(将積茂) 역,

『나의 투쟁 상, 하(わが闘争（上）·（下）』, 1973, 가도가와문고
무라세 오키오(村瀬興雄), 『아돌프 히틀러(アドルフ·ヒトラー)』, 1977, 추코신서
니시 요시유키(西義之), 『히틀러가 그곳에 나타났다(ヒトラーがそこへやってきた)』, 1983 신장판, 문예춘추
포글러, 베르너(Werner Vogler) 저, 아베 긴야(阿部謹也) 역『수도원 속 유럽(修道院の中のヨーロッパ)』, 1994, 아사히신문사
체크랜드, 올리브(Olive Checkland) 저, 스기야마 추헤이杉山忠平, 다마키 노리오(玉置紀夫) 역, 『메이지 일본과 영국(明治日本とイギリス)』, 1996, 호세이대학교출판국
코스먼, 매들린(Madeleine Cosman) 저, 가토 교코(加藤恭子), 히라노 가요코(平野加代子) 역, 『중세의 향연(中世の饗宴)』, 1989, 하라쇼보
오시오 다카시(小塩節), 『라인강 문화사(ライン河の文化史)』, 1982, 동양경제신보사
시바타 지사부로(柴田治三郎) 편역, 『모자르트의 편지 상, 하(モーツァルトの手紙（上）·（下））』, 1980, 이와나미문고
팔렌, 쿠르트(Kurt Pahlen) 저, 요시다 히데카즈(吉田秀和) 외 공역, 『모차르트(モーツァルト)』, 1975, 아사히출판사
에비사와 빈(海老沢敏), 『모차르트의 옆모습(横顔のモーツァルト)』, 1982, 온가쿠노토모사
아사다 미노루(浅田實), 『동인도회사(東インド会社)』, 1989, 고단사현대신서
이마이 히로시(今井宏), 『일본인과 영국(日本人とイギリス)』, 1994, 치쿠마신서
스기야마 신야(杉山伸也), 『메이지유신과 영국 상인(明治維新とイギリス商人)』, 1993, 이와나미신서
미즈사와 슈(水沢周), 『아오키 슈조 청년편, 장년편(青木周蔵 青年編, 壮年篇)』, 1988, 1989, 일본에디터스쿨출판부
와타나베 쇼이치(渡部昇一), 『독일 참모본부(ドイツ参謀本部)』, 1974, 추코신서
오에 시노부(大江志乃夫), 『일본 참모본부(日本の参謀本部)』, 1985, 추코신서
구로키 유키치(黒木勇吉), 『노기 마레스케(乃木希典)』, 1978, 고단사
쓰카모토 데쓰야(塚本哲也), 『엘리자베스(エリザベート)』, 1992, 문예춘추
에무라 히로시(江村洋). 『카를 5세(カール五世)』, 1992, 도쿄서적
에무라 히로시(江村洋), 『중세 최후의 기사(中世最後の騎士)』, 1987, 중앙공론사
가토 마사히코(加藤雅彦), 『도설 합스부르크제국(図説ハプスブルク帝国)』, 1995, 가와데쇼보신사
오노 미치코(小野理子), 『여제의 러시아(女帝のロシア)』, 1994, 이와나미신서

트루아야, 앙리(Henri Troyat) 저, 구도 요코(工藤庸子) 역, 『여제 예카테리나 상, 하(女帝エカテリーナ(上)·(下)』, 1985, 추코문고
구리야마 긴야(栗山欣弥) 외 공저, 『술의 건강 과학(お酒の健康科学)』, 1996, 긴포도
이마노 구니오(今野國雄), 『수도원(修道院)』, 1981, 이와나미신서
이마야스 사토시(今安聡) 편, 『숨겨진 청주의 건강 효과(秘められた清酒のヘルシー効果)』, 1997, 치큐사
TBS 브리태니커, 『브리태니커 국제 백과사전(ブリタニカ国際百科事典)』, 1992
기린맥주주식회사, 『기린맥주주식회사 50년사(麒麟麦酒株式会社五十年史)』, 1957
아사히맥주, 『아사히 100(Asahi 100)』, 1990
하마다 도쿠타로(浜田徳太郎) 편, 『대일본 맥주주식회사 30년사(大日本麦酒株式会社三十年史)』, 1936, 대일본맥주
오누키 요시오(大貫良夫), 마에카와 가즈야(前川和也) 외, 『세계 역사 1(世界の歴史 I)』, 1998, 중앙공론사
Aird, Alisdair, 『The Good Pub Guide 1985』, 1984, Consumer's Association and Hodder & Stoughton, London
Aird, Alisdair, 『The Good Pub Guide 1998』, 1997, Ebury Press, London
Arno Press, 『One Hundred Years of Brewing』, 1974, New York Times Co., New York
Baillie, Frank, 『The Beer Drinker's Companion』, 1973, David & Charles, London
Boston, Richard, 『Beer and Skittles』, 1976, William Collins Sons & Co., Glasgow
Briggs, D. E. et al, 『Malting and Brewing Science』 vol. 1, 2 and 3, 1981, Chapman & Hall, London
Bruning, Ted, 『Historic Pubs of London』, 1998, Prion Books Limited, London
Evans, Jeff, 『Good Beer Guide 1998』, 1997, Campaign for Real Ale, London
Forget, Carl, 『Dictionary of Beer and Brewing』, 1988, Brewers Publications, Boulder, Colorado
Glamann, Kristof, 『Jacobsen of Carlsberg, Brewer and Philanthropist』, 1990, Cyldendal, Copenhagen
Corran, H. S., 『A History of Brewing』, 1975, David & Charles, London
Hawthorne, Larry, 『The Beer Drinker's Guide to Munich』, 1992, Freizeit Publishers, Hawaii
Haydon, Peter, 『The English Pub: A History』, 1994, Robert Hale, London
Jackson, Michael, 『Michael Jackson's Beer Companion』, 1993, Mitchell Beazley, London

Jackson, Michael, 『The Great Beers of Belgium』, 1994, CODA, Brussels

Jackson, Michael, 『The New World Guide to Beer』, 1988, Quarto, London

Kunze, Wolfgang, 『Technology Brewing and Malting』, 1996, VLB, Berlin

Lohberg, Rolf, 『Das Grosse Lexikon vom Bier』, 1984, Verlags-Gesellschaft, Stuttgart

Mares, William, 『Making Beer』, 1984, Alfred A. Knopf, New York

Merk, Gerhard und Sauer, Christian, 『Bayerns Bier-Burgen』, 1987, Indicium Verlag, München

Merk, Gerhard und Sieber, Hannes, 『Das Münchner Bier』, 1991, Frisinga Verlag GmbH.

Merkle, Ludwig, 『Ludwig II and his Dream Castles』, 1996, Bruckmann K. G., München

Papazian, Charlie, 『The Home Brewer's Companion』, 1994, Avon Books, New York

Pollock, J. R. A. ed., 『Brewing Science』 vol. 1 and 2, 1979, Academic Press, London

Priest, F. G. and Campbell, I. ed., 『Brewing Microbiology』, 1996, Chapman & Hall, London

Pritchard, Bob, 『All About Beer』, 1983, Amateur Winemaker Publications, London

Rhodes, Christine P. et al, 『Encyclopedia of Beer』, 1995, Henry Holt and Co., New York

『Classic Beer Style Series』 No. 1, 2, 3, 4, 5, 6, 7, 8 and 9, 1991~1994, Brewers Publications, Boulder, Colorado